Sociology of Social Problems

사회문제론

사회문제론

초판 발행 2025년 8월 8일
지은이 허창덕, 정윤조, 박정희, 하기량, 서정연, 양혜진
펴낸이 최외출
펴낸곳 영남대학교 출판부
출판등록 1975년 9월 5일 경산 제16-1호
주소 경북 경산시 대학로 280
전화 053)810-1802~4
팩스 053)810-4722
홈페이지 book.yu.ac.kr
ISBN 978-89-7581-697-0 93330

Sociology of Social Problems

사회문제론

허창덕 정윤조 박정희
하기량 서정연 양혜진

서문

사회문제는 단순히 개인의 문제가 아니라, 사회적 조건과 상황에 의해 지속적으로 재구성되는 복합적인 현상으로 이는 각 시대와 사회의 맥락에 따라 그 양상과 심각성이 달라지며, 따라서 우리는 이러한 문제를 이해하고 해결하기 위해 보다 깊이 있는 분석과 접근이 필요하다.

특히 현대사회는 급속한 변화와 복잡한 상호작용 속에서 다양한 사회문제가 발생하고 있으며 이러한 문제들은 단순히 표면적인 현상에 그치지 않고 그 이면에는 경제적, 정치적, 문화적 요인들이 얽혀 있다. 예를 들어, 빈곤 문제는 단순히 경제적 결핍 상태로만 이해될 수 없으며 교육, 건강, 주거 등 다양한 사회적 요소와 밀접하게 연관되어 있다. 이러한 맥락에서 기존의 교과서들이 다루어 온 전통적인 주제를 넘어 한국사회에서 새롭게 부각되는 중요 문제들을 심도 있게 탐구하고 이해할 필요성이 더욱 커지고 있다.

이 책은 사회문제의 현실, 원인 그리고 대처 방안 등을 다루며 최근 한국 사회의 구조적 문제들을 쟁점별로 검토하고 분석한다. 이를 통해 사회문제를 학습하는 학생들이 사회의 다양한 문제를 스스로 인식하고, 그 원인을 파악할 수 있는 능력을 기르며, 해결 방안을 스스로 모색할 수 있도록 돕고자 하였다.

그래서 이 책은 단순한 이론적 지식 전달을 넘어 실제 사례와 데이터를 통해 독자들이 문제의 심각성을 체감하고, 보다 실질적인 해결 방안을 고민할 수 있도록 구성되었다. 이러한 접근은 독자들이 사회문제를 단순히 학문적으로 이해하는 것을 넘어 실제 사회에서 발생하는 문제를 해결하기 위한 실천적 지식으로 연결될 수 있도록 하였다.

이 책은 크게 세 부분으로 나뉘어 있으며 총 14장으로 구성되어 있다. 제1부에서는 사회문제의 정의 및 특성에 대한 이해와 원인을 다루고, 사회변동과의 관계성 및 사회문제의 유형을 살펴보았다. 또한 사회문제를 연구해 온 다양한 이론적 관점들(사회병리학적 관점, 사회해체론적 관점, 가치갈등론적 관점, 일탈행동론적 관점, 낙인론적 관점, 비판이론적 관점, 사회구성론적 관점)을 보다 쉽게 설명하여 독자들이 이해할 수 있도록 하였다.

이러한 이론적 배경은 독자들이 사회문제를 보다 깊이 있게 분석하고, 다양한 시각에서 접근할 수 있는 기초를 제공한다. 이론적 관점의 다양성은 독자들이 문제를 다각도로 바라볼 수 있는 기회를 제공하며 이는 문제 해결을 위한 창의적이고 혁신적인 접근을 가능하게 한다.

제2부에서는 생애주기별로 나타나는 사회문제의 유형을 다루며 가족문제를 비롯한 아동, 청소년, 노인 문제 등을 심층적으로 분석하였다. 각 세대가 직면하는 사회문제는 그들의 생애주기와 밀접하게 연관되어 있으며, 이를 통해 우리는 사회문제가 세대 간에 어떻게 다르게 나타나는지를 이해할 수 있다. 이러한 분석은 정책 입안자들에게도 중요한 시사점을 제공하며, 보다 효과적인 사회복지 정책을 수립하는 데 기여할 수 있을 것이다. 또한 세대별 문제를 이해함으로써 우리는 사회적 연대와 협력을 통해 문제를 해결할 수 있는 방안을 모색할 수 있다.

제3부에서는 사회구조의 변화와 그 결과에 따른 사회문제들을 다루었으며 최근 한국 사회에서 최대의 관심사로 부각된 지역소멸 문제 및 중독 문제를 포함하여 성 문제, 빈곤문제, 환경문제, 인구문제, 자살문제, 범죄문제 등 다양한 주제를 포괄적으로 다루었다.

각 장에서는 문제의 현황과 원인 그리고 해결 방안에 대한 심도 있는 논의를 통해 독자들이 문제의 복잡성을 이해하고, 실질적인 대안을 모색할 수 있도록 돕고자 하였다. 이러한 논의는 독자들이 사회문제를 단순히 인식하는 데 그치지 않고 문제해결을 위한 적극적인 참여와 행동을 유도하는 데 기여할 수 있을 것이다.

끝으로 이 책의 출간을 위해 노력해 준 집필위원들과 영남대학교 출판부 관계자 분들께 깊은 감사를 드리며, 집필진들이 오랜 시간 동안 머리를 맞대고 고민한 결과물인 이 책이 독자들에게 유익한 지식과 통찰을 제공할 수 있기를 바란다.

2025년 6월 허창덕

차례

2부

생애주기별 사회문제

3부

사회구조변화와 사회문제

1부

사회문제의 기초

사회문제는 현대 사회에서 빈번하게 나타나는 복합적인 현상으로 이를 제대로 이해하고 해결하기 위해서는 기초 개념부터 심도 있게 파악하는 것이 중요하다. 사회문제는 경제적 불평등, 환경오염, 범죄, 빈곤, 중독 등 다양한 형태로 나타나며 그 원인과 결과는 매우 복잡하고 다차원적이다. 따라서 1부에는 사회문제의 기본 개념과 특성을 분석하고 문제의 발생 조건과 그로 인한 사회적 영향을 탐구할 것이다.

더 나아가 사회문제의 원인과 이를 바라보는 다양한 시각을 다룰 것이다. 개인적 차원에서의 원인과 사회적 차원에서의 원인을 구분하여 분석하고, 사회변동과 사회문제의 상호작용을 고찰할 것이다. 다양한 시각에서 사회문제를 접근함으로써 학생들이 보다 폭넓은 관점에서 문제를 이해하고 실질적인 해결책을 모색할 수 있도록 한다.

1장

사회문제의 이해

이 장에서는 사회문제의 정의와 개념을 명확히 하고 이러한 문제들이 발생하는 조건을 살펴볼 것이다. 사회문제는 단순한 개인적 어려움이 아니라 사회 전체에 걸쳐 나타나는 구조적 문제로서 이해되어야 한다. 이를 위해 사회문제의 주관성, 지속성, 그리고 해결책의 혼란과 같은 특성을 이해해야한다. 또한 사회문제의 원인을 개인적 차원과 사회적 차원으로 구분하여 심층적으로 고찰하고 사회변동과 사회문제의 관계를 탐구할 필요가 있다.

1. 사회문제의 정의

1) 사회문제의 개념

사회문제는 사회구성원들이 공통적으로 겪고 있는 문제로 사회 전반에 걸쳐 부정적인 영향을 미치며 사회적 논의와 개입이 필요한 사안을 의미한다. 사회문제는 특정 개인이나 집단에 국한되지 않고 사회 전체의 안녕과 질서를 위협하는 문제를 포함한다. 이러한 문제는 사회 구성원들의 삶의 질을 저해하며 사회적 불평등, 경제적 불안정, 환경 파괴 등 다양한 형태로 나타난다. 사회문제는 사회적 합의를 통해 정의되며 그 심각성과 중요성에 따라 사회적 대응과 해결책이 요구된다.

사회문제의 성립 조건은 여러 가지 요소에 의해 결정된다. 먼저, 사회문제가 인식되기 위해서는 다수의 사람들이 그것을 문제로 인식해야 한다. 이는 사회적 가치와 규범에 어긋나는 행동이나 상태로 인해 발생하며 이러한 상태가 사회 전반에 걸쳐 부정적인 영향을 미친다고 여겨질 때 사회문제로 간주된다. 또한 사회문제는 해결 가능성이 있어야 하며 이를 통해 사회 구성원들이 문제 해결을 위해 행동할 동기를 부여받는다.

그러나 사회문제는 시대와 사회적 맥락에 따라 달라질 수 있으며 특정 시대에 문제로 인식되었던 사안이 시간이 지나면서 문제로 인식되지 않을 수도 있다. 예를 들어, 20세기 초반, 여성의 투표권은 많은 나라에서 사회문제로 인식되었다. 당시 많은 사람들이 여성의 정치 참여를 부정적으로 보았고 여성 참정권 운동가들은 강한 반대를 맞서 싸워야 했다. 그러나 시간이 지나면서 여성의 정치 참여는 점차 인정받게 되었고 현재 대부분의 나라에서는 여성의 투표권이 당연한 권리로 여겨진다. 과거에는 사회문제로 인식되었던 여성 참정권 문제가 이제는 더 이상 문제로 인식되지 않게 된 것이다.

따라서 사회문제의 정의는 학자마다 다르게 내릴 수 있다. 예를 들어, 머튼과 니스벳(Melton & Nisbet, 1971)은 사회문제를 '사회질서의 규범을 위배하는 행동양식'으로 정의했으며, 루빙톤과 와인버그(Rubington & Weinberg, 1981)는 '사회 다수가 가치를 양립할 수 없는 상태'로 정의하였다. 이러한 다양한 정의들은 사회문제가 어떻게 인식되고 평가되는지를 보여주며 이를 통해 사회문제의 복잡성과 다면성을 이해할 수 있다.

위와 같은 내용을 바탕으로 본 서에서는 사회문제를 '사회질서에 위배되는 행위로 인해 많은 사람들에게 부정적인 결과를 가져오며 문제 해결을 위해 집단적 차원의 사회적 행동이 요청되는 것'으로 정의내리고자 한다.

2) 사회문제의 발생 조건

사회체계를 위협하고 사회 구성원들에게 불안과 두려움을 촉발하는 사회문제를 해결하기 위해서는 무엇이 사회문제인지 규정하는 일이 가장 중요하다. 그러나 앞서 살펴본 바와 같이 사회문제를 정의하는 것은 현실적으로 쉽지 않다. 이는 사회문제가 시대와 국가 그리고 학자마다 다르게 정의되기 때문이다. 그럼에도 불구하고 일반적으로 다음의 다섯 가지 조건을 충족하는 경우 그 문제를 사회문제로 규정할 수 있다(최일섭 외, 2002).

(1) 가치와 규범 위반

어떤 문제가 사회문제로 규정되기 위해서는 그 문제가 사회적 가치나 규범, 신념에서 벗어난 것이어야 한다. 이는 개인의 특별한 가치관에 위배되는 것을 의미하는 것이 아니라 일반적으로 받아들여지는 사회적 가치와 규범을 위반하는 것을 의미한다.

그러나 현실적으로 모든 사회구성원이 사회적 가치와 규범에 동의하지 않는 경우도 있다. 이처럼 특정 문제에 대해 사회구성원들이 서로 다른 기준과 가치관을 가질 때 사회문제의 정의는 더욱 복잡해진다. 예를 들어 환경보호 문제에서는 일부 사람들은 산업 발전을 위해 환경 파괴를 감수해야 한다고 생각할 수 있는 반면 다른 사람들은 환경보호가 최우선이라고 주장할 수 있다. 이처럼 동일한 문제에 대해 상반된 가치관이 존재할 수 있으며 이는 사회문제를 정의하는 데 어려움을 준다.

또 다른 예로 음주문제에 대해 모든 사회구성원이 부정적으로 생각하지는 않는다. 과도한 음주는 건강문제, 중독, 사고 위험 증가, 그리고 관계 악화 등의 부정적인 결과를 초래할 수 있다. 그러나 일부 사람들에게는 음주가 사회적 교류의 기회를 제공하고, 스트레스를 일시적으로 해소하며 긴장을 풀 수 있는 수단이 되기도 한다.

따라서 어떤 문제가 나쁘다 혹은 옳다고 판단하는 것은 주관적인 차원이고 아울러 도덕적인 영역에 속한다. 동성결혼은 많은 나라에서 사회문제로 논의되고 있다. 어떤 사람들은 동성결혼을 나쁘다고 판단하며 전통적인 결혼의 개념을 위배한다고 주장한다. 이들은 종교적 또는 문화적 이유로 동성결혼을 반대한다. 반면 다른 사람들은 동성결혼을 옳다고 판단하며 모든 사람이 사랑하는 사람과 결혼할 권리가 있다고 주장한다. 이들은 평등과 인권의 측면에서 동성결혼을 지지한다.

안락사 역시 주관적 판단과 도덕적 논쟁의 중심에 있는 문제다. 어떤 사람들은 안락사를 나쁘다고 판단하며 생명은 신성하고 인간이 생명을 인위적으로 끝내는 것은 도덕적으로 잘못되었다고 주장한다. 이들은 종교적 신념이나 전통적 도덕관에 근거하여 안락사를 반대한다. 반면에 다른 사람들은 안락사를 옳다고 판단하며 고통 속에서 삶을 이어가는 환자들에게 선택권을 주는 것이 인간적인 처사라고 주장한다. 이들은 개인의 존엄성과 자율성을 존중해야 한다고 믿는다. 안락사에 대한 판단 역시 주관적이며 도덕적 가치관에 따라 다르게 나타난다.

이처럼 특정 사회문제를 판단하는 기준은 개인과 집단이 가진 가치관에 따라 크게 다르다. 따라서 어떤 문제가 관련 집단에 의해 서로 다르게 인식될 때 이 문제가 사회적 의제(social agenda)로 판단되는 여부는 관련 집단 간의 권력 싸움의 결과로 나타날 수 있다(박정호 외, 2010).

(2) 부정적 영향의 광범위성

사회문제는 많은 수의 사람들이 부정적인 영향을 받고 있는 것을 요건으로 한다. 이는 주관적인 판단이 아니라 객관적인 상황을 말하며 실제로 피해를 입은 경우를 뜻한다. 정확하게 몇 명 이상이라는 명확한 기준은 없으나 일반적으로 많은 수의 사람들이 현실적으로 피해를 입었을 때 사회문제로 규명된다.

사회문제로 거론되고 있는 빈곤문제는 많은 사람들이 현실적으로 피해를 보고 있는 사례다. 경제적 빈곤으로 인해 기본적인 생활을 영위하기 어려운 사람들은 수백만 명에 이른다. 빈곤은 교육, 건강, 주거 등 다양한 측면에서 부정적인 영향을 미치며 이는 사회의 전반적인 안정과 발전을 저해하는 요인이 된다.

환경문제는 대기오염, 수질오염, 토양오염 등으로 인해 많은 사람들이 건강상의 피해를 입고 있다. 특히 대도시에서는 대기오염으로 인해 호흡기 질환을 앓는 인구가 급증하고 있다. 이처럼 환경문제는 물리적 측면뿐만 아니라 정신적 측면에서도 부정적인 영향을 미쳐 사회 전체가 그 피해를 입고 있는 상황이다.

또한 부정적인 피해란 물리적 측면과 정신적 측면에서 나쁜 영향을 받는 것을 의미한다. 예를 들어 대기오염으로 인한 피해를 생각해보자. 대기오염이 심한 지역에서는 많은 사람들이 호흡기 질환, 천식, 폐질환 등의 건강 문제를 겪고 있다. 이는 대기오염이 물리적 측면에서 건강에 미치는 부정적인 영향의 예시다. 이러한 건강 문제는 일상생활의 질을 저하할 뿐만 아니라 의료비 증가와 같은 경제적 부담도 초래한다.

정신적 측면에서는 예를 들어 빈곤으로 인해 지속적인 스트레스와 불안에 시달리는 사람들을 들 수 있다. 경제적 어려움은 개인의 자존감과 정신 건강에 큰 영향을 미친다. 빈곤 상태에서 벗어날 수 없다는 좌절감과 미래에 대한 불확실성은 우울증과 불안 장애와 같은 정신적 문제를 일으킬 수 있다. 이러한 정신적 피해는 개인의 삶의 질을 심각하게 저해하며 사회 전체적으로도 부정적인 영향을 미친다.

이처럼 부정적인 피해는 물리적 측면과 정신적 측면에서 모두 나쁜 영향을 끼칠 수 있으며 이는 사회문제의 심각성을 이해하는 데 중요한 요소다.

(3) 사회적 원인

사회문제는 자연현상에서 발생하는 문제가 아니라 인간관계와 인간이 만든 사회조직, 구조 등에서 발생하는 문제다. 다시 말해, 사회문제의 원인은 지진, 홍수, 태풍과 같은 자연재해가 아니라 사회구성원들이 만들어낸 사회체계에서 나타나는 갈등과 같은 사회적 원인이다. 예를 들어 불평등, 차별, 빈곤, 범죄 등은 인간 사회의 구조와 관계에서 발생한 문제로서 이러한 문제들을 사회문제로 본다.

그러나 현실적으로 그 원인이 사회적인지 자연적인지의 구분은 시대와 상황에 따라 다를 수 있다. 예를 들어 산업혁명 이전에는 빈곤이 일종의 천재지변으로 여겨졌다. 당시 대부분의 사회는 농업사회였고, 농업 생산성이 낮아 빈곤은 피할 수 없는 재난으로 간주되었다. 즉, 빈곤은 자연재해와 마찬가지로 인간의 힘으로 어쩔 수 없는 문제로 여겨졌다.

그러나 산업화 이후 기술의 발달로 빈곤은 더 이상 불가항력적인 현상이 아니게 되었다. 이제 빈곤은 자원의 배분이 잘못된 결과로 인식된다. 다시 말해 빈곤은 생산된 재화와 용역이 불평등하게 분배되기 때문에 발생하는 사회문제로 보게 된 것이다.

또 다른 예로 질병을 들 수 있다. 의학이 발달하지 못하던 시대에는 흑사병, 천연두와 같은 질병이 수많은 사람들의 목숨을 앗아가는 신의 저주로 여겨졌다. 그러나 현대 의학과 과학이 발달한 이후 질병은 인간의 통제 하에 들어오게 되었고 잘못된 공공위생 관념, 의료제도의 취약, 낙후된 의료시설 등이 그 원인으로 지목되면서 질병 역시 사회문제로 인식되기 시작했다.

예를 들어 2019년 12월 중국 우한에서 처음 발생하여 전 세계로 확산한 COVID-19가 산업혁명 이전에 발생했다면 천재지변의 하나로 간주되었을 것이다. 그러나 오늘날에는 질병 문제의 원인을 사회적으로 파악하여 각국 정부와 세계보건기구(WHO)가 협력하여 검역 관리를 수행하고, 사회적 거리두기, 마스크 보급 및 착용 의무화 등 다양한 해결방안을 모색하며 문제를 해결해 나갔다. 이는 질병이 더 이상 단순한 자연재해로 여겨지지 않고 사회적 구조와 정책에 의해 관리되고 해결되어야 하는 사회문제로 인식되었기 때문이다.

(4) 문제 인식의 영향력

사회문제는 다수의 사람들이나 소수의 영향력 있는 인물들이 문제가 있다고 인식하는 것을 요건으로 한다. 다시 말해 특정 사회문제가 보편적인 공감을 얻거나 정책결정자, 전문가, 매스컴 등 소수의 영향력 있는 인물들이 부정적으로 평가할 때 그 사안은 사회문제로 간주된다.

현실적으로는 특정 문제를 이슈로 제기하는 집단이 존재하며 그 문제는 이들에 의해 사회 일반에 확산되는 과정을 거친다. 소수의 영향력 있는 사람들이 문제를 제기하여 그 심각성을 일반 대중에게 알리면 사회 구성원들은 이에 대해 경각심을 갖게 되어 사회문제로 부각되는 경우가 많다. 이 과정에서 매스컴은 문제의식을 확산하는 데 중요한 역할을 한다.

그러나 이러한 인식은 주관적인 판단 하에 이루어지므로 객관적인 피해 상황과 일치하지 않을 수 있다. 즉, 특정 문제로 실제로 막대한 피해를 입고 있음에도 불구하고 사회구성원들이 이를 인식하지 못하면 그 문제는 사회문제로 부각되지 않을 수 있다. 다시 말해 고위 정책 담당자나 전문가들이 문제의 심각성을 강조하더라도 일반 대중이 이를 인식하지 못하면 그 문제는 사회문제로 인식되지 않을 수 있다는 것이다.

현재는 아동학대에 대한 사회적 관심과 인식이 높아져 일반 사람들이 잘 이해하고 있다. 그러나 한국에서 아동학대에 대한 특별법이 처음으로 제정된 것은 비교적 최근인 약 30년 전이다. 이로 인해 아동학대에 대한 사회적 관심과 심각성이 부각되기 시작했다. 과거에는 훈육이라는 명목으로 지나치게 매를 맞거나 과한 언어적 폭력에 노출되는 경우가 허용되었으나 시간이 흐르면서 아동에 대한 인식과 가치관이 변화하였다. 이에 따라 어린이들이 가정이나 기타 환경에서 학대와 차별을 당하는 경우 법적 대응이 필요하다는 인식이 강화되었다.

가정폭력도 비슷한 맥락으로 볼 수 있다. 유교 사상이 만연한 한국사회에서는 과도한 권위주의나 성별에 따른 권력 불균형 문제가 가정 내에 존재하였다. 따라서 아내와 자식에 대한 남편의 구타는 사회적 문제라기보다는 가족 내 문제로 인식되었다. 이러한 문화적 풍토로 인해 피해자가 사회기관에 도움을 요청하더라도 가족이 스스로 해결해야 할 문제로 치부되었다. 그 결과 가정폭력의 폐해가 심각함에도 불구하고 사회문제로 다뤄지는 경우가 드물었다. 그러나 1970~80년대에는 사회적 변화와 함께 여성인권 운동이 두드러지게 일어나면서 가정 내 권리와 안전에 대한 인식이 상승하게 되었다. 이러한 배경 속에서 가정폭력에 대한 인식이 변화하면서 피해자를 보호하고 가해자에 대한 처벌을 강화하기 위한 다양한 정책과 제도가 도입되었다.

미세플라스틱에 대한 관심도 비교적 최근에 높아졌다. 2000년대 후반에서 2010년대 초반에 해양에서의 플라스틱 오염과 관련된 연구가 증가하면서 미세플라스틱의 심각성이 강조되었고 이전에는 미세플라스틱이 무엇인지 아는 사람이 거의 없었다. 2010년대 중반에 들어서면서 미세플라스틱의 환경문제가 더욱 두드러지게 드러났고 이에 대한 대중의 관심이 높아졌다. 유엔환경계획(UNEP)과 같은 국제기구들이 미세플라스틱에 대한 강력한 규제 및 대응을 촉구하면서 세계적 관심이 증가하였고 동시에 대중들이 환경 보호 및 지속 가능한 소비에 대한 관심을 가지게 되면서 이에 대한 민감성도 높아졌다. 따라서 현실적으로 미세플라스틱의 폐해가 심각했지만 사회 구성원들 사이에서 주관적인 문제 인식이 부족하여 당시에는 크게 주목받지 못했다. 그러나 소수의 전문가들에 의해 미세플라스틱의 심각성이 공개되었고, 이후 매스컴을 통해 확산되면서 현재는 일반인 중에서도 이 문제의 위협을 인식하는 사람들이 점점 늘어나고 있다.

이와 같이 특정 사회문제가 사회적 관심과 인식을 받게 되는 과정은 시대적 변화와 사회적 맥락에 따라 달라진다. 과거에는 가족 내 문제로 치부되었던 아동학대, 가정폭력이나 거의 인식되지 않았던 미세플라스틱 문제가 시간이 흐르며 사회구성원들의 인식과 가치관 변화에 따라 중요한 사회문제로 부각되었다. 이는 소수의 전문가들이 문제의 심각성을 제기하고 매스컴을 통해 그 중요성이 확산되면서 일반 대중의 인식이 높아진 결과다.

(5) 집단적 해결 가능성

사회문제는 개선을 위한 구체적인 조치가 가능해야 한다. 만약 개선 방안이 없다면 해당 문제는 사회적 과제라기보다는 불가항력적인 재난으로 여겨질 수 있다. 예를 들어 질병, 빈곤, 환경 문제 등은 이러한 사회문제의 대표적인 예시다.

사회문제의 해결은 사회 내 부정적인 현상이나 어려움을 해결하고 전반적인 사회의 질을 향상하는 것을 목표로 한다. 이를 위해서는 개인의 노력뿐만 아니라 사회 전체의 협력이 필수적이다. 예를 들어, 대기오염 문제를 해결하기 위해서는 개인이 차량 운행을 줄이는 것 외에도 정부와 기업이 친환경 정책과 기술을 도입하는 등 집단적인 노력이 필요하다.

빈곤문제 또한 개인의 노력만으로는 해결할 수 없다. 빈곤은 구조적인 문제이기 때문에 이를 해결하기 위해서는 교육기회의 확대, 주거지원, 사회안전망강화 등 다양한 사회적 지원이 필요하다. 예를 들어, 정부는 저소득층 가정을 위한 장학금을 제공하고 취업지원 프로그램을 운영하여 빈곤 문제를 해결할 수 있다. 이러한 집단적인 조치는 개인의 빈곤 탈출을 돕는 데 필수적이다.

그러나 집단적 개입의 구체적인 실행 방식에 대해서는 다양한 견해가 존재한다. 예를 들어 고용확대를 위해서는 정부가 직접 일자리를 창출할 것인지 아니면 민간 기업의 성장을 촉진할 것인지에 대한 의견이 다를 수 있다. 세제제도를 통해 소득평등을 증진하는 방안에 대해서도 관련 집단 간의 이견이 있을 수 있다. 이러한 이유로 사회문제의 해결은 다양한 접근 방식과 협력이 필요하며 이를 위해서는 서로 다른 의견을 조율하고 통합하는 과정이 중요하다.

2. 사회문제의 특성

1) 주관성

사회문제는 기본적으로 주관적인 성격을 지니고 있다. 특정한 문제가 객관적으로 피해를 주더라도 사람들이 그 문제로 인해 피해를 보고 있다고 인식하지 않거나 주의를 기울이지 않으면 사회문제로 대두되지 않는다. 사회문제의 정의에 있어서는 다수의 사람들이 문제를 인식하거나 소수라 하더라도 대통령 등 고위 정책 담당자, 매스컴, 전문가들이 문제가 있다고 주관적으로 판단할 경우, 특정한 문제가 사회문제로 부각될 수 있다.

아울러 사회문제는 사회적 가치나 규범을 벗어나는 것을 그 요건으로 한다. 하지만 특정한 문제가 이러한 가치와 규범을 벗어났는지는 주관적인 판단에 따라 달라진다. 따라서 특정한 문제가 사회적 가치나 규범을 벗어났는지에 대한 사회구성원들의 의견은 다양할 수 있다. 예를 들어 음주, 이혼, 임신중절 등의 문제에 대해 부정적으로 생각하는 사람이 있는 반면 긍정적으로 생각하는 사람도 있다.

사회문제는 개선이 가능해야 하며 이를 위해 집단적인 개입이 필요한 경우가 많다. 그러나 이러한 개입을 구체적으로 어떻게 할지는 미리 정해진 공식이 없다. 즉, 사회문제 해결을 위한 구체적인 개선방안이나 방법에 대해서는 가치와 이해관계가 다른 집단이나 개인의 다양한 주장이 나올 수 있다. 이러한 다양한 주장들은 상이한 주관적 판단에 근거해서 이루어지는 것이다.

결론적으로 사회문제의 인식과 개선 방안에 대해 이해관계가 다른 집단들 사이에서 다양한 주관적 해석이 이루어질 수 있다. 이는 사회문제가 기본적으로 주관적인 성격을 지니고 있기 때문이다.

2) 지속성

사회문제는 여러 가지 이유로 근절되지 않고 지속되는 속성이 있다(Parrillo, 2002). 이를 구체적으로 보면 첫째, 사회 현실과 상호 연관되어 있기 때문에 지속적으로 존재한다. 이러한 지속성 때문에 특정한 사회문제를 해결하기가 어려울 수 있다. 예를 들어, 매매춘은 오랜 역사를 가진 사회문제임에도 불구하고 왜 여전히 근절되지 않고 지속될까?

우선, 매매춘이 성적 에너지를 해소하는 출구로서 기능한다고 주장하는 관점이 있다. 이들은 매매춘이 남성들의 성적욕구를 해소하고 성폭행 발생률을 감소시킬 수 있다고 본다. 다른 관점으로 매매춘이 여성을 착취하고 사회 불평등을 강화하기 때문에 쉽게 근절되지 않는다고 반박한다. 따라서 매매춘은 다양한 관점과 이해관계가 얽혀 있어 근절되지 않고 지속되는 복잡한 사회문제다.

둘째, 사회문제는 이해관계 때문에 지속될 수 있다. 다시 말해 피해를 입는 개인이나 집단이 있는 반면, 이익을 누리는 개인이나 집단도 존재한다.

예를 들어 플라스틱 사용을 줄이기 위한 규제법안을 일반인들은 환영하지만 플라스틱 제조업체들은 반대하는 입장이다. 플라스틱 사용을 줄이기 위한 규제는 기업들로 하여금 친환경 대체재를 개발하거나 기존 제품의 포장 방식을 변경하도록 강제할 것이며 이에 따라 기업들은 추가적인 비용과 노력이 필요하게 되기 때문이다.

또 다른 예로 여성의 육아휴직 권리를 확대하는 법안이 있다. 이 법안은 여성의 경력 단절을 막고 일과 가정의 양립을 지원하기 위해 고안되었지만 일부 기업들은 이를 반대한다. 기업들은 여성 직원의 육아휴직으로 인한 인력 공백과 추가적인 비용 부담을 이유로 들어 반대하며 이는 여성의 승진과 취업에 있어 차별로 이어질 수 있다.

기득권을 가진 집단들은 자신들의 이익을 해칠 수 있는 변화를 반대하는 경향이 있다. 따라서 이러한 저항으로 인해 사회문제가 지속될 수 있다. 기득권층은 기본적으로 자신의 이익을 유지하려 하기 때문에 사회문제를 해결하기 위한 개선조치에 대해 부정적일 수 있다. 그 결과 사회문제가 계속해서 존재하게 되는 것이다.

셋째, 사회문제는 성급한 해결에 대한 기대감 때문에 지속될 수 있다. 사람들은 제시된 사회문제의 해결 조치가 즉각적인 효과를 보이지 않으면 쉽게 포기하는 경향이 있다. 하지만 현실적으로 즉각 해결될 수 있는 사회문제는 거의 없다.

예를 들어 환경보호를 위한 정책이 도입되었을 때 많은 사람들은 즉각적인 변화를 기대한다. 예를 들어 플라스틱 사용 금지법이 시행되면 당장 환경이 깨끗해질 것이라고 기대하지만 현실적으로는 플라스틱 쓰레기가 줄어들기까지 오랜 시간이 걸린다. 이 과정에서 사람들은 성급한 기대감을 가지고 변화를 기다리지만 눈에 띄는 성과가 없으면 실망하여 정책을 지지하지 않거나 실천을 중단할 수 있다. 이러한 성급한 기대와 실망은 환경 문제의 지속성을 높이는 원인이 된다.

3) 해결책의 혼란

사회문제를 해결하려면 구체적인 해결책이 필요하다. 하지만 많은 해결책이 사실에 근거하지 않고 편견이나 관습, 억지 논리에 의존하는 경우가 많다. 이 때문에 다양한 해결책이 제시되면서 혼란을 일으킬 수 있다. 또한 시간이 지나면 해결될 것이라는 관망적인 태도나 사회문제는 어쩔 수 없다는 비관적인 생각 때문에 사회문제를 적극적으로 해결하기가 어려워질 수 있다.

앞서 사회문제를 인식하고 정의하는 과정에서 주관적인 가치와 규범이 관여한다고 언급하였다. 따라서 사회문제를 해결하는 과정에서도 다양한 가치와 규범 때문에 서로 모순되는 해결책이 나올 수 있다.

예를 들어 이혼율 증가라는 현상에 대한 상반된 평가로 인해 서로 다른 해결책이 제시될 수 있다. 이혼율 증가를 긍정적으로 보는 시각에서는 이혼을 개인의 자유로운 선택으로 간주하며 이혼가정을 위한 다양한 지원을 제공하는 해결책을 제안할 수 있다. 이러한 해결책으로는 이혼 후에도 부모와 자녀가 안정적인 삶을 영위할 수 있도록 주거 지원, 경제적 지원, 상담 서비스 등을 제공하는 것이 있다. 반면 이혼율 증가를 부정적으로 보는 시각에서는 이혼을 사회적 문제로 인식하고 이혼을 줄이기 위한 예방책을 제안할 수 있다. 예를 들어 결혼 전 상담 프로그램, 가정 내 갈등 해결을 위한 교육 프로그램, 이혼을 막기 위한 법적 제재 강화 등이 있을 수 있다. 이처럼 이혼율 증가에 대한 평가와 접근 방식에 따라 제시되는 해결책은 크게 달라질 수 있다.

또한 사회문제는 피할 수 없다고 사람들이 믿음으로써 사회문제의 해결을 위한 노력이 좌절될 수 있다. 예컨대, 많은 사람들이 환경문제는 피할 수 없다고 믿고 일상생활에서 환경보호를 위한 실천을 중요하게 여기지 않는 경우가 많다. 이러한 인식 때문에 환경문제 해결을 위한 노력이 좌절되곤 한다.

또 다른 예로 20세기 초반까지 산업화가 급속히 진행되면서 대기오염과 수질오염 문제가 심각해졌다. 그러나 당시에는 이러한 문제들이 피할 수 없는 산업화의 부산물로 여겨졌고 많은 사람들은 이를 받아들였다. 오염문제를 해결하기 위한 과학적 연구나 기술 개발의 필요성을 절감하지 못했기 때문에 오염문제는 장기간 방치되었다.

그러나 시간이 지나면서 환경문제의 심각성이 널리 인식되고 이에 대한 과학적 연구가 활발히 진행되기 시작했다. 그 결과 대기오염 방지 기술, 재활용 시스템, 친환경 에너지 개발 등의 해결책이 제시되었고 환경문제 해결을 위한 노력이 본격화되었다. 이는 사람들이 환경문제를 피할 수 없는 것으로 받아들이는 대신 이를 해결할 수 있는 문제로 인식하게 된 중요한 전환점이 되었다.

다시 말해 사람들이 특정한 사회문제를 피할 수 없다고 믿으면 그 문제를 해결하려는 노력을 포기할 가능성이 크다. 그러므로 사회문제는 단순히 피할 수 없는 것이 아니라 해결할 수 있다는 인식이 필요하다.

3. 사회문제의 원인

1) 개인적 차원

사회문제를 분석할 때 그 원인을 파악하는 것은 매우 중요하다. 사회문제의 원인에 대한 두 가지 상반된 관점이 존재한다. 하나는 개인의 결함에서 사회문제의 근원을 찾는 관점이고 다른 하나는 사회제도에서 그 원인을 찾는 관점이다. 이 두 관점은 극단에서 있으므로 두 관점을 병행하여 균형 있게 사회문제의 원인을 파악해야 한다(Eitzen et al., 2009).

우선, 개인적 차원에서 사회문제의 원인을 찾는 관점은 개인의 결함에서 그 원인을 찾는 것이다. 대표전인 예로 빈곤문화론(theory of poverty culture)은 빈곤이 가난한 사람이나 빈곤한 집단의 특정한 행동과 문화 때문에 유지되고 전파된다고 주장하는 이론이다(Lewis, 1966). 이 관점에서는 빈민들에게 고유하게 존재하는 나쁜 생활양식, 즉 빈곤문화가 빈곤을 지속하는 주요 원인으로 본다. 예를 들어, 빈곤층 아동의 학업 성취도가 낮은 이유를 이 이론에서는 낮은 지능지수(IQ) 검사 점수, 낮은 부모의 교육수준, 그리고 교육적 혜택의 부족과 같은 문화적 결핍(cultural deprivation) 때문으로 설명한다. 따라서 빈곤문화론은 빈곤 문제의 원인을 개인과 그들의 생활양식에서 찾는다.

이처럼 사회문제의 원인을 개인에게 돌리는 관점은 일반적으로 대중들의 지지를 얻기 쉽다. 이는 사람들이 사회적 규범과 규칙을 잘 지켜야 한다고 생각하는 경향이 있기 때문이다. 또한 대부분의 사람들은 사회적 규범과 가치를 받아들이고 지키며 살아가기 때문에 이를 어기는 사람들을 이상하게 여기는 경우가 많다. 더불어 사회제도는 당연하게 받아들여지거나 전통과 관습에 의해 신성불가침한 것으로 여겨지기 쉽다.

그러나 사회문제의 원인을 개인의 책임으로 보는 관점은 몇 가지 심각한 결과를 초래할 수 있다. 첫째, 사회제도의 결함을 파악하지 못하게 된다. 즉, 정부, 경제, 교육, 사법제도 등의 문제로 특정 사회문제가 발생할 수 있음을 간과하게 된다. 따라서 이 제도들에 대한 비판이 약해지고 궁극적으로 사회 기득권층의 이익을 보호하는 결과를 낳기도 한다. 또한 사회문제를 해결하기 위해서는 제도의 개선이나 변화가 필요한데 이러한 노력이 미리 차단될 수 있다.

둘째, 이 관점은 일탈자를 기득권층의 시각에서 통제하는 결과를 초래할 수 있다. 일탈자들은 기존의 사회제도와 규범에 동의하지 않는 사람들로 볼 수 있다. 그런데 현재 유지되고 있는 사회체제와 규범에는 제도적 결함이 없을까? 편향된 가치관이 내재

되어 있지 않을까? 기득권층이 만든 사회체제와 규범에는 이러한 결함이나 편향된 가치관이 포함될 수 있다. 만약 누군가가 이 규범을 지키지 않는다면 어떻게 해결해야 할까? 사회문제의 원인을 개인의 책임으로 볼 경우, 일탈자를 단순히 교도소나 정신병원에 보내 사회체계로부터 분리해 문제를 해결하려 한다. 이는 문제를 개인의 탓으로 돌리고, 사회적 구조의 문제를 간과하는 방식이다.

셋째, 이러한 접근은 체제의 변화를 추구하기보다는 개인을 변화하는 방식을 선호하게 된다. 예를 들어 빈곤 문제의 원인을 개인의 결함으로 본다면 해결책은 자격취득, 기술향상, 학문적 역량강화 등을 통해 기회를 얻도록 교육받는 것에 초점을 맞추게 된다. 또한 적절한 진로를 선택하고 계획하며 자기계발을 통해 미래를 준비하고 재정을 효과적으로 관리하고 절약하는 습관을 가지는 것이 중요하다고 여길 것이다.

마찬가지로 범죄행위의 원인을 개인의 결함으로 본다면 상담, 행동 수정, 심리 치료, 약물 치료 등 개인을 바꾸게 하는 전략이 채택될 것이다. 이러한 접근은 빈곤 문제나 범죄 문제의 해결에 있어 개인의 노력뿐만 아니라 사회적 지원이 필요하다는 점을 간과할 수 있다. 따라서 사회문제의 해결에는 개인의 노력뿐만 아니라 제도적 개선과 사회적 지원이 병행되어야 한다는 점을 반드시 유념해야 한다.

2) 사회적 차원

사회문제의 원인을 사회제도와 구조에서 찾는 관점에서는 빈곤층 아이들의 낮은 학업 성취도를 개인이나 그 가족 탓으로 돌리지 않는다. 대신 이들은 부적절한 학교 교과과정, 학생 수가 너무 많은 학급, 공공 자원의 부족, 교사의 자질 부족 등과 같은 제도적 문제들 때문에 빈곤층 학생들이 낮은 성적을 받는다고 본다.

또한 전과자의 재범률에 대해서도 전과자의 개인을 탓하기보다는 전과자에 대한 취업 기회와 교육 기회 부족에서 원인을 찾는다. 실제로 교도소 수감자들의 20~30%가 문맹이거나 학습능력과 직무능력이 부족하여 이들이 일자리를 구하는 것은 쉽지 않다. 직업훈련도 매우 부족한 상황이어서 취업이 되더라도 저임금과 열악한 근로 환경의 직장이 많고, 아예 취업기회를 얻지 못하는 경우도 많다. 이들은 적절한 직업 기회를 찾지 못해 희망을 잃고 다시 범죄에 빠지거나 복지제도에 의존하게 된다.

사회문제를 오로지 사회구조의 책임으로만 보는 시각에는 몇 가지 우려되는 점이 있다. 첫째, 개인적인 결함을 간과하는 것이다. 사회문제는 구조적인 측면뿐만 아니라 개인의 유전적 요인이나 심리적 요인에서도 기인하는 경우가 있음에도 불구하고 지나치게 사회구조의 문제로 바라보는 것이다.

둘째, 사회결정론을 옹호하는 경향이 있다. 사회결정론이란 개인의 행동이 사회적 환경이나 조건에 의해 결정된다는 것이다. 즉, 개인의 선택이나 의지보다는 사회적인 구조, 경제, 문화, 역사적인 맥락 등이 개인에게 큰 영향을 미친다고 주장한다. 그러나 이 시각은 개인의 자유와 책임을 줄이고 더 나아가 개인의 능동성을 부인하는 결과를 낳을 수 있다. 또한 이 시각은 개인의 다양성과 개별적 차이를 간과할 수 있다. 개인의 독특한 경험과 가치관은 사회를 이해하는 데 중요한 역할을 할 수 있지만 사회결정론에 치우친 관점은 이를 소홀히 보는 경향이 있다. 결과적으로 이러한 관점은 개인의 주체성을 배제할 위험이 있다.

사회문제를 올바르게 이해하기 위해서는 개인과 사회 두 가지 시각을 균형 있게 다루는 것이 중요하다. 하지만 대부분의 경우 일반 대중과 사회과학 분야에서는 개인에게 책임을 묻는 경향이 강하다. 이는 경찰, 판사, 검사, 사회복지사 같은 사회 문제를 다루는 사람들뿐만 아니라 일반인들도 개인적인 관점에서 사회문제를 해석하기 때문이다. 앞으로 다룰 이론에서도 알 수 있듯이, 사회 구조를 중시하는 이론조차도 때때로 사회 문제의 원인을 개인의 결함이나 부족한 사회화에서 찾는다. 따라서 사회문제를 연구하는 사람들은 한쪽에 치우치지 않고 특히 사회문제를 일으키는 제도의 결함을 비판적으로 분석하는 능력을 가져야 한다.

4. 사회변동과 사회문제

1) 사회변동

오늘날 우리는 사회제도의 문제로 인해 다양한 사회문제를 겪고 있다. 예를 들어 빈곤, 의료, 가족, 중독, 주택, 교육 문제 등이 있다. 이런 문제들은 사회구성원들에게 직접적으로나 간접적으로 영향을 미친다. 이런 사회문제들은 최근에 갑자기 생긴 것이 아니라 사회가 변화하면서 함께 생겨나고 점점 심각해진 것이다. 다시 말해, 오늘날의 사회문제는 사회변화와 깊은 관련이 있다. 사회가 변하면서 새로운 문제들이 생겨나고 기존 문제들은 더욱 심각해지고 있다.

우선 산업화는 사회문제의 발생과 직접적으로 연결되어 있다. 산업화는 경제성장과 기술발전을 가져왔지만 동시에 여러 사회문제를 일으켰다. 예를 들어 급격한 도시화로 인해 주택부족문제가 야기되고 빈민가가 형성되었으며 열악한 노동조건으로 인해 노동자들의 권리가 침해되었다. 또한 산업화로 인한 환경오염과 자원고갈문제도 심각해졌다. 전통적인 가족구조와 지역사회가 붕괴되면서 사회적 연대감도 약화되었고 이는 고립감과 사회적 불안정을 초래하였다. 산업화와 그로 인한 사회구조 변화는 현대 사회가 직면한 여러 문제의 근원이 되고 있다.

이러한 사회구조의 변화는 경제체제의 전환을 이끌었고 그 결과 자본주의도 함께 발달하게 되었다. 자본주의의 발달은 경제적 번영을 가져왔지만 동시에 다양한 사회문제를 초래했다. 자본주의 체제에서의 경쟁과 이윤 추구는 경제 성장을 촉진했지만 그 과정에서 소득불평등이 심화되고 빈부격차가 커졌다. 대기업의 독점과 노동착취는 노동자들의 권리를 침해하고, 중산층의 붕괴를 가속화했다. 또한 자본주의는 소비주의 문화를 조장하여 환경파괴와 자원낭비를 초래했다. 이러한 문제들은 자본주의 체제의 구조적 결함에서 비롯된 것이다.

이와 같이 오늘날의 사회문제는 사회 구조의 변화와 깊이 맞물려 있다. 따라서 사회문제의 원인이나 그로 인한 피해를 개인의 책임으로 돌리기는 어렵다. 이는 사회적 차원에서 집단적으로 해결해야 한다는 것을 의미한다. 질병, 노령, 빈곤, 실업과 같은 문제들은 산업화 이전에도 존재했지만 산업화가 급속히 진행된 현대에는 더욱 많은 사람들이 이러한 문제로 어려움을 겪고 있다. 따라서 이러한 문제들을 개인이 아닌 사회적 차원에서 집단적으로 해결하려는 노력이 필요하다.

2) 사회문제의 유형

지금까지 우리는 사회문제의 정의, 특성, 원인에 대해 살펴보았다. 이 장에서는 본서에서 다루고자 하는 사회문제의 유형에 대해 말하고자 한다.

사회문제 유형은 연구자의 기준에 따라 상이하게 구분된다. 사회문제는 주관적인 측면이 있어 어떤 현상을 사회문제로 볼지 아닐지는 전문가의 판단이나 여론에 좌우되는 경우가 많기 때문에 공통의 사회문제 분류체계를 도출하기란 어려운 일이다. 그러므로 본 서는 기존의 유형과 범주를 바탕으로 ①생애주기에 따른 사회문제 ②사회구조 변화에 따른 사회문제와 같이 두 가지 유형으로 구분하였다.

인간은 태어나서 성장하고, 번식하며, 노화하고, 죽음까지의 과정을 겪는다. 이를 생애주기(life cycle)라고 일컫는다. 일련의 단계를 거치면서 인간에게는 다양한 문제도 경험한다. 그 문제는 사회로부터 주어지는 발달과업을 제대로 성취하지 못했을 때 발생하기도 하며 또는 우리 사회가 개인에게 주어진 과업을 잘 수행할 수 있도록 제도적으로 뒷받침되어지지 않았을 때 발생하기도 한다.

또한 사회는 역동성을 가진 존재이므로 사회구조는 끊임없이 변화하는 성격을 지니고 있다. 사회 변동으로 인해 사회 해체가 발생하기도 하며 사회 내부적으로 문화적 특성과 가치관이 달라지기도 한다. 이러한 변화 속에서 혼란과 문제가 파생된다. 이러한 맥락에서 사회문제를 다루는 학자들 사이에서는 최근 사회 불평등 유형에 대한 관심이 높아지고 있다.

따라서 본서에는 생애주기별 사회문제로 가족문제(가정폭력, 이혼·재혼, 한부모가족, 다문화가족), 아동문제, 청소년문제, 노인문제 등을 다루며, 사회구조변화와 사회문제로 성문제(성폭력, 성매매, 소수자의 성), 빈곤문제, 환경문제, 인구문제, 지역소멸문제(저출산·고령화), 중독문제, 자살문제, 범죄문제 등을 다룬다. 이상과 같이 검토한 사회문제의 유형과 범주를 정리하면 아래의 **| 표 1-1 |** 과 같다.

| 표 1-1 | 본 서에서 다루고자 하는 사회문제의 유형과 범주

유형	범주
• 생애주기별 사회문제	• 가족문제, 아동문제, 청소년문제, 노인문제
• 사회구조변화와 사회문제	• 성문제, 빈곤문제, 환경문제, 인구문제, 지역소멸문제, 중독문제, 자살문제, 범죄문제

2장

사회문제를 바라보는 관점

이 장에서는 사회문제를 다양한 관점에서 분석하는 방법을 다룰 것이다. 다양한 관점을 소개하고 각 관점이 사회문제를 어떻게 해석하고 해결책을 제시하는지 고찰할 것이다. 이러한 다양한 접근 방식을 통해 사회문제를 보다 폭넓게 이해할 수 있는 기회를 제공하며, 복합적인 문제 해결 능력을 키울 수 있도록 한다. 각 관점은 사회문제의 원인과 해결 방안을 설명함으로써, 사회문제를 다각적으로 분석하고 실질적인 해결책을 모색하는 데 필요한 이론적 토대를 마련할 것이다.

1. 사회병리론적 관점

1) 개요

사회병리론적 관점은 사회문제를 바라보는 여러 관점 중에서 가장 오랜 역사를 가지고 있다. 이 관점은 기본적으로 콩트(Comte)와 스펜서(Spencer)의 유기체론에 근거하고 있어 사회를 하나의 유기체로 보는 것을 전제한다. 사회화에 실패한 사람들이 사회문제를 야기한다는 논거를 제시한다.

이 관점은 병리학(pathology)의 영향을 받아 사회를 인간의 신체에 비유하여 이해하였다. 신체를 구성하는 신경에 결함이 있으면 신체가 마비되는 것처럼 사회관계에서의 부적응은 사회병리를 유발한다고 보았다(이상현 외 역, 1985). 사회부적응을 사회문제로 판단하였으며 이를 사회병리로 표기하였다. 쉽게 말해 규범이나 도덕적 기대에 위배되는 상황이나 사람을 병든 것으로 보고 이를 사회문제로 정의하였다.

2) 사회문제의 원인

사회문제의 원인은 초기와 후기에서 다르게 판단되었다. 사회병리학적 관점의 초기 학자들은 개인의 유전적 결함이 사회문제를 일으킨다고 보았다. 이 관점의 대표적인 학자로는 이탈리아의 범죄학자 롬브로소(Lombroso)가 있다. 그는 '타고난 범죄자(born criminals)' 이론을 제시하며 범죄자는 열등한 유전자를 가지고 태어나며 이러한 특성은 세대를 거치며 유전적으로 전해진다고 주장하였다. 롬브로소는 범죄자가 얼굴의 비대칭, 커다란 턱, 덧니, 송곳니, 언청이, 움푹 들어간 이마, 큰 앞니 등 특정 생리학적 특징을 가지고 있다고 하였다(Lombroso, 1876).

롬브로소의 이론은 19세기 초에는 큰 주목을 받았지만 곧 비판과 논란을 불러일으켰다. 그러나 초기 사회병리학적 시각은 그의 영향을 받아 비행소년, 매춘부, 심신박약자, 빈민 등은 유전적 요인으로 인해 자손에게 문제가 지속된다고 보았다. 즉, 선천적 결함을 가진 개인은 사회화에 실패할 가능성이 높다고 생각하였다. 하지만 이러한 접근 방식은 두 가지 문제점을 유발한다.

첫째, 지나치게 운명론에 치우치게 된다. 도덕적·신체적 특성이 유전된다고 믿더라도 이는 결함이 있는 사람들을 개선하려는 노력을 포기하게 해서는 안 된다.

둘째, 환경의 영향이나 개인의 책임을 무시하는 경향이 있다. 개인의 일탈 원인을 사회체계나 환경에서 찾을 수 있음에도 이를 간과하는 것이다. 또한 모든 문제를 유전적 결함 탓으로 돌리는 것은 인간이 자유의지와 이성을 가진 존재임을 무시하는 것이다.

19세기 말부터 급속히 도시화가 진행되면서 도시 빈민가에서는 유전적으로 열등하지 않은 사람들도 사회문제를 일으키는 경우가 많아졌다. 이에 학자들은 사회적 요인에 관심을 가지게 되었다. 열악한 환경이 주민들을 범죄자로 만드는 데 영향을 미친다고 인식되기 시작하였다. 예를 들어, 도시 슬럼 지역에 거주하는 아동들은 그들의 성격이 환경에 영향을 받아 비행청소년이 되는 경우가 많았다. 이로 인해 열악한 사회 여건이 사회부적응(도덕적 일탈)을 야기한다고 파악하게 되었다. 따라서 후기에는 불건전한 사회환경이 존재할 때 사회화되기 어렵다고 보았다(이상현 외 역, 1985).

3) 사회문제의 해결책

초기에는 유전적 결함이 있는 개인을 제거하는 데 주력하였다. 이를 위해 결함을 가진 개인들을 단종하거나 우수한 유전적 요소를 가진 개인들의 출산을 장려하였다. 후반에는 사회제도의 문제점에 초점을 맞추어 사람들의 가치관을 바꾸려 하였다. 즉, 일탈자를 중산층의 도덕적 기준으로 교육하는 것이 효과적이라고 주장하였다.

사회병리학적 시각은 초기의 교정사업에 큰 영향을 미쳤다. 교정사업은 부랑자, 빈민층, 정신적 또는 신체적 문제가 있는 사람들을 사회적 병리로 간주하고 이들을 치료하는 것을 목적으로 하였다. 사회적으로 이들을 분리하고 노동을 부여하여 새로운 사람으로 바꾸려는 의도로 사업이 진행되었다. 이러한 관점은 교정사업의 중요한 부분으로 여겨졌으며 이러한 사고방식은 현대 교정사업에도 여전히 영향을 미치고 있다. 그러나 이 시각은 네 가지 한계를 가지고 있다(이상현 외 역, 1985).

첫째, 완벽하고 정상적인 사회가 현실적으로 존재하기는 어렵다. 생물체가 모든 기능을 완벽하게 수행할 때 정상이고 건강하다고 볼 수 있다. 그러나 이 원리를 사회에 적용하는 것은 복잡하다. 사회를 구성하는 인간들이 자신의 역할과 기능을 완벽하게 수행한다면 그 사회는 건강하고 정상적일 것이다. 하지만, 다양한 개성과 능력, 가치관을 가진 개인들이 모인 사회에서 모든 개인이 주어진 역할과 기능을 완벽하게 수행하는 것은 불가능하다. 이로 인해 이상적인 사회가 존재할 수 있을지는 의문이다.

둘째, 결과적으로 전체주의를 지지할 수 있다는 우려가 있다. 이 시각은 사회의 균형과 기능의 통합을 중시하며 이로 인해 사회 전체를 개별 구성원보다 우선시하는 경향이 있다. 이는 개인의 자유와 행복 증진에 반할 수 있는 가능성을 내포한다.

셋째, 사회병리현상을 구체적으로 파악하는 것은 어렵다. 사회적 병리는 상대적일 수 있으며 같은 현상이 시대나 국가에 따라 병리로 간주될 수도 있고 그렇지 않을 수도 있다.

넷째, 의학적 개념을 사회에 적용하는 것은 애매하고 추상적이다. '균형 있는 상태'가 무엇인지, '사회병리적 상태의 객관적 기준'이 무엇인지에 대한 정의와 구체화가 어렵다.

2. 사회해체론적 관점

1) 개요

미국은 1차 세계대전 이후 급속하게 도시화, 산업화, 이민자 유입 급증 등이 급속하게 진행되면서 도시에는 사회질서가 무너지는 것처럼 느껴지는 해체현상들이 나타났다. 사회해체론은 급변하는 사회 속에서 출현하게 된 이론으로 사회변동은 전통적인 사회제도들을 와해한다고 보았다. 따라서 이들은 인간의 사회적 행위를 통제하는 사회적 규칙의 중요성에 주목했고 이러한 사회규칙은 사회가 변동하면서 붕괴된다고 파악하였다.

사회해체론적 관점에서는 규칙을 위반하거나 불이행하는 것을 사회문제로 간주한다. 즉, 규칙의 위반이나 불이행을 사회해체로 보는 것이다. 사회해체의 세 가지 형태는 다음과 같다(Weinberg & Rubington, 1973).

첫째, 무규범(normlessness)은 특정 행위에 대해 규칙이 존재하지 않는 상태를 의미한다.

둘째, 문화갈등(cultural conflict)은 최소한 두 개의 상반되는 규칙이 존재하여 어쩔 수 없이 한 가지 규칙을 어길 수밖에 없는 상태를 의미한다.

셋째, 와해현상 혹은 붕괴(breakdown)는 규칙이 존재하지만 약속된 보상을 받지 못하거나 오히려 제재를 받게 되는 상태를 의미한다.

이와 같은 사회해체의 형태들은 규칙이 얼마나 중요한지 그리고 규칙을 지키는 것이 왜 필요한지를 보여준다.

2) 사회문제의 원인

사회해체론적 관점은 사회문제의 원인으로 사회변화를 지적한다. 쿨리(Cooly, 1918)는 도시화로 인해 전통사회가 붕괴되는 현상을 사회해체로 정의하였다. 전통사회에서는 가족과 이웃 간의 일차적 관계가 강하게 유지되었으나 도시화가 진행됨에 따라 이러한 전통적인 관계가 약화되고 소멸되었다. 이는 사회구성원 간의 상호작용이 감소하고 공동체 의식이 약화되는 결과를 초래한다. 쿨리는 이러한 전통적 사회구조의 붕괴를 사회해체로 보았으며 이는 현대사회에서 발생하는 다양한 사회문제의 근본적인 원인으로 작용한다고 주장하였다.

토마스와 즈나니에츠키(Thomas & Znaniecki, 1920)는 미국으로 이주한 폴란드 이민자들의 사례를 통해 사회해체를 설명하였다. 폴란드에서는 집단주의 문화가 강하게 작용하여 공동체와 가족 간의 유대가 중요시되었다. 그러나 이민자들이 개인주의가 지배적인 미국사회에 적응하려 할 때, 이들은 두 상반된 규칙 체계 사이에서 큰 혼란을 겪게 되었다. 예를 들어, 폴란드에서는 가족의 기대와 전통을 따르는 것이 중요했으나 미국에서는 개인의 자유와 독립이 강조되었다. 이로 인해 이민자들은 어느 한쪽의 규칙을 완전히 따르지 못하고 양쪽 모두에서 소외감을 느끼게 되었으며 이러한 혼란은 결국 사회문제로 이어졌다. 토마스와 즈나니에츠키는 이러한 사례를 통해 규칙이 사회구성원들을 제대로 통제하지 못할 때 사회문제가 발생한다고 주장하였다.

오그번(Ogburn, 1922)은 문화지체가 사회해체의 원인이 된다고 강조하였다. 문화지체란 과학기술의 발달로 물질문명은 빠르게 발전하지만 관습이나 규범과 같은 정신적 문화는 그 속도를 따라가지 못하는 현상을 의미한다. 예를 들어, 인터넷과 스마트폰 기술은 급속도로 발전하여 사람들은 이를 빠르게 받아들였다. 그러나 인터넷 사용에 대한 윤리적 규범이나 법적 체계는 이에 비해 더디게 발전했다. 사람들은 새로운 기술을 통해 즉각적인 소통과 정보 접근이 가능해졌지만 개인정보 보호나 사이버 범죄와 같은 문제에 대한 사회적 규범은 충분히 정립되지 않았다. 이로 인해 물질문화와 정신문화 사이에 불일치가 발생하게 되었고 이러한 불일치는 결국 사회문제로 이어진다고 오그번은 주장하였다.

사회해체현상은 개인의 해체로 이어져 정신병, 알코올중독, 청소년 비행 등 다양한 문제를 초래하며 이러한 문제들은 주로 사회해체가 뚜렷이 나타나는 지역에서 발생한다.

3) 사회문제의 해결책

사회해체론적 관점의 해결방안으로는 사회변동의 속도를 낮추어 불균형 상태의 사회체계를 균형상태로 되돌리는 것이 있다. 이는 기술적 변화의 속도를 늦추어 문화의 발전 속도와 균형을 이루는 방법을 포함한다. 예를 들어 정부가 새로운 기술 도입에 대해 엄격한 규제를 시행하여 기술 발전을 천천히 진행하고 그 사이에 사회적 규범과 법적 체계를 정비할 수 있도록 시간을 확보하는 것이다. 이를 통해 기술적 변화와 문화적 적응이 동시에 이루어질 수 있으며, 사회적 불일치와 갈등을 줄일 수 있다.

그러나 이러한 해결책은 다분히 비현실적이라고 판단된다. 현대사회는 글로벌 경제와 기술 경쟁의 시대에 있으며 기술 발전의 속도를 인위적으로 늦추는 것은 경제적 발전과 국가 경쟁력에 부정적인 영향을 미칠 수 있다. 또한 개인의 자유와 혁신을 중시하는 현대사회에서 기술발전을 억제하는 정책은 많은 저항과 반발을 불러일으킬 가능성이 크다. 따라서 사회해체 문제를 해결하기 위해서는 기술 발전 속도를 조절하는 것 외에도 빠르게 변화하는 사회에 적응할 수 있는 유연한 교육 시스템과 사회적 지원망을 강화하는 등 보다 현실적인 대안이 필요하다.

사회해체론적 관점은 크게 두 가지 중요한 점을 가지고 있다. 첫째, 사회문제를 더

실증적이고 과학적으로 설명하려고 한다. 이는 신학적, 형이상학적 설명이나 의료 모델에 의존하는 대신 사회에서 새롭게 나타나는 사회해체라는 현상을 통해 사회문제를 설명하는 접근이다. 예를 들어, 도시화로 인해 가족과 이웃 간의 전통적인 관계가 붕괴되고 이로 인해 개인들이 소외감을 느끼며 다양한 사회문제가 발생하는 현상을 사회해체론은 실증적 데이터와 사회적 분석을 통해 설명한다.

둘째, 이 관점은 사회병리론에 비해 가치나 도덕의 문제로부터 더 분리되어 사회문제를 보다 객관적으로 볼 수 있게 한다. 이는 사회문제를 도덕적 판단 없이 순수하게 사회적 현상으로 분석할 수 있게 해준다. 예를 들어 청소년 비행을 단순히 도덕적 타락이나 개인의 문제로 보는 대신 사회해체론적 관점은 이를 사회구조의 붕괴와 관련된 현상으로 분석한다. 청소년들이 전통적인 사회적 지지체계(가족, 학교 등)의 붕괴로 인해 비행을 저지르는 것으로 보며 이를 통해 더 객관적으로 문제의 원인을 이해하고 해결책을 모색할 수 있다.

그러나 이 관점은 사회해체라는 개념이 다소 모호하다는 문제로 인해 동어반복적이라는 비판을 받고 있다. 외국계 이민의 증가는 그 지역의 사회해체를 가져올 수 있지만 이미 사회해체가 진행된 지역에 외국계 주민들이 계속 유입되기도 한다. 따라서 사회해체는 결과이면서 동시에 원인이 될 수 있다.

또한 사회해체론은 사회변화를 사회해체와 혼동할 수 있다는 문제도 있다. 사회변화에는 긍정적인 변화 즉 사회발전이 포함될 수 있는데 사회해체론에서는 모든 사회변화를 기존의 사회질서와 규범이 붕괴되는 원인으로 보고 있다. 예를 들어 기술 발전이나 경제 성장은 긍정적인 사회변화를 가져올 수 있지만 사회해체론은 이러한 변화도 기존의 사회질서를 붕괴하는 원인으로 볼 수 있다.

3. 가치갈등론적 관점

1) 개요

가치갈등론적 관점은 주로 1935년에서 1954년 사이 미국에서 등장하였다. 이 시기는 사회해체론적 관점과도 일부 겹치며 대공황과 2차 세계대전을 겪으면서 갈등에 대한 정당성을 부여할 필요성이 대두된 시기다. 다시 말해 다른 집단의 이해에 반대하고 자신들의 이해와 가치를 주장하는 것이 매우 정상적이라고 여겨졌다.

또한 사회해체론적 관점이 가치중립적이지 않다는 비판 속에서 이러한 가치갈등론적 관점이 등장하게 되었다. 사회해체론적 관점이 사회문제를 규정할 때 어떤 집단의 가치를 따를 것인지 명확하지 않다는 비판이 있었기 때문이다. 가치갈등론적 관점을 주장하는 사람들은 사회가 계급, 인종, 성별 등으로 나누어져 있으며 사회적 지위의 차이에 따라 사회문제를 규정하는 관념에 차이가 있다고 보았다. 즉, 사회문제를 규정하는 학자들도 여러 가치 중 하나를 선택하게 되고 그에 따라 사회문제를 규정하는 태도가 달라진다는 것이다.

사회 갈등은 단순히 계급 갈등이나 자원의 불평등한 분배로 발생하는 것이 아니다. 많은 경우 서로 다른 가치를 가진 집단들 사이의 가치차이로부터 발생한다. 사회에는 다양한 이해관계와 가치를 가진 집단들이 존재하며, 이들은 자신들의 가치관이 사회에서 선호되도록 하기 위해 경쟁한다. 이 경쟁에서 한 집단이 우위를 점하게 되면 그 문제는 사회문제로 정의된다.

2) 사회문제의 원인

가치갈등론적 관점에 따르면 사회문제는 권력을 가진 집단이 자신들의 가치관을 기준으로 바람직하지 않다고 판단한 현상일 뿐이다. 즉, 사회문제의 원인은 한 집단의 가치가 지배적 집단의 가치와 충돌하는 데 있다. 따라서 지배적인 집단의 가치와 양립할 수 없는 조건을 사회문제로 정의하는 것이다.

예를 들어 낙태를 둘러싼 논쟁을 살펴보자. 한 집단은 태아도 생명체이기 때문에 낙태는 살인이라고 생각한다. 반면 다른 집단은 태아를 생명체로 보지 않으며 낙태를 원치 않는 임신으로 인한 건강 문제나 사회적·경제적 문제를 해결하는 방법으로 본다. 만약 낙태를 반대하는 집단이 권력 투쟁에서 우위를 점하면 낙태를 허용하는 행위는 사회문제로 간주된다. 즉, 낙태를 사회문제로 보는 것은 지배적인 집단이 자신의 가치관을 바탕으로 낙태를 바람직하지 않다고 판단했기 때문이다.

요컨대 사회문제는 가치들의 상호충돌 또는 불일치(disagreement)로 인해 발생한다. 사회의 다양한 집단들은 서로 다른 이익을 가지고 있으며 이로 인해 상호 적대적인 관계가 된다. 이러한 갈등과 대립에서 사회문제가 발생한다. 가치갈등은 다양한 형태로 나타날 수 있다. 예를 들어 백인과 비백인 간의 인종 갈등, 이성애자와 동성애자 간의 성적지향갈등, 청년과 노인 간의 세대 갈등, 정치적 좌파와 우파 간의 이념 갈등, 환경보호론자와 산업개발론자 간의 개발 갈등 등이 있다(Mooney et al., 2007).

한편 가치갈등론적 관점에서는 사회문제가 특정 힘 있는 집단의 가치에 부합하지 않는 상황을 의미하며 바람직함 여부와 상관없이 더 폭넓게 사회문제를 바라볼 수 있다. 실제로 풀러와 마이어스(Fuller and Myers, 1941)는 가치갈등론적 관점이 사회문제를 가장 잘 설명할 수 있다고 주장하였다. 그 이유는 첫째, 무엇이 사회문제인지에 대해 사람들의 의견이 일치하지 않으며, 둘째, 사회문제로 인정된다 하더라도 해결책에 대한 합의가 이루어지지 않기 때문이다. 풀러와 마이어스에 따르면 사회문제는 다음 세 가지로 크게 나눌 수 있다.

첫째, 물리적 문제(physical problems)는 모든 사람들이 위협으로 느끼는 상황을 말한다. 예를 들어 지진, 폭풍, 홍수, 가뭄 같은 자연재해가 있다. 이런 문제들은 문화적 가치갈등 때문에 발생하는 것이 아니기 때문에 이것이 과연 사회문제인지 논란이 있을 수 있다. 하지만 이들은 물리적 문제의 원인은 문화와 상관없지만 그 결과는 도덕적 판단과 대책을 필요로 하므로 사회문제에 포함된다. 또한 과거에는 자연현상으로 보였던 많은 문제들이 점점 인간의 가치 판단과 관련된 문제로 나타나고 있다. 예를 들어, 천연두나 매독은 과거에는 단순한 자연현상으로 여겨졌지만 현대에 이런 질병이 퍼진다면 사람들은 정부의 책임을 물을 것이다.

둘째, 개선을 요하는 문제(ameliorative problems)는 대부분의 사람들이 바람직하지 않다고 동의하지만, 해결책에 대해서는 의견이 일치하지 않는 상황을 말한다. 예를 들어, 빈곤, 실업, 교육격차, 환경오염 등이 있다. 풀러와 마이어스에 따르면 이것이 진정한 사회문제다. 왜냐하면 인간의 가치 판단이 이러한 문제를 만들어내고, 동시에 해결 방법에도 영향을 미치기 때문이다.

셋째, 도덕적 문제(moral problems)는 사회 전체에서 무엇이 사회문제인지에 대한 합의가 거의 없는 상황을 말한다. 따라서 해결책이 필요하다고 생각하는 사람도 적다. 예를 들어 안락사, 성소수자 권리, 총기규제 등이 있다. 과거에는 이러한 문제들이 명확한 사회문제로 인식되지 않았지만 최근에는 많은 논의가 이루어지며 사회문제로 받아들여지기도 한다. 예를 들어 과거에는 성소수자 권리가 사회문제로 잘 인식되지 않았지만 최근에는 성소수자 차별이 법적으로 금지되면서 중요한 사회문제로 부각되었다.

가치갈등론적 관점에서는 사회문제의 결과로 힘없는 집단의 가치가 희생된다고 본다. 이는 권력을 가진 집단이 자신의 가치를 사회 전반에 강요할 때 상대적으로 약한 집단의 가치와 이익이 무시되거나 억압되는 상황을 말한다. 예를 들어, 대규모 개발 프로젝트에서 환경 보호 단체와 지역 주민들의 의견이 배제되고 기업의 이익이 우선시되는 경우를 생각해보자. 이러한 상황에서는 환경 보호라는 가치와 지역 주민들의 생활이 희생되며 이는 개발의 이익을 누리는 집단과 갈등을 일으킨다. 따라서 사회문제는 종종 힘 없는 집단의 가치가 소외되거나 희생되는 결과를 초래하게 된다.

3) 사회문제의 해결책

가치갈등의 시각에서 사회문제를 해결하는 방법으로는 집단 간의 합의, 타협, 강제가 있다. 첫째, 합의는 서로 다른 가치를 지닌 집단들이 대화와 협상을 통해 공동의 해결책을 찾는 방법이다. 이를 통해 갈등을 평화적으로 해결하고 각 집단의 가치를 존중하는 방안을 마련할 수 있다. 예를 들어, 정부와 환경 단체, 기업이 함께 논의하여 지속 가능한 개발 계획을 수립하는 경우가 있다. 이러한 합의는 각 집단이 만족할 수 있는 결과를 도출하고 장기적으로 갈등을 줄이는 데 도움이 된다.

둘째, 타협은 서로 다른 입장을 가진 집단들이 일부 양보하여 중간 지점을 찾는 방법이다. 이는 완전한 합의를 이루지 못하더라도 갈등을 최소화하고 문제를 해결하는 데 유용하다. 예를 들어, 노동자와 고용주 간의 임금 협상에서 서로의 요구를 일부 받아들여 타협안을 도출하는 경우가 있다.

마지막으로 강제는 한 집단이 다른 집단의 가치를 무시하고 자신의 가치를 강요하는 방법이다. 이는 갈등을 단기적으로 해결할 수 있지만 장기적으로는 불만과 반발을 초래할 수 있다. 예를 들어 정부가 법률을 통해 특정 정책을 강제로 시행하는 경우가 이에 해당한다. 이러한 방법들은 각 상황에 따라 적절히 활용되어야 하며 가능한 한 합의와 타협을 통해 평화적이고 지속 가능한 해결책을 찾는 것이 바람직하다.

왈러(Waller, 1938)는 사회문제가 해결되지 않는 이유는 사람들이 그것을 원하지 않기 때문이라고 주장한다. 예를 들어, 빈곤 문제는 사회적으로 발생한 것이며 대부분의 사람들이 개선이 필요하다고 생각하지만 실제로는 해결되지 않는다. 이는 소득 재분배가 사유재산제도의 근간을 흔들 수 있기 때문에 거부되기 때문이다.

또 다른 예로는 복잡한 형사법령 체계를 들 수 있다. 많은 사람들이 이 체계가 문제라고 인식하지만 이를 대폭 정비하려면 법률 전문가들이 다시 법을 공부해야 하고, 결과적으로 법률 전문가들의 조력이 덜 필요해질 가능성이 있다. 이러한 이유로 법령 체계를 정비하는 것이 쉽지 않다.

가치갈등론적 관점에서는 사회병리나 사회해체의 관점에서 보이는 바람직하고 바람직하지 않은 것에 대한 판단이 개입되지 않는다. 이전의 두 관점은 방해가 되거나 바람직하지 않은 상황을 사회문제로 간주했지만 가치갈등론적 관점에서는 그 상황이 바람직하든 아니든 상관없이 사회문제가 될 수 있다고 본다. 따라서 이 관점은 사회문제를 더 폭넓게 바라볼 수 있다는 장점이 있다.

가치갈등론적 관점은 사회문제를 폭넓게 바라볼 수 있다는 장점이 있지만 몇 가지 한계점도 존재한다.

첫째, 다양한 가치가 충돌하는 상황에서 합의된 해결책을 찾는 것이 어렵다. 각 집단이 자신들의 가치와 이익을 강하게 주장하기 때문에 타협이나 합의가 쉽지 않다.

둘째, 모든 사회문제를 가치의 충돌로 보기 때문에 문제의 원인과 해결책이 명확하지 않을 수 있다. 이는 문제 해결을 위한 구체적인 접근법을 마련하는 데 어려움을 초래할 수 있다.

셋째, 이 관점은 가치중립적인 접근을 주장하지만 실제로는 특정 가치나 이익을 더 중시할 가능성이 있다. 특히, 권력을 가진 집단의 가치가 더 많이 반영될 수 있다.

넷째, 갈등을 해결하기 위한 중재와 타협이 현실적으로 항상 가능하지 않다. 때로는 강제적인 조치가 필요하지만 이는 또 다른 갈등을 유발할 수 있다.

마지막으로 가치갈등의 관점은 사회의 다양한 가치를 인정하지만 이는 사회통합을 저해할 수 있다. 각 집단이 자신들의 가치를 지키려는 과정에서 사회 전체의 일체감이 약화될 수 있다. 이러한 한계점들은 가치갈등의 관점을 적용할 때 신중한 접근이 필요함을 시사한다.

4. 일탈행동론적 관점

1) 개요

일탈행동론적 관점은 사회해체론적 관점에서 발전한 것으로 주로 1954년에서 1970년 사이 주된 시각이었다. 이렇게 일탈행동론적 관점이 새롭게 출현하게 된 것은 기존의 사회해체론적 관점이 개인의 행동을 설명하기에는 너무나 포괄적이라는 점이 크게 작용하였다. 다시 말해서 어떤 개인이 일탈을 하고 비행을 하는 것이 단순히 그 사람이 특정 지역에 살기 때문이라고 설명하기에는 개인의 행동이 너무나 많은 다른 요인에 의해 영향을 받고 있었기 때문이었다. 즉, 일탈행동의 시각은 사회해체율이 높은 지역에 사는 사람들이 반드시 모두 규칙을 어기지 않는다는 점에 주목했다.

일탈행동론적 관점에 따르면 사회문제는 사회구성원들이 사회화를 통해 도덕규범을 내면화하지 못할 때 사회문제가 발생한다. 따라서 이 관점은 각 사회가 가지고 있는 행동 규범을 벗어난 행위를 선택하는 개인에 초점을 둔 연구다.

이 관점을 대표하는 이론으로는 머튼의 아노미론, 서덜랜드의 접촉차이이론, 크로워드와 올린의 기회이론 등이 있다. 이 관점들을 구체적으로 다루기 전에 전반적인 일탈행동론의 핵심 내용에 대해 살펴보겠다.

2) 사회문제의 원인

일탈행위의 원인은 부적절한 사회화에 있다. 첫째, 목표와 수단의 불일치라는 비정상적인 상황에서 개인의 사회화가 잘못될 수 있다.

둘째, 일탈적 유형과 접촉을 했을 때 정상적인 사회화가 어려울 수 있다. 예를 들어 청소년이 범죄를 저지르는 친구들과 어울리게 되면 그들도 범죄 행위를 정상으로 인식하게 되어 일탈행동을 학습할 가능성이 높아진다.

셋째, 합법적 수단을 활용할 수 있는 기회가 제한될 때 비합법적 수단을 선택할 가능성이 증가한다. 예를 들어, 경제적으로 어려운 상황에서 합법적인 일자리를 구할 수 없는 사람이 불법적인 활동에 빠지게 될 수 있다. 이런 상황에서는 개인의 사회화가 실패하여 일탈행동을 하게 된다.

위에서 나열한 세 가지 원인은 각각 아노미론, 차이접촉이론, 기회차이론으로 분류할 수 있다. 이렇게 각각의 이론은 일탈행위의 다양한 원인을 설명하는 데 도움을 준다.

(1) 아노미론

아노미론은 로버트 머튼(Robert K. Merton)에 의해 주장되었다. '아노미(Anomie)'라는 개념은 에밀 뒤르켐(Émile Durkheim)이 최초로 제시하였으며 머튼은 이 개념을 발전해 개인의 일탈행위를 보다 폭넓게 설명하였다.

머튼(Merton, 1968)은 아노미 개념을 바탕으로 일탈행위를 문화적 목표와 합법적 수단이라는 개념을 통해 설명하고 적응양식을 제시하였다. 문화적 목표란 사회 구성원들이 공통적으로 추구하는 것으로, 예를 들어 부, 명예, 권력 등이 있다. 제도적 수단이란 이러한 문화적 목표를 달성하기 위해 사회가 합법적으로 허용하는 방법을 의미하며 예를 들어 부자가 되기 위해 고소득 직업에 종사하는 것이 있다. 머튼은 이에 따라 적응양식으로 동조, 혁신, 의례, 도피, 반역의 다섯 가지 유형을 제시하였다.

첫째, 동조(conformity)는 문화적 목표를 수용하고 이러한 목표를 달성하기 위해 제도적 수단을 사용하는 경우다. 따라서 동조는 일탈행위에 속하지 않는다. 예를 들어, 학업 성취를 위해 열심히 공부하여 좋은 성적을 받고 이를 통해 명문대학에 진학하는 것이 여기에 속한다.

둘째, 혁신(innovation)은 문화적 목표는 수용하지만 제도적 수단을 거부하는 경우다. 예를 들어 부를 얻기 위해 합법적인 방법 대신 사기나 횡령 같은 불법적인 수단을 사용하는 것이다. 목표 달성을 위해 새로운 불법 수단을 추구하는 혁신은 가장 흔한 일탈행위로, 누구나 할 수 있는 일탈 유형이다. 이는 선천적 결함이나 비정상적인 사람들만이 행하는 것이 아니라 정상적인 사람도 문화적 목표와 합법적 수단이 불일치하는 상황에서는 일상적으로 행할 수 있는 것이다. 혁신은 규칙의 정당성을 인정하면서도 자신의 이익을 위해 규칙을 어기고 처벌을 피하려는 경향이 있다. 따라서 혁신은 이기적이고 반사회적인 행위다.

셋째, 의례(ritualism)는 제도적인 수단을 수용하고 사용하지만 문화적 목표를 수용하지 않는 경우를 의미한다. 즉, 사회적 목표에 대한 열망은 낮지만, 합법적 수단이나 규범에 지나치게 집착하는 경우다. 예를 들어, 큰 성공을 이루고자 하는 열망은 없지만, 정해진 규칙과 절차를 철저히 지키며 공무원 생활을 하는 사람이 여기에 해당한다. 이 사람은 직업적인 성공보다는 안정적이고 규칙적인 생활을 더 중시한다.

넷째, 도피(retreatism)는 문화적 목표와 제도적 수단 모두를 거부하는 경우를 의미한다. 이는 사회적으로 용인된 목표와 수단에 실패하면서 사회적 책임을 회피하거나 포기하는 양식이다. 도피는 주로 개인이 사회적 압력이나 기대에 부응하지 못하고 그 결과 사회적 활동을 피하거나 고립되는 것을 뜻한다. 예를 들어, 노숙자, 약물중독자 등이 있다.

다섯째, 반역(Rebellion)은 지배적인 목표와 수단을 사회적으로 거부하고 대신 새로운 목표와 수단을 만들어내는 양식이다. 예를 들어, 기존의 정치 체제에 반대하며 혁명을 주도하는 경우나 사회적 불평등에 반대하는 사회운동을 벌이는 경우가 여기에 해당한다. 또 다른 예로는 예술가들이 기존의 문화적 규범을 거부하고 새로운 예술적 표현과 가치를 제시하는 활동이 있다. 반역은 다른 일탈적 적응 양식과는 달리 기존의 사회적 규범의 합법성에 도전하고 이타적 동기에서 이루어진다. 따라서 반역은 사회가 이전보다 더 잘 기능하고 발전하는 데 기여할 수 있다.

| 표 2-1 | 개인의 적응양식 유형 (+: 수용, -: 거부, +/-: 거부하고 새로운 것 제시)

적응 양식	문화적 목표	제도적 수단	예
동조형	+	+	일반인
혁신형	+	-	조직범죄, 화이트칼라범죄

적응 양식	문화적 목표	제도적 수단	예
의식형	-	+	소시민들
도피형	-	-	마약, 알코올중독자
반역형	+/-	+/-	쿠데타, 혁명가

머튼의 아노미론은 여러 가지 중요한 의의를 지닌다.

첫째, 사회구조와 일탈행위 간의 관계를 체계적으로 설명한다. 그는 사회가 제시하는 목표와 이를 달성하기 위한 수단 간의 불일치가 일탈행위를 촉진한다고 보았다. 이는 일탈행위가 단순히 개인의 문제가 아니라 사회구조적 요인과 밀접하게 관련되어 있음을 보여준다.

둘째, 동조, 혁신, 의례, 도피, 반역의 다섯 가지 적응 양식을 제시하여 일탈행위가 다양한 형태로 나타날 수 있음을 설명했다. 이는 일탈행위의 복잡성과 다차원성을 이해하는 데 기여한다.

셋째, 사회적 불평등이 일탈행위를 촉진할 수 있다는 점을 강조한다. 특히, 경제적 불평등이 심한 사회에서 합법적인 수단을 통해 목표를 달성하기 어려운 사람들이 일탈행위를 선택할 가능성이 높아진다.

머튼의 아노미론은 몇 가지 중요한 한계를 지닌다.

첫째, 문화적 목표의 다양성을 충분히 반영하지 못했다는 점이다. 사회구성원들이 추구하는 목표는 그들의 가치와 삶의 방향에 따라 매우 다양할 수 있는데 아노미론은 모든 사람이 동일한 목표를 지향한다고 가정하였다. 이는 개개인의 다양한 문화적 목표를 고려하지 못한 것이다.

둘째, 일상생활에서의 집단의 중요성을 간과했다는 점이다. 아노미론은 주로 중상층이나 빈곤층과 같은 계층을 중심으로 제도적 수단에 대한 접근 가능성을 설명하였다. 그러나 사람들은 동일한 계층에 속한 사람들뿐만 아니라 일상생활에서 접하는 다양한 사람들의 영향을 받는다. 일상생활 속 집단에 따라 문화적 목표와 제도적 수단에 대한 접근이 달라질 수 있음을 충분히 고려하지 않았다.

셋째, 인간의 자유의지를 과대평가한 점이다. 이 관점에서는 개인이 문화적 목표와 제도적 수단을 스스로 선택할 수 있다고 설명한다. 그러나 현실에서는 대부분의 사람들이 속한 계층과 집단에 의해 선택의 범위가 제한된다. 개인이 모든 것을 자유롭게 선택할 수 있다는 관점은 실제 상황을 과장한 것이다.

(2) 접촉차이이론

접촉차이이론을 주장한 대표적인 학자는 서덜랜드(Sutherland)다. 서덜랜드는 일탈을 촉진하는 사회적 여건보다는 개인이 일탈에 이르게 되는 과정에 더 큰 관심을 가졌다. 그는 특히 비행청소년에 주목하며 이들이 일탈행동을 하게 되는 이유를 비행친구들과 빈번한 접촉을 통해 사회적 학습(social learning)을 하게 되기 때문이라고 설명하였다. 접촉차이이론의 주요 내용은 다음과 같다(Sutherland et al., 1974).

첫째, 범죄행동은 학습된다. 이는 일탈행위가 선천적이거나 유전적인 요인이 아니라 교육과 훈련의 결과임을 의미한다. 예를 들어, 청소년이 친구에게서 절도 방법을 배우는 경우가 있다.

둘째, 범죄행위는 타인과의 의사소통 과정에서 학습된다. 여기서 의사소통이란 언어적, 비언어적 의사소통 행위를 모두 포함한다. 예를 들어, 청소년들이 모여서 범죄 계획을 논의하면서 범죄행위를 배우는 경우가 있다.

셋째, 범죄행위는 주로 친밀한 사적 집단에서 학습된다. 영화나 신문 같은 매스미디어를 통한 학습보다 가족, 친구 등과 같은 친밀한 대인관계에서의 학습이 더 중요하다. 예를 들어, 청소년이 형이나 친구에게서 불법적인 행동을 배우는 경우가 있다.

넷째, 범죄행위의 학습 내용에는 일탈행위의 수법, 동기, 합리화 및 태도 등이 포함된다. 예를 들어, 청소년이 친구에게서 도둑질을 어떻게 하는지, 왜 해야 하는지, 그것을 어떻게 합리화할 수 있는지를 배우는 경우가 있다.

다섯째, 범죄행위에 대해 우호적인 생각이나 분위기가 우세할 때 사람들은 일탈행위를 쉽게 선택한다. 예를 들어, 청소년이 마약 사용을 당연시하고 권장하는 친구들 사이에서 자라난다면 그 청소년도 마약을 사용하게 되는 경우가 있다.

여섯째, 접촉차이는 빈도, 지속, 선행도, 그리고 강도에 있어서 다양한 형태를 띤다. 예를 들어, 청소년이 범죄행위를 학습하는 횟수가 많고 오랜 기간 지속될수록 학습의 시기가 빠를수록 그 효과는 크다. 또한 일탈행위를 전달하는 친구가 권위가 있거나 정서적으로 매력적일 경우 학습효과가 더 크다. 예를 들어 존경하는 선배가 범죄를 저지르는 모습을 보고 영향을 받는 경우가 있다.

접촉차이이론은 일탈행동이 선천적이거나 유전적인 요인이 아닌 학습을 통해 이루어진다고 설명하여 일탈행동이 어떻게 발생하는지를 이해하는 데 중요한 통찰을 제공한다. 이 이론은 일탈행동이 개인의 사회적 환경, 특히 친밀한 대인관계에서의 학습을 통해 이루어진다고 주장함으로써 사회적 환경의 중요성을 강조한다. 서덜랜드는 특히 비행 청소년에 주목하여 그들이 일탈행동을 하게 되는 과정을 설명하였고 이는 청소년

범죄 예방과 재활 프로그램 개발에 중요한 기초를 제공하였다.

그러나 이 이론은 모든 개인이 동일한 사회적 학습 과정을 거친다고 가정하여 실제로는 학습 능력, 감수성, 자아정체성 등 개인 차이를 충분히 설명하지 못한다는 한계를 지닌다. 또한 접촉차이이론은 주로 사회적 환경과 학습 과정에 초점을 맞추지만 개인의 심리적 요인이나 내부 동기를 간과하여 일탈행동의 복잡성을 충분히 반영하지 못하는 한계가 있다.

(3) 기회이론

기회이론의 대표적인 학자는 크로워드와 올린(Cloward & Ohlin)이다. 이들은 범죄가 발생하는 과정을 설명하기 위해 기회의 개념을 중심으로 이론을 발전시켰다. 그들은 차이적 기회(differential opportunity), 즉 합법적 수단과 비합법적 수단에 대한 접근 가능성의 차이를 강조하였다. 일탈의 원인을 합법적 수단과 비합법적 수단의 접근 가능성 차이에 두고 설명하며 사회적 환경과 구조가 개인의 행동에 미치는 영향을 강조한다(Cloward et al., 1960).

기회이론은 합법적 수단과 비합법적 수단 모두 접근 가능성에 상대적 차이가 있으며 이 두 가지는 밀접한 관련이 있다는 것이다. 쉽게 말해, 합법적 수단을 사용할 기회가 증가하면 비합법적 수단을 사용할 기회는 자연스럽게 감소하고 반대로 합법적 수단의 기회가 줄어들면 비합법적 수단을 사용할 기회는 증가한다는 것이다.

예를 들어 한 청소년이 좋은 교육 기회를 제공받아 합법적으로 성공할 수 있는 가능성이 높아진다면, 그 청소년은 범죄와 같은 비합법적 수단을 선택할 가능성이 낮아진다. 반대로 교육이나 취업 기회가 부족한 청소년은 비합법적인 방법으로 자신의 목표를 달성하려는 유혹을 받을 수 있다. 예를 들어, 고등학교를 중퇴한 청소년이 일자리를 구하지 못해 생계가 어려워지면, 불법적인 수단에 의존하게 될 가능성이 높아진다.

또 다른 예로 한 사람이 부자가 되겠다는 목표를 설정했다 하자. 경제적으로 유복한 환경에서 태어나 질 좋은 교육을 받고 좋은 직장에 취업하여 자산을 취득한 그는 합법적 수단을 사용할 수 있는 기회가 많았다. 따라서 비합법적 수단을 사용할 필요가 없었고 실제로 그런 기회도 적었다.

반면 또 다른 사람도 동일한 목표를 추구하지만 가난한 가정환경에서 태어나 열악한 교육 환경에서 자랐다. 이 사람은 고소득 직종에 종사하기 어려웠고 합법적 수단을 접할 기회가 적었다. 따라서 비합법적 수단으로 부를 창출하거나 목표 달성에 실패할 가능성이 높아졌다. 즉, 목표 달성의 성공 여부는 합법적 수단을 사용할 수 있는 기회에 크게 좌우된다. 이는 합법적 수단과 비합법적 수단이 서로 영향을 미치며 작용함을 보여준다.

한편 기회이론은 학습과 수행의 차이를 제시하였다. 즉, 배움과 실행은 별개라는 것이다. 예를 들어, 어떤 학생의 주변에 일진에 속하는 친구가 있어 일탈행동을 하는 것을 학습했을 수 있다. 그러나 학습은 했지만 실제로 본인 일탈행동을 하지 않는 경우도 있다. 일탈의 학습이 자동적으로 일탈행위로 연결되는 것은 아니라는 것이다. 이는 접촉차이이론의 사회적 학습을 부분적으로 비판한 것이다.

기회이론에 따르면 일탈에 대한 지식을 어느 정도 체득했더라도 일탈을 실행하기 위해서는 집단적 분위기가 조성되어야 한다. 즉, 개인이 일탈행동을 실행하려면 그 행동을 지지하거나 정당화하는 사회적 환경이 필요하다.

예를 들어 한 청소년이 친구들로부터 절도 방법을 배웠다고 하자. 하지만 그가 속한 친구 그룹이 절도행위를 용인하거나 지지하지 않는다면, 그 청소년은 실제로 절도행위를 실행하기 어려울 것이다. 반대로 그 청소년이 속한 그룹이 절도행위를 용인하거나 적극적으로 지지한다면 그는 그 행동을 실행할 가능성이 높아진다. 따라서 일탈행동은 개인의 지식과 기술뿐만 아니라 이를 실행할 수 있는 집단적 분위기가 필요하다.

기회이론은 사회적 불평등이 범죄 발생에 중요한 요인임을 강조하여 경제적, 교육적 불평등이 범죄를 유발할 수 있음을 보여주며 사회 구조적 문제 해결의 필요성을 강조한다. 그러나 이 이론은 주로 사회 구조와 환경의 영향을 강조하면서 개인의 성격, 감정, 동기와 같은 개인 차이를 충분히 고려하지 못한다는 한계가 있다. 또한, 비합법적 수단에 대한 접근 가능성 차이를 설명하면서도 어떤 상황에서 왜 특정 비합법적 수단이 선택되는지에 대한 구체적 설명이 부족하다.

3) 사회문제의 해결책

일탈의 시각에서 주된 해결책은 재사회화에 있다. 세 가지 이론 모두 교육과 기회의 확대가 일탈행위를 예방하는 데 중요하다고 강조하며 이를 통해 재사회화를 도모해야 한다고 본다. 교육과 다양한 기회를 확대함으로써 개인이 사회의 규범과 가치를 다시 학습하고 합법적인 수단을 통해 목표를 달성할 수 있도록 돕는 것이 핵심이다.

머튼의 아노미론은 사회적 목표와 이를 달성하기 위한 합법적 수단 간의 불일치가 일탈행위를 초래한다고 본다. 이를 해결하기 위해서는 사회적 통합을 강화하고 교육과 취업 기회를 확대하여 기회 평등을 이루는 것이 중요하다.

접촉차이이론은 일탈행동이 주로 친밀한 대인관계에서 학습된다고 보며 이를 해결하기 위해 긍정적 대인관계를 형성하고 청소년들에게 올바른 가치관과 사회적 규범을 가르치는 교육 프로그램을 강화해야 한다.

기회이론은 합법적 수단과 비합법적 수단에 대한 접근 가능성의 차이가 범죄 발생에 영향을 미친다고 설명하며 사회적 기회를 확대하고 공정한 환경을 조성하여 비합법적 수단에 대한 의존도를 줄이는 것을 해결책으로 제시한다.

이러한 해결방안은 각각의 이론이 제시하는 일탈행동의 원인에 대한 대안을 제공하며 사회문제를 예방하고 해결하는 데 중요한 시사점을 제공한다.

뒤르켐의 자살론은 자살을 사회적 통합과 규제의 관점에서 분석하며 네 가지 유형으로 구분한다. 이러한 유형들은 자살이 단순히 개인적인 문제가 아니라 사회적 통합과 규제의 수준에 따라 발생할 수 있음을 보여준다.

① 이기적 자살

- 정의: 사회통합이 약해져 개인이 사회와의 유대감을 상실할 때 발생하는 자살
- 특징: 개인이 사회와의 연결을 느끼지 못하고, 외로움과 소외감을 느낄 때 자살을 선택
- 예: 사회적 지지망이 약한 사람들, 고립된 생활을 하는 사람들

② 이타적 자살

- 정의: 사회통합이 지나치게 강해 개인이 공동체의 목표를 위해 자신을 희생하는 경우 발생하는 자살
- 특징: 개인의 이익보다 공동체나 집단의 이익을 위해 자신을 희생함
- 예: 일본의 가미가제 특공대, 이라크의 자살 특공대

③ 아노미적 자살

- 정의: 사회규제가 약화되어 가치관이나 규범이 혼란에 빠질 때 발생하는 자살
- 특징: 실직이나 파산 등 갑작스러운 생활 변화로 인해 기존의 가치관이 무너지고, 혼란 상태에서 자살을 선택
- 예: 경제 위기나 개인적인 큰 변화 후에 자살하는 경우

④ 숙명적 자살

- 정의: 사회규범이 지나치게 강해 개인의 자유가 억압받을 때 발생하는 자살
- 특징: 사회가 개인의 욕망을 과도하게 억압하여 절망 속에서 자살을 선택
- 예: 노예의 자살, 극도로 억압적인 상황에 처한 개인의 자살

5. 낙인론적 관점

1) 개요

낙인론적 관점은 1954년에서 1970년 사이에 등장했다. 이 시각은 기존의 일탈행동

적 관점이 사회문제나 일탈을 설명하는 데 한계가 있다는 자각에서 비롯되었다. 예를 들어, 다양한 규범이 공존하는 사회에서 한 집단의 규범을 따르다 보면 다른 지배적인 집단의 규칙을 어기게 되는 경우가 생긴다. 이럴 때 이를 사회문제로 규정하고 일탈행동적 관점으로 설명하기가 어렵다.

또한 모든 범죄자가 잡히거나 처벌받는 것이 아니고 잡힌 범죄자들 중에서도 모두가 동일하게 다뤄지지 않는다는 점에서 사회문제를 단순히 사회규범을 위반하는 것으로 설명하는 것은 충분하지 않다. 대신 어떤 상황에서 어떤 사람들이 제재를 받는지 그리고 그 결과가 무엇인지에 더 관심을 가지게 되었다.

사회문제는 사람들이 규칙이나 기대가 어겨졌다고 생각할 때 생긴다. 즉, 단순히 규칙을 어긴 것만으로는 사회문제가 되지 않고 사람들이 그 행동을 어떻게 생각하고 반응하는지에 따라 달라진다. 예를 들어 어떤 행동이 법적으로는 문제가 없더라도 사람들이 비도덕적이거나 부적절하다고 생각하면 그것은 사회문제가 될 수 있다.

낙인론적 관점에서는 사회문제를 규칙 위반에 대한 사회의 반응으로 본다. 즉, 많은 사람들이 어떤 상황을 문제로 여기느냐에 따라 사회문제가 된다. 낙인을 찍는 사람들은 종교 지도자, 경찰, 언론인, 일반인 등이다. 이 이론은 규칙 위반 자체가 사회문제를 만드는 것이 아니라 사람들이 그 위반에 어떻게 반응하느냐가 중요하다는 입장이다.

2) 사회문제의 원인

낙인론적 관점은 사회문제의 원인으로 사회통제기관의 관심을 들고 있다. 쉽게 말해, 이 관점에 따르면 어떤 행동이 아무리 범죄적이라 하더라도 사회에서 그 행동에 범죄라는 낙인이 찍히지 않으면 문제가 되지 않는다. 즉, 누군가 범죄나 일탈 행위를 한다고 해서 모든 사람이 그것을 알게 되거나 관심을 받는 것은 아니다. 어떤 사람의 행동이 범죄나 일탈로 규정되는 것은 그 행동에 낙인을 찍을 힘이 있는 사람의 판단에 달려 있다.

베커(Becker, 1963)는 낙인이 찍힌 사람들을 '국외자(outsider)'라고 불렀다. 이들은 주변 사람들로부터 자신을 범죄자나 일탈자로 보는 부정적인 경험을 하게 된다. 이는 자기충족적 예언(self-fulfilling prophecy)이 되어 그 사람이 이후에도 동일한 행동을 반복하게 만드는 사회적 압력으로 작용한다.

예를 들어 한 청소년이 가벼운 절도를 저질렀다고 하자. 만약 이 청소년이 경찰이나 주변 사람들로부터 '도둑'이라는 낙인을 받게 되면 그는 자신을 도둑으로 인식하게 될 수 있다. 이로 인해 그는 자신의 행동을 정당화하고 더 많은 절도나 다른 범죄를 저지르게 될 가능성이 높아진다. 결국 사회가 부여한 낙인이 그 청소년을 반복적인 범죄자로 만드는 것이다.

레머트(Lemert, 1951)는 일탈을 1차적 일탈(primary deviance)과 2차적 일탈(secondary deviance)로 구분하여 설명한다. 1차적 일탈은 누구나 우연히 저지를 수 있는 행위이지만 그 결과는 사람마다 다를 수 있다. 법적 처벌 등 공식적인 처벌을 받지 않은 일탈자는 자아정체성을 건강하게 유지할 수 있지만 공적 처벌로 인해 낙인을 받은 일탈자는 자신을 점점 범죄자로 인식하게 되어 새로운 2차적 일탈을 저지를 가능성이 높아진다.

예를 들어, 두 사람이 같은 일탈 행위(1차적 일탈)를 했다고 해보자. 한 사람은 운 좋게 발각되지 않았고, 다른 사람은 발각되어 범죄자로 처벌받았다. 발각된 사람은 다른 사람들이 자신을 범죄자로 보는 반응을 경험하게 된다. 그 결과 그 사람의 일탈 행위가 반복되고 더 눈에 띄게 되면 사회는 더 엄격한 반응을 보이게 된다. 이러한 반응 때문에 그 사람은 기존의 역할 대신 새로운 범죄자 역할로 자신을 인식하게 된다. 일탈과 강한 사회적 반응의 악순환이 계속되면 그 사람은 일탈 행위를 더욱 강화하게 된다.

일반적으로 낙인은 일탈을 멈추게 하기보다는 오히려 더 많이 하게 만든다. 그 이유는 한 번 부여된 낙인이 너무 강한 영향을 미치기 때문이다. 베커(Becker, 1963)에 따르면 '일탈자'라는 주된 지위(master status)는 그 사람이 다른 여러 지위(예: 아버지, 기술자)를 가지고 있더라도 주변 사람들은 그를 주된 지위에 맞게 행동하기를 기대하게 된다. 따라서 그는 자신을 일탈자라고 인식하게 되고 그에 맞는 일탈 행동을 하게 된다. 시간이 지날수록 이러한 행동은 더욱 강화되고, 결과적으로 더 많은 일탈을 촉진하게 된다.

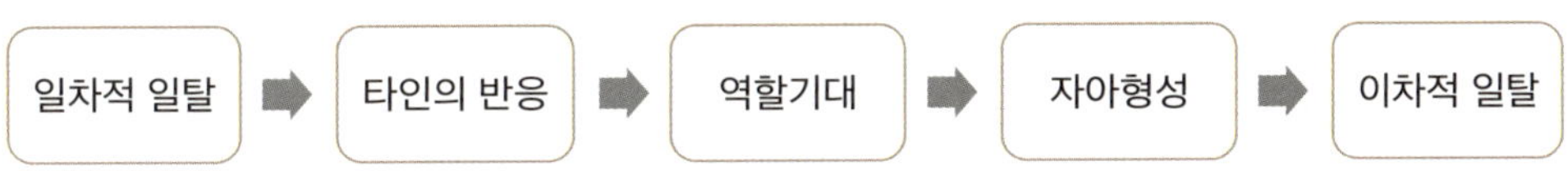

| 그림 2-1 | 레머트(Lemert)의 일차적 일탈과 이차적 일탈

3) 사회문제의 해결책

낙인론적 관점은 사회문제를 해결하기 위해 두 가지 접근법을 제시한다.

첫째, 규칙(규범)의 개념을 변화하게 하는 것이다. 이는 일탈을 야기하고 낙인을 만들어내는 규칙의 내용을 수정하여 낙인과 처벌을 줄일 수 있는 방향으로 규칙을 완화하는 것이다. 이렇게 하면 불필요한 일탈과 낙인을 줄일 수 있다. 예를 들어, 경미한 법 위반에 대한 처벌을 완화하면 그로 인해 낙인을 찍히는 사람들이 줄어들 것이다.

둘째, 낙인 행위로 얻어지는 이득을 제거하는 것이다. 예를 들어, 빈곤문제를 개인의 결함으로 치부하고 낙인찍는 대신 사회제도적 결함을 고려한 접근이 필요하다. 빈곤자 개인이 더욱 성실하게 근로하고 교육과 훈련을 받아 사회에서 필요한 인적자원이 되도록 강조하는 것은 문제 해결의 일면을 반영하지만 이는 사회제도적 문제를 간과하게 된다. 조세제도의 강화, 소득 재분배, 임금제도 개혁 등의 노력을 회피하게 되면 이는 결국 사회의 기득권층에게 유리하게 작용할 수 있다. 요약하면 빈곤문제를 개인의 결함으로 낙인찍고 비난하는 것은 빈곤문제를 사회문제가 아닌 개인문제로 치부하게 만들며 사회제도적 해결방안을 저해할 수 있다. 따라서 낙인을 줄이고 문제를 효과적으로 해결하기 위해서는 규범의 정의를 변화하게 하고 사회제도적 결함을 해결하는 접근이 필요하다.

낙인론적 관점은 여러 가지 중요한 의의를 가지고 있다.

첫째, 일탈행동 자체보다 사회의 반응이 중요하다는 점을 강조한다. 이는 사회문제가 단순히 규범 위반이 아니라 사회적 상호작용과 인식에 의해 형성된다는 점을 보여준다.

둘째, 낙인이 개인의 자아정체성 형성에 어떻게 영향을 미치는지를 설명한다. 낙인을 받은 사람은 자신을 일탈자로 인식하게 되어 그 역할에 맞는 행동을 반복하게 된다.

셋째, 사회적 배제와 차별이 어떻게 일어나는지를 설명한다. 낙인을 받은 사람은 사회로부터 소외되고 이는 더 많은 일탈행동을 초래할 수 있다. 따라서 이 관점은 사회적 배제와 차별문제를 해결하기 위한 정책 마련에 중요한 시사점을 제공한다.

넷째, 법적, 사회적 제도와 정책이 낙인과 처벌을 통해 문제를 해결하기보다는 낙인의 부정적 영향을 최소화하고 일탈을 예방하는 방향으로 개선되어야 한다는 점을 강조한다. 예를 들어, 경미한 범죄에 대한 처벌을 완화하고 재활과 사회적 통합을 촉진하는 프로그램을 도입할 필요성을 제기한다.

마지막으로 낙인론적 관점은 사회문제가 단순히 개인의 잘못이나 도덕적 결함에서 비롯되는 것이 아니라 사회적 상호작용과 구조적 요인에 의해 복합적으로 형성된다는 점을 인식하게 한다. 이는 사회문제를 보다 포괄적이고 다차원적으로 이해하고 접근하는 데 기여한다. 이러한 의의들은 낙인론적 관점이 사회문제를 분석하고 해결하는 데 중요한 틀을 제공함을 시사한다.

낙인론적 관점은 몇 가지 한계점을 가지고 있다.

첫째, 낙인 없이는 일탈도 없다는 주장은 상대주의에 빠지게 한다. 상대주의는 특정한 가치나 진리가 문화나 개인에 따라 다를 수 있으며 절대적이고 모든 상황에 적용되는 표준이 없다고 주장한다. 이는 보편적으로 존재하는 사회적 규범, 신념, 가치를 인정하지 않는다는 점에서 비판을 받는다.

둘째, 개인의 주체성과 능력 차이를 무시한다는 비판을 받는다. 낙인을 통해 타인으로부터 부정적인 시선을 받는다고 하더라도 모든 사람이 자신의 정체성을 범죄자로 여기지는 않는다. 개인에 따라 부정적 역할 기대를 거부하고 오히려 타인의 반응을 긍정적으로 활용할 수 있는 능력이 있다.

셋째, 다른 사람들의 반응을 지나치게 강조하면서 자신의 일탈 행동이 타인의 부정적 반응 때문에 발생한다고 오해하는 경향이 있다. 이는 일탈 행위의 원인과 결과를 혼동하는 것으로 일탈 행위 자체의 원인을 제대로 분석하지 못하게 한다.

6. 비판론적 관점

1) 개요

비판론적 관점은 가치갈등의 시각에서 발전된 관점으로 1970년에서 1985년 사이에 세계가 냉전으로 두 진영으로 나뉘어 대립하던 시기에 등장하였다. 이 시기에는 마르크스주의의 영향을 받은 학자들이 마르크스주의를 사회문제의 설명에 적용하기 시작하면서 비판론적 관점이 출현하게 되었다.

이 관점은 자본주의 사회에서 발생하는 다양한 사회문제에 대한 기존의 사회문제 이론들이 사회심리학적 및 사회학적 원인에만 초점을 맞추고, 자본주의 국가를 무시하거나 부적절하게 다루고 있다고 비판한다. 이는 자본주의 생산 양식, 계급 구조, 권력관계 등이 문제의 본질적 요소라고 언급한다.

다시 말해 이 관점에서는 사회문제를 노동계급의 착취 과정에서 발생하는 현상으로 간주한다.

2) 사회문제의 원인

비판론적 관점에 따르면, 사회문제의 원인은 자본주의 체제를 유지하기 위해 자본주의 사회가 만들어내는 조건들에 있다. 기본적으로 가치갈등의 관점과 그 전제를 공유한다. 예를 들어, 사회에는 희소자원을 둘러싼 갈등이 존재하며 힘 있는 집단이 힘없는 집단을 강제함으로써 사회질서가 유지된다는 점에서 두 관점은 동일하다. 그러나 비판적 시각은 좀 더 마르크스주의에 기반을 둔다. 현대 자본주의 사회에서 자본가 계급은 자신의 이윤을 극대화하기 위해 노동자를 착취하게 되고 이 과정에서 다양한 사회문제가 발생한다(Taylor et al., 1973; Quinney, 1970; Spitzer, 1975).

예를 들어 노동자의 빈곤, 환경 문제, 산업 재해, 저임금 등이 대표적인 사례다. 이러한 문제들은 자본주의 체제를 유지하기 위한 필수적인 도구로 여겨진다. 빈곤은 자본가의 이윤을 극대화하기 위해 필요하며 열악한 작업 환경과 산업 재해는 자본가가 경제적 지위를 유지하기 위해 필수적이다. 또한 저임금 정책은 노동비용을 최소화하여 자본 축적을 극대화하려는 자본가의 전략이다.

이와 같은 현상들은 자본주의 사회의 구조적 특성에서 비롯되며 이러한 문제들이 해결되지 않는 한 자본주의 체제는 지속될 수밖에 없다는 것이 비판론적 관점의 핵심 주장이다.

그러나 이러한 사회문제의 정도는 지배계급이 피지배계급을 얼마나 세련되게 통제하는지 노동계급이 얼마나 조직화되어 있는지 경제 상황이 얼마나 좋은지에 따라 달라진다. 만약 노동계급이 매우 잘 조직화되어 있거나 경제 상황이 좋다면 사회문제는 약하게 나타날 것이다. 반면에 지배계급이 피지배계급을 매우 세련되게 통제하고 노동계급의 의식화 정도가 낮다면 사회문제는 더욱 심각하게 나타날 것이다. 그러나 이러한 사회문제들은 모두 자본주의 체제의 고유한 결과이므로 자본주의가 고도로 발전할수록 사회문제는 더욱 심화될 것이다.

예를 들어 경제 상황이 좋을 때는 노동자들의 생활수준이 다소 향상되어 빈곤과 같은 사회문제가 덜 두드러질 수 있다. 반면 경제불황시기에는 노동자들이 일자리를 잃고 사회문제가 심각해질 수 있다. 또한 노동조합이 강력하게 조직되어 있는 사회에서는 노동자들의 권리가 더 잘 보호되며 산업 재해나 저임금 문제가 줄어들 수 있다. 하지만 노동조합의 힘이 약하고 노동자들이 분열되어 있는 경우 이러한 사회문제들은 더욱 빈번하게 발생할 수 있다.

이러한 예시들은 자본주의 체제 하에서 사회문제의 변동성을 보여주며 자본주의가 발전할수록 이러한 문제들이 심화될 수밖에 없다는 점을 강조한다.

한편 이 시각의 대표적인 학자인 퀴니(Quinney, 1970)에 따르면 형법은 국가와 지배계급이 기존의 사회 경제적 질서를 유지하고 영구화하기 위한 도구다. 따라서 이러한 비판론적 관점에서는 범죄자를 연구하는 것보다 국가와 지배계급이 어떻게 범죄(사회문제)

를 규정하고 통제하는지에 1차적인 관심을 가져야 한다고 주장한다. 이 관점은 형법 자체를 탐구 대상으로 삼는다. 형법은 지배집단의 이익을 반영하며 지배집단은 이를 통해 피지배집단을 통제하려 한다.

다시 말해 범죄는 사회의 윤리나 도덕을 위반하는 행동이 아니라 지배집단의 이익을 침해하는 행동으로 정의된다. 이는 범죄가 자연적으로 존재하는 것이 아니라 만들어지고 규정되는 것임을 의미한다. 따라서 범죄는 어떻게 정의되느냐의 문제이지 범죄 자체가 본질적으로 피해를 주거나 사악하다는 고유한 속성을 지닌 것은 아니다.

또한 자본주의 사회에서 일탈(범죄)의 통제는 법뿐만 아니라 교육, 종교, 매스컴 등 이데올로기적 제도와 기관을 통해 이루어진다. 이는 지배계층의 이익을 대변하는 정부 엘리트가 수립하고 관리하는 이데올로기를 통해 수행되며 그 결과 피지배계급은 지속적으로 억압받게 된다.

퀴니는 범죄가 사회적 실제로 등장하고 유지되는 과정을 여섯 가지 명제로 정리하였다.

범죄가 사회적 실제로 만들어지는 과정에 관한 여섯 가지 명제

1. 범죄의 정의: 범죄는 권력 있는 집단이 정의한 행동이다.
2. 범죄 정의의 형성: 지배 집단은 자신의 이익을 보호하기 위해 범죄를 정의한다.
3. 범죄 정의의 적용: 지배 집단이 법을 집행하면서 범죄 정의를 적용한다.
4. 행동양식의 발전: 사람들은 자신이 속한 집단의 규범에 따라 행동하며, 법을 어길 가능성은 그 집단의 권력에 달려 있다.
5. 범죄 개념의 구축: 범죄의 개념은 교육, 매스컴 등을 통해 퍼진다.
6. 범죄의 사회적 실재: 범죄는 지배 집단의 정의, 적용, 행동양식, 개념 구축을 통해 사회적으로 형성된다.

퀴니의 비판론적 관점은 사회문제와 범죄를 자본주의 체제와 그 구조적 조건 속에서 이해하려는 접근법을 제시한다. 이 관점은 지배계급이 권력과 이익을 유지하기 위해 형법과 다양한 이데올로기적 제도를 어떻게 활용하는지를 강조하며 범죄가 단순한 법률적 문제가 아니라 사회적, 경제적, 정치적 맥락에서 규정되고 유지된다는 점을 설명한다. 이를 통해 퀴니는 사회문제와 범죄를 이해하는 데 있어 지배계급의 이익과 권력 구조를 중점적으로 분석하고 사회적 정의와 평등을 실현하기 위해 이러한 구조적 문제를 근본적으로 재검토할 필요성을 강조한다.

3) 사회문제의 해결책

비판론적 관점의 해결책은 노동계급의 정치적 투쟁을 통해 계급 없는 사회를 만드는 것이다. 이는 노동자들이 단결하여 지배계급의 권력에 맞서 싸우고 공평하고 평등한 사회를 구축하는 것을 목표로 한다. 궁극적으로 계급 없는 사회를 실현하는 것이 사회문제를 근본적으로 해결하는 방안이다.

비판론적 관점은 사회문제가 고유한 속성에 의해 정의되는 것이 아니라 사회적 관계와 권력구조에 의해 정의된다는 점을 강조한다. 이는 개인의 행동보다는 사회 구조와 체계적인 분석을 중요시한다. 특히 자본주의 사회에서 빈곤, 저임금, 노동쟁의, 부패, 성차별 등의 문제들이 자본가 계급의 이익을 위해 발생한다고 설명한다. 또한 법, 교육, 종교, 매스컴과 같은 이데올로기적 제도들이 지배계급의 이익을 유지하고 강화하는 도구로 사용된다는 점을 부각한다.

그러나 비판적 시각은 자본주의 사회의 문제를 잘 설명하면서도 사회주의 사회에서 발생하는 문제들에 대한 설명에는 한계가 있다. 예를 들어, 사회주의 사회에서의 정치권력 집중과 부패, 표현 및 종교의 자유 탄압, 하향평준화로 인한 빈곤 등의 문제들은 오히려 더 심각하게 나타날 수 있다. 또한 모든 사회문제를 경제적 이해관계와 계급투쟁으로만 설명하려는 경향이 있어 문화적, 역사적, 심리적 요인들이 복합적으로 작용하는 문제들을 충분히 다루지 못할 수 있다. 마지막으로 자본주의 체제의 문제를 강조하면서도 변화와 개혁의 가능성에 대해 다소 비관적일 수 있어 현실적인 대안과 해결책을 찾는 데 어려움이 있을 수 있다.

7. 사회구성론적 관점

1) 개요

1970년대 중반 이후 낙인론적 관점에서 출발한 사회문제를 바라보는 새로운 시각이 등장하였고 1985년 이후 이를 중심으로 한 논의가 활발히 전개되었다. 급진적이고 주관주의적 관점으로 정의될 수 있는 사회구성론적 관점은 기존의 낙인론적 관점이 낙인의 적용과 그로 인한 개인의 대응에 지나치게 집중하며 낙인이 어떻게 형성되는지에 대해서는 무관심하다고 비판한다.

낙인론적 관점에서는 낙인이 부여되는 데 있어서 객관적 조건과 주관적 조건이 함께 중요하다고 주장한다. 그러나 사회구성론적 관점에서는 객관적 조건의 중요성을 부정하며 오직 주관적으로 사람들이 어떤 현상을 사회문제라고 인식할 때만 그 문제가 사회문제로 간주된다고 본다. 이 과정은 매우 우연적이고 주관적이기 때문에 어떤 상황도 사회문제로 규정될 수 있다.

이 새로운 시각은 사회문제를 단순히 객관적 사실로서가 아니라 사회적 상호작용과 인식의 결과로 보는 중요한 전환을 나타낸다.

2) 사회문제의 원인

사회문제란 문제시되며 널리 퍼져 있으며 개선할 수 있고 개선이 필요하다고 문화적으로 정의된 상황을 의미한다. 이러한 정의는 특정한 객관적 조건에 의존하지 않으며 사회적 청중의 주관적 판단에 따라 형성된다. 예를 들어, 가정폭력 문제를 생각해보자. 과거에는 가정 내 일로 치부되며 사회문제로 인식되지 않았던 가정폭력이 20세기 후반에 들어서면서 사회적 인식이 변화하고 피해자들의 목소리가 커지면서 심각한 사회문제로 부각되었다. 이는 사람들이 가정폭력을 문제시하고 널리 퍼져 있으며 개선이 필요하다고 인식했기 때문에 사회문제로 정의된 것이다.

사회문제의 원인은 사람들이 불편한 상황을 개선하려고 할 때 나타나는 '사회문제로 정의하는 활동'에 있다. 다시 말해 사회문제는 객관적 실체라기보다 사람들이 특정 상황을 문제로 인식하고 이를 개선하려는 노력에서 발생한다. 환경오염의 예를 들면, 초기에는 공장 배출물이나 폐기물이 큰 문제로 인식되지 않았으나 시간이 지나면서 환경운동가들과 과학자들이 그 심각성을 알리기 시작했고 대중은 이를 사회문제로 받아들였다. 이는 환경오염을 불편한 상황으로 인식한 사람들이 개선하려는 노력을 통해 문제를 사회적으로 정의한 결과다.

이처럼 어떤 상황이 사회문제로 규정되는 과정은 매우 우연적이고 주관적이기 때문에 사회구성론적 관점을 가진 학자들은 특정 사회적 상황에 대한 사례 연구에 주목하여 그것이 어떻게 사회문제로 인식되고 정의되는지를 분석하는 데 중점을 두고 있다.

베스트(Best, 1997)는 현대 사회에서 새로운 형태의 피해자들이 어떻게 생겨났는지를 연구하였다. 그의 연구에 따르면 부부강간, 면식강간, 데이트강간, 아동학대, 정신적 학대, 성희롱, 외상 후 스트레스 장애, 다중인격, 증오범죄, 스토킹, 신용카드 의존증, UFO 납치, 섹스중독, 직장 내 성희롱 등 새로운 피해자들이 등장했다.

이러한 새로운 피해자들이 생겨난 이유는 '피해자화 이데올로기(victimization ideology)' 때문이다. 피해자화 이데올로기란 사회에서 특정 개인이나 집단을 피해자로 정의하고 그들을 보호하고 지원하는 것이 중요하다는 믿음이나 관점을 의미한다. 이 이데올로기는 사회적, 법적, 문화적 차원에서 피해자를 인정하고 그들의 권리를 보호하려는 노력을 포함한다. 피해자화 이데올로기는 피해자를 보호하고 지원하는 긍정적인 측면도 있지만 때로는 과도하게 적용되어 많은 사람을 피해자로 정의하고 이에 따라 새로운 문제를 야기하기도 한다.

그 결과 피해자 산업(victim industry)이 생겨났다. 피해자 산업은 사회에서 특정 문제로 인해 피해를 입은 사람들을 지원하고 보호하기 위해 형성된 다양한 조직과 기관들을 말한다. 이 산업은 피해자들에게 법적, 심리적, 경제적 지원을 제공하는 것을 목표로 하며 이 과정에서 많은 자원이 투입되고 이익이 발생하게 된다. 피해자 산업은 긍정적인 면에서 피해자들에게 필요한 도움과 지원을 제공하여 그들이 사회에 다시 적응할 수 있도록 돕는다. 그러나 때로는 이러한 산업이 과도하게 확장되거나 실제로 피해를 입지 않은 사람들까지 피해자로 간주하여 자원과 노력을 낭비하는 문제도 발생할 수 있다.

3) 사회문제의 해결책

사회문제의 결과는 정의의 명확성, 주의를 끌고 유지하는 전략, 불평자의 상대적 권력 정도, 개선을 추구하는 기관 등 여러 요인에 따라 달라지기 때문에 예측하기 어렵다. 따라서 특정 사회문제가 어떤 결과를 초래할지 알기 위해서는 개별 사회문제에 대한 경험적 연구가 필요하다. 이러한 연구를 통해서만 사회문제의 결과를 구체적으로 파악할 수 있다.

사회문제의 해결책은 명확히 제시되기 어렵지만 몇 가지 접근 방법이 있다. 사회문제를 규정하는 과정에서 언론매체, 학계, 시민단체 간의 진지한 토론과 대화가 필요하며 대중매체는 선정성을 지양하고 문제의 심각성을 객관적으로 전달해야 한다. 또한 사회문제를 규정함으로써 특정 집단이나 개인이 부당한 이익을 얻는 상황을 방지하는 것이 중요하다. 이를 통해 사회문제가 보다 공정하고 객관적으로 다루어질 수 있을 것이다.

사회구성론적 관점은 사회문제가 매우 주관적으로 규정된다는 점을 강조하며 따라서 사회 내의 어떤 현상도 사회문제로 정의될 수 있음을 보여준다. 이는 사회문제의 정의가 사회적 상호작용과 인식의 결과로 형성된다는 중요한 통찰을 제공한다. 또한 피해자산업의 발달에 따라 사회문제가 대량생산되는 현상을 설명하는 데 유용하다. 이러한 시각은 새롭게 나타나는 문제들이나 사회문제와 사회문제가 아닌 것의 경계에 있는 문제들을 잘 설명할 수 있는 장점이 있다.

그러나 빈곤, 범죄, 청소년비행, 환경오염 등 오랜 기간 사회문제로 인식되어 온 전통적인 문제들을 단지 주관적인 판단으로만 설명하기에는 한계가 있다. 이러한 문제들은 객관적 조건과 실체를 가지고 있어 이 관점만으로는 충분히 설명되지 않을 수 있다. 따라서 사회문제를 이해할 때는 사회구성론적 관점과 함께 객관적 조건을 고려하는 다각적인 접근이 필요하다.

2부

생애주기별 사회문제

인간은 태어나 죽음을 맞이하는 순간까지 끊임없이 노력한다. 하나의 생명체로서 고귀함을 갖고 태어나 사는 동안 주위 환경에 동화되고 사회나 나라에 기여할 수 있는 인격체로서 책임을 갖고 살아간다. 이러한 수많은 사람들 속에서 자기 발전을 도모하지만 쉽지가 않다. 빠르게 변하는 사회 속에서 서로의 동지가 되기도 하고 서로에게 해를 끼치는 사회악이 되기도 한다. 여기서 발생하는 모든 사회문제도 사람과 사람, 사람과 사회환경과의 상호작용 속에서 생성된다는 것을 느낀다. 그리하여 2부에서는 사람의 생애주기별 사회문제를 살펴보게 될 것이고 인간의 원초적 사회환경인 가족, 아동, 청소년, 노인의 순으로 문제점들을 파악하고자 한다.

3장

가족문제

정서적으로 유대관계가 깊고 친밀한 사람들로 구성되는 가족집단 내에서도 폭력이나 학대와 같은 문제는 발생한다. 어쩌면 친밀한 관계이기 때문에 갈등은 더 빈번히 일어날지도 모른다. 갈등을 해결하는 과정에서 가족 구성원들은 폭력이나 학대를 경험하기도 하고 영원히 존재할 것만 같은 가족은 이혼과 죽음을 통해 가족해체를 경험하게 된다. 이 장에서는 가정폭력을 중심으로 그 개념과 원인에 대해 살펴보고, 이혼·재혼 가정의 문제, 한부모 가정의 문제, 다문화 가정의 문제에 대한 현황과 문제점들을 알아보고자 한다.

1. 가족문제에 대한 이해

1) 가족문제의 개념

가족은 혈연과 친밀성에 기반을 둔 자연적이고 안정적인 상호집단이다. 가족 구성원들은 서로에 대한 애정으로 무한책임을 지는 관계이며 정치, 경제, 문화, 종교 등에 밀접한 영향을 미치는 집단이다. 즉 사회의 기본단위로서 중요한 집단이라 할 수 있다. 우리나라의 가족은 예로부터 전통적으로 법적 혼인과 혈연을 통해 맺어져 농업 중심의 대가족인 친족 관계를 유지해 왔다. 부계의 영속성을 위해 가장과 장남이 우대되는 가족제도를 영위하였던 가족 구조로 모든 사회, 경제, 정치와 영향력을 주고받는 가장 중요한 근본 집단으로 여겼다. 그러나 제2차 산업의 발전은 가족의 개념에도 영향을 미치게 되어 가족의 구조 및 기능의 중요성이 크게 달라지게 되었다.

빠르게 변화하는 사회·문화의 속도는 보편적인 가족의 형태를 확대가족에서 핵가족으로 변하게 해 왔고 계속 변동하고 있는 사회의 여러 구성요소의 모순, 대립, 부조화 등이 가족의 변화에 직접적, 간접적으로 영향을 주게 되었다. 그렇다면 현대 가족의 정의와 기능은 어떻게 정의될 수 있는가? 지나치게 넓지 않으면서 새롭게 나타나는 다양한 가족 유형들을 포함할 수 있는 "가족은 둘 이상의 성인 구성원들 사이에 사회적으로 허용된 성적 관계, 외부환경과 뚜렷이 구분되는 혼인이나 혈연으로 결합된 공동체로 경제적인 무한책임을 갖는 집단"이어야 할 것이다(박철현, 2021).

이러한 가족의 정의에 반하는 가족 문제는 가족의 기능이 변하거나 제 역할을 다하지 못하고 가족 구성원 중에서 어느 한 명이라도 가족생활에 어려움을 겪게 되고 사회적인 비용과 개선이 필요하다고 판단이 내려지는 상황을 의미하게 된다. 결국, 가족 문제는 가족들 개개인의 문제라고 할 수 없으며 현재에 일어나고 있는 시대적·사회적 상황을 반영하는 사회 구조적 문제로 이해해야 한다. 가족의 기본구성인 부부 사이, 부모자녀 관계는 현시대의 사회구조 및 정치·경제적 변동과정을 반영하고 있기 때문이다.

2) 가족문제의 현황

> 통계청이 발표한 2019년 '생활시간조사 결과'에 따르면 성인 남성의 가사노동 시간은 하루 24시간 중 1시간 16분, 여성은 3시간 16분으로 나타났으며 맞벌이 가구의 경우에도 남편이 51분, 아내는 1시간 52분으로 나타나 절대 시간으로 따져도 아내의 가사노동 시간이 2배 이상이나 많은 것으로 나타났다. 이 결과는 일을 하는 여성일지라도 가사노동은 여성의 몫이라는 사실을 부인할 수가 없다. 아직도 핵가족의 성역할 구분이 남아 있음을 보여주는 대목으로 가족의 역할분담이 가족의 문제화에 시발점이 될 수 있는 요인으로 지적된다.

출처: 통계청 생활시간 조사(2019)

가족의 형태는 시대, 지역, 문화 등에 따라 다르게 나타나고 나라마다 일부일처제 또는 일부다처제가 정상인 가족도 있다. 혈연이 아닌 동거가족, 공동 주거 가족 등 가족의 유형은 다양하지만, 가족은 애정과 합의에의해 구성된다. 그러나 이러한 가족이 사랑으로 결합하였어도 생활은 간단치 않음을 보여주는 것이 가족 문제다. 산업시대의 자본주의 체제에서 가족은 생산영역에서 가장 역할과 소비영역, 재생산 영역에서 아내 역할이 고정화하였다. 남편의 사회노동 역할은 임금노동으로 연결되고 사회 재생산 역할의 아내는 노동력에서 배제되고 가정에 국한되어 가사노동의 결과도 아무런 경제적 행위가 되지 못했다.

이러한 자본주의 개념은 가족과 경제영역이 별개로 나누어졌고 가족의 영역은 개인 사적 영역으로 고정되었다. 산업사회에서 핵가족의 필요성과 적합성에 대해서 파슨스(Parsons, 1955)는 "현대 핵가족이 제 기능을 다하기 위해서는 가족의 생계를 담당하는 수단적 역할은 남편의 역할이고 자녀의 사회화 및 심리적 지원을 담당하는 표현적 역할은 가정주부인 아내의 역할로 역할분화가 핵가족에서 요구하는 적합한 가족 유형"이라고 하였다.

그러나 산업시대에서 정보화시대로 발전하는 과정에서 핵가족은 더 이상 가족의 이상형이 된다고 보기 어렵다. 빠르게 발전하는 산업시대와 정보화시대에서는 여성의 사회진출이 많아지고 있다. 자본주의 사회에서 남녀는 사랑의 가치를 결혼에 두지 않고 있다. 결혼이 가족의 완성은 아니고 오히려 되돌리는 권리도 쉬운 사회로 변모하고 있는 것이다. 결혼을 쉽게 되돌릴 수 있듯이 이혼에 대한 두려움과 죄책감은 점점 더 사라진다. 미혼모가정, 사실혼 가족, 동성애 가족 등 비정상적으로 치부됐던 가족 유형이 지금은 다양한 가족 유형의 형태로 자리잡고 있는 게 현실이다. 경제적 불평등, 계층, 성차별, 인종차별 등과 같은 사회문제는 가족붕괴의 원인이 되고 어려운 가정의 이혼도 늘어나고 있다. 힘든 가정환경에서 해방한다는 의지에서 결정한 이혼은 결손가정이 증가하는 모습을 보여주고 사회적인 편견과 보호조차 받기 어려운 환경이 되어 오히려 가족문제로 직결되기도 한다.

2. 가정폭력문제

1) 가정폭력의 정의

가정폭력(family violence)이란 개인이 자신의 가족 구성원들에게 행하는 의도적인 폭력 행위로서 배우자나, 자녀, 부모에 대한 폭력이나 학대를 의미한다(Gelles & Comell, 1990). 가정폭력은 인간의 기본권을 박탈하는 심각한 신체적, 정신적 피해로 가정 내 질서를 파괴하는 행위라 할 수 있다. 처음에 사소한 부부싸움으로 시작된 경험은 점점 더 확대되어 배우자의 신체적, 정신적 학대와 폭력으로 이어지고 여기에 자녀는 부모의 폭력 목격자에서 심하면 폭력의 대상자가 되기도 한다.

2) 가정폭력의 현황

여성가족부에서 실시하고 있는 '가정폭력실태 조사'에 따르면 2021년 8월에서 2022년 7월 1년 동안 부부 중 최소 어느 한쪽이 폭행피해를 경험한 비율은 27.5%였다. 지난 2019년과 비교하여 27.5%의 비율은 달라지지 않게 나타났다. 유형별로 살펴보면, 통제에 의한 폭력이 여성은 25.1%, 남성은 24.3%로 가장 높게 나타났으며 정서적 폭력은 여성이 6.6%, 남성은 4.7%, 성적 폭력은 여성 3.7%와 남성 0.8%, 신체 폭력은 여성 1.3%와 남성 1,0%, 경제적 폭력은 여성 0.7%와 남성 0.2%의 순으로 나타났다. 대체로 2019년보다 폭력 피해율은 점점 줄고 있는 것으로 보이지만 성적 폭력의 경우는 2019년 2.6%에서 2022년에 3.7%로 유일하게 더 많은 피해를 보이고 있다.

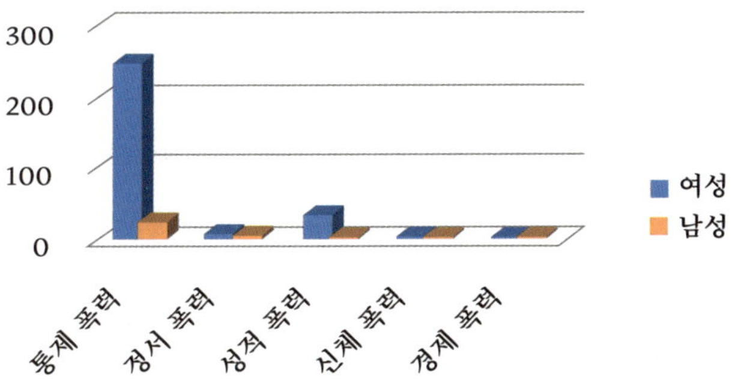

출처: 여성가족부(2022)

| 그림 3-1 | 가정폭력 실태조사

> …아들이 둘이 있는 중년의 부인이 있었다. 결혼한 지 10여 년 동안 일주일이 멀다고 남편에게 억세게 맞은 여성이었다. 남편은 주먹으로 아무데나 때리고, 발길로 차고, 내동댕이치고, 목욕탕에 벗겨놓고 아이들의 장난감총대로 온 몸을 마구 구타하곤 했다. 여성은 한국에서 유명한 명사의 맏딸로 일류 여자 고등학교와 일류 사립대학을 나온 총명하고 아름다운 여성이었다고 한다. 그런데 남편을 만난 후 계속적으로 구타를 당하였기 때문에 정신 연령이 어떤 때는 초등학교 학생 같고 어떤 때는 중학생 같고, 어떤 때는 바보 같았다. 필자와 우리 직원들이 이 여성을 도와주려고 애를 썼지만 도와주기가 대단히 어려웠다. 보호소에 보내면 공포에 사로잡히다가 도망 나와 집으로 들어가 버렸다… (한국여성의 전화, 2018 접수사례).

출처: 한국여성의전화(2018)

가정폭력의 심각성은 위 사례에서도 알 수 있듯이 한 번의 폭력은 계속적으로 장기화되고 가족 구성원에게는 신체적·정신적 질환까지도 일으킬 수 있는 치명적 결과를 초래한다. 이러한 가정폭력은 피해자 혼자만의 병폐로 끝나는 것이 아니라 가족 전체에게 파급되는 가정 파멸의 원인이 된다. 여기서 가정폭력은 개별가족의 문제가 아니라 가정해체에 이르는 사회문제로까지 연결되는 사회 구성원으로서 문제로 보아야 타당할 것이다. 그렇다면 이러한 가정폭력의 특성은 어떠한가?

(1) 가정폭력은 사적 공간의 은폐적인 특성을 가진다

가정 내에서 발생하는 폭력에 대해 가족 구성원들은 타인에게 도움을 받기를 원하지 않으며 타인도 그들의 가정사에 끼어들면 안 된다는 의식이 있어 관심을 가지려 하지 않는다. 가족 내 폭력의 희생자는 구타를 당하는 수치심에 폭력을 숨기게 되는데 주위의 친척이나 친구가 많을수록 폭력은 감소하게 된다.

(2) 가정폭력은 연속성의 특성을 보인다

초기의 가정폭력은 가벼운 신체적 학대로, 보통 꼬집거나 툭 건드리는 경우로 시작된다. 그러나 폭력이 반복되는 횟수는 시간이 지날수록 많아지고 강도도 높아져 무기를 사용하기에 이른다. 계속적인 폭력이 연속성을 나타내고 지속적으로 반복되는 경향을 보이게 된다.

(3) 가정폭력은 남성 주도적인 불평등성 특성을 나타낸다

전통적인 가부장적 가족 형태에서 나타나는 폭력은 가족의 부양의무 의식이 부인과 자녀를 소유한다는 의식으로 자리잡아 '내 가족을 내 맘대로 하는데 누가 뭐래?'라는 생각으로 폭력을 합리화한다.

(4) 가정폭력은 세대 전수성의 특성을 가진다

가정폭력을 연구한 많은 사례에서 어릴 때 가정폭력을 겪은 자녀들은 성인이 되어서도 폭력을 행사하는 사례가 많음을 나타내고 부모의 폭력이 자녀의 폭력성으로 이어지는 세대 간 전수 특성을 나타낸다고 하였다.

3) 가정폭력의 원인

가족문제로 가장 심각한 가정폭력은 가족의 위기감을 팽배시키고 인간의 도덕적 기준이 몰락하는 산물이다. 이러한 가정폭력은 왜 발생하는가? 그 원인을 살펴보면 다음과 같다.

(1) 성별

여성도 남성에게 폭력을 가하는 경우도 있다. 그렇지만 대부분이 언어폭력에 그치고 남성들의 신체적 폭력이 훨씬 더 극단적이고 파괴적이다. 폭력을 행하는 남성의 힘과 여성의 자기방어를 위한 폭력을 살펴보아도 신체적인 손상은 여성의 경우가 더 크다. 결국, 남성과 여성 간 힘의 불균형으로 폭력의 가해자는 남성의 문제인 경우가 대부분이다. 가해자로서의 여성이 행사하는 폭력은 남성 가해자들보다 더 제한적이며 단편적이고 지속적인 신체적 상해로 연결되는 일이 훨씬 덜하기 때문이다.

(2) 불평등한 권력배분

가족의 체계구조도 사회구조 조직과 같은 권력체계구조를 가진다. 사회적, 문화적, 정치적으로 가부장적인 사회에는 더욱 남성의 권력이 여성의 권력보다 우월하다. 가정 내의 권력 배분이 동등하지 못한 경우 가정폭력의 잠재적 요인은 항상 내재 되어 있다. 결국 가부장적인 가정은 여성을 낮게 평가하고 남편은 폭력을 정당한 자원으로 인식하고 행사하는 당연한 도구로 여긴다.

(3) 가족의 친밀성

친밀한 가족일수록 자주 갈등을 일으키는 경우다. 사회적으로 사랑하는 사람들은 서로의 행동에 대한 권리나 책임을 부여하는 경향이 있다. 장기적으로 서로에게 더 전념하고 간섭하기 때문이다. '사랑하기 때문에'라는 이유로 남편의 폭력이 정당화가 되고 매질을 해서라도 아이를 잘 키우겠다는 이유를 대기도 한다. 사랑을 넘어 집착의 모습과 상황을 인지하지 못하거나 사랑으로 잘못 해석하는 이유다.

3. 이혼·재혼 가정문제

1) 이혼·재혼 가정의 정의

이혼(divorce)은 결혼으로 이루어진 부부관계를 인위적으로 청산하고 법률적 관계를 끊고 헤어지는 것을 뜻한다. 불행한 결혼생활을 끝낸다는 이유로 인생의 새로운 출발을 의미하는 긍정적 요소로 작용하기도 하지만 이혼이 단순한 문제의 해결이 아니라 또다른 문제의 시작이라는 관점에서 가족과 자녀에게 상처를 줄 수밖에 없는 부정적 문제점을 내포하기도 한다.

이혼은 협의이혼과 재판 이혼이 있으며, 협의이혼의 경우 두 사람의 협의가 이루어진 상황이면 이혼 사유가 무엇이 됐던 이혼은 가능하다. 재판 이혼은 두 사람 간 이혼 사유가 있는 경우로 재판에 의한 사유의 경중을 논하게 된다. 이혼 청구 시 조정전치주의를 채택하여 조정위원회에서 조정과 화해를 먼저 도모하게 된다. 조정이 되지 못한 경우 이혼의 절차로 양자 간의 재산분할, 위자료, 자녀 양육권 등을 결정하게 된다. 이혼으로 가족이 축소된 경우를 이혼가족이라 하고 이혼 후 재혼을 하지 않고 독신으로 사는 독신가족과 자녀와 같이 사는 한부모 가족으로 나눌 수 있다.

(1) 이혼가정의 문제

이혼한 가정의 가장 큰 문제점은 경제력이다. 이혼 후 여성이 아이를 양육해야 할 경우에는 더욱 문제가 심각하다. 이혼 전에 직업이 있는 여성의 경우는 그나마 사정이 나을 수는 있으나 직업도 없이 전업주부로 이혼한 경우의 여성은 소득이 없거나 급하게 직업을 구해야 한다. 직업의 유형도 단순 노동의 경우가 대부분이다. 경력 단절에서 오는 소득은 현저히 낮아지고 빈곤에 시달리는 경우가 매우 높다. 이혼 후 양육비를 보장받는다 하더라도 양육비를 제때 보내주는 전남편은 드물기 때문이다.

이혼 후 아이를 양육하거나 하지 않더라도 여성은 살기 위해 뒤늦게 일자리에 뛰어들게 되고 자녀가 있는 경우 자녀 양육에 대한 시간과 관심을 쏟지 못하는 경우가 대부분이다. 부모의 이혼으로 느끼는 심적 고통과 빈곤은 고스란히 자녀의 몫이다. 가족학대로 이혼한 경우를 제외한 부모의 이혼은 자녀에게 심적·정신적 불안함을 경험하게 되고 심지어 우울증이나 외로움에 시달리는 자녀가 매우 많다. 이러한 심적 불안감과 부모의 빈 자리는 자녀의 비행 행동의 원인이 되기도 한다.

이혼 후 시련은 부부 당사자들도 겪게 되는 큰 사건이다. 불안, 위축감, 우울 등 심리적 문제들은 정신적 건강뿐 아니라 신체적 건강에도 영향을 미친다. 사회적으로 보이는 이혼의 잣대가 남성보다는 여성의 경우에 더 엄하게 느껴지고 이유 없는 죄의식에 정신과를 찾는 경우도 매우 높다. 힘든 심신의 병을 기댈 곳은 원 가족이지만 이혼이라는 꼬리표를 이해해 주는 원 가족이 많지 않고 어린 자녀의 비양육부모(헤어진 부모의 가족)와 만남은 거의 없는 실정이다.

이혼한 부부의 사회적 관계도 소원해지는 경우가 많은데 이는 당사자들의 결혼 실패에 대한 위축감이 작용하기 때문이다. 부부 모임을 같이 하던 사이는 당연히 멀어질 수밖에 없고 친구들을 만나도 공통된 관심과 정서의 차이로 더이상 교류하기가 어려워 다시 위축되기도 한다.

(2) 재혼가정의 문제

계부모 가족은 새로운 가족의 구성으로 인한 고유한 문제를 내포한다. 이혼 후 여성에 비해 남성이 이혼의 아픔을 재혼으로 만회하려는 경향이 크지만, 계부모 가족에서 부모 역할을 수행하는 것은 매우 어려운 일일 것이다. 우선, 재혼 후 계자녀를 사랑하기가 쉽지 않다. 계자녀는 종종 계부모를 받아들이기 어려운 존재로 결혼생활을 방해할 수 있다. 이혼에 대한 부정적 감정이 계부모의 부정적 이미지로 그대로 받아들이기 때문이다. 그래서 계부모도 계자녀들의 사랑을 당연히 받을 수 있다는 생각을 버리고 적응하는 훈련을 해야 한다. 또 재혼한 상대의 가장 중요한 대상이 본인이라고 생각하다가 계자녀들로 부부 간 갈등과 긴장이 생길 수 있다. 계자녀의 양육과 훈육의 차이점을 느낄 때는 서로에게 분노와 소외감을 느끼기도 한다.

계부모를 맞이해야 하는 자녀의 입장에서도 새로운 가정은 매우 부담스러운 일이다. 거리낌 없는 자신의 친부모를 계부모와 공유해야 하는 문제는 자녀들에게도 어색하고 싫을 수밖에 없다. 새로운 가정의 분위기와 계부모의 양육 방식이 낯설어 분노의 감정을 느낄 수도 있고 계부모를 받아들이고 잘 지내면 함께 살고 있지 않은 다른 부모에 대한 배신이라고 죄책감을 느끼게 된다. 헤어진 부모가 다시 만날 수도 있음을 포기해야 하는 적대감을 고스란히 계부모에게 폭발하게 되는 것이다. 행여나 서로가 좋아져 친해질 기회에도 마음 한편에는 다시 계부모의 이혼을 불안해하며 애착 형성을 두려워하기도 한다.

2) 이혼·재혼 가정의 현황

통계청 자료에 나타난 이혼 건수는 2024년 7,940건이며 2023년의 이혼 건수 7,249건보다 9.5% 증가하여 나타났다. 이혼 사유로는 경제문제가 10,742건, 배우자 부정이 7,528건, 가족 간 불화가 7,523건, 성격 차이 45,676건, 정신적·육체적 학대가 3,837건의 순서로 나타났다. 경제문제가 이혼의 가장 큰 이유가 되는 것은 가족의 전통적 기능이 무너지고 있음을 의미한다. 전통적 가족은 가족의 경제가 어려워지면 가족들이 서로 협력하여 위기를 극복하려고 하였으나 지금 현대 가족은 IMF를 지나 코로나19 팬데믹의 이중고를 겪으면서 가정경제의 위기가 극에 달하였고 가족 위기를 회복하는 데 많은 어려움이 있는 현실이다.

이러한 이혼율 증가의 원인을 구체적으로 살펴보면 다음과 같다.

(1) 가족 가치관의 변화

과거의 전통적 가족 유형이 가문중심적, 부자관계가 중요한 직계가족 유형이라면 지금 현대 가족의 유형은 핵가족 및 다양한 가족 유형의 부부관계가 중요시되는 유형으로 변하고 있다. 세습적이고 친자인 부자 관계에서는 자녀에 대한 책임감이 매우 중요하였지만, 부부의 동등한 관계가 중요한 가정에서는 가족의 책임감보다 개인의 행복이 우선시되는 가치관으로 변모하고 있기 때문이다. 결혼 당사자의 애정에 기초한 가정으로 결혼생활의 만족도는 부부의 애정과 행복이 제일 우선시되고 부부가 행복하지 않다고 생각하는 결혼은 당연히 끊어질 수 있다고 생각한다. 애정으로 결합하여 서로의 가족관계도 중요하겠지만 당사자의 결혼생활이 만족스럽지 못하다고 느끼면 가족의 관계 때문에 참아야 한다는 생각은 불합리하다고 생각한다. 이러한 이유로 결혼 후 출산을 꺼리는 부부도 많아지고 무자녀의 부부관계를 청산하는 것도 쉽게 결정할 수 있다.

(2) 여성의 지위향상과 취업증가

결혼 후 남편이 가정을 부양하고 아내는 가정에서 살림과 육아를 맡게 되는 기성세대의 시대에서 산업화, 정보화시대를 맞이한 여성은 교육수준도 높아지고 사회참여도 매우 높아졌다. 남편에게 경제적으로 의존하던 시대가 아닌 여성의 경제력 능력이 확보되고 증가하는 시대의 여성은 가정의 아내 역할만으로는 만족할 수 없는 시대가 된 것이다. 급기야 만족하지 못하는 가정에서 이혼은 더욱 쉬워졌으며 혼자서도 충분히 경제활동을 하면서 살아갈 수 있게 되었다. 여기에 인간의 권익을 부르짖는 여성단체의 홍보 등으로 여성의 사회적 지위는 높아지고 남편과 어려웠던 시대의 부당함을 참고 견디는 여성도 줄어들게 되었다.

(3) 사회적·도덕적 인식의 변화

폐쇄적 전통사회의 가족에서 이혼은 상상 이상으로 어려웠다. 지역사회나 친족집단이 이혼에 대해 심한 편견이 있었고 종교적·도덕적 책임과 같은 사회적 압력이 이혼에 영향을 끼쳤다. 그러나 현대사회는 확대가족의 감소, 1인 가족 등 다양한 가족유형을 가족으로 받아들이는 현시점에서 이혼은 더이상 인생의 실패로 보지 않는다. 이혼에 대한 금기시나 이혼자에 대한 편견도 이혼에 영향을 미치지 못한다. 개인주의적 가치관이 타인을 의식하지 않고 오히려 이혼을 새로운 인생의 시작으로 보는 사회적 의식이 이혼을 부추기는 이유가 되기도 한다.

(4) 법제상의 변화

한국의 이혼율 증가는 1990년 가족법 개정의 영향이 크다고 볼 수 있다. 여성에게 불리했던 가족법이 여러 차례의 법 개정으로 개방적이고 평등하게 변화되었다. 과거 남성의 일방적이고 불평등한 이혼은 여성에게 재산분할 청구권을 신설하고 여성의 자녀 양육권 선택 및 조정의 가능성이 열리며 여성에게 가사노동의 가치가 인정되는 법 조항들이 개정되었다. 이러한 법 개정으로 여성이 이혼에서 불이익을 받는 상황을 개선할 수 있었고 이러한 결과는 이혼이 급격하게 증가하는 이유로 작용하기도 하였다. 1991년 1월 1일부터 개정 가족법으로 이혼 후 자녀의 친권행사는 부부가 합의 하에 조정할 수 있게 되었다.

4. 한부모 가족문제

1) 한부모 가족의 정의

한부모 가족(single-parent families)은 부모나 조부모 중 한 사람과 미성년자인 자녀로 구성된 가정을 의미한다. 한부모 가족의 발생은 이혼, 별거, 사별, 가출, 혼전 출산 등의 이유가 있다. 최근에는 사별보다 이혼에 의한 한부모 가족이 증가하는 추세이며, 정확한 통계로 추정은 어려우나 혼전 출산의 미혼모 가족도 한부모 가족 형태로 성에 대한 윤리의식이 개방되고 혼전 성관계가 나쁘지 않다는 분위기에서 나타나는 결과다. 이러한 분위기의 전파가 청소년들에게도 영향을 미친다는 것이 문제가 된다. 미혼모가 생기는 사례를 살펴보면, 대부분 사랑하는 관계에서 만난 청소년들이 여자친구가 임신을 했다는 말을 들으면 자신이 아직 가정을 꾸릴 능력이 안 되는 것을 두려워하여 관계를 끊어버리거나 여자친구를 책망한다고 한다. 이러한 남자친구의 책임회피 태도에 임신한 여자친구는 분노와 애증이 교차하는 시간 속에 낙태의 시기를 놓치거나 태아에게 집착을 느껴 자녀를 출산하게 된다.

지금 국내에서는 미혼모의 발생 규모를 정확하게 알 수는 없다. 미혼의 상태에서 임신했다는 것을 당당하게 얘기할 곳은 어디에도 없기 때문이다. 심지어 부모가 알게 될까봐 두려워 가출하거나 부모가 자녀의 혼전 임신에 대한 문제를 낙태로 해결하려는 태도가 한국사회의 미혼모에 대한 나쁜 인식을 인지하고 있는 어두운 현실이기 때문이다. 귀한 생명의 낙태도 사회적인 문제가 되지만 모두가 즐거워만 할 수 없는 현실에서 태어난 아이를 제대로 양육하기에도 어려운 실정이다.

2) 한부모 가족의 현황

한 부모 편견의 가장 극단적인 경우는 아마도 미혼모일 것이다. 우리 사회에서 아버지가 없는 가정에 대한 편견은 문제가정이라는 선입견, 사회적 비난의 시선 등으로 미혼모와 어린 자녀를 힘들게 한다. 원하지 않은 출산으로 인한 정신적·물질적 어려움 속에 자녀가 겪게 되는 일생동안의 어려움은 미혼모의 이중고로 이어진다. 이런저런 이유로 어린 자녀를 돌보지 못할 경우가 있다. 원가족의 조부모가 부모 역할을 대신 하는 경우의 한부모 가족도 경제적이고 정서적 어려움은 매우 크다. 이렇게 전반적인 한부모 가족은 경제적문제, 자녀양육문제, 과중한역할문제, 정서적문제 등 다양한 어려움을 겪게 되는 것으로 나타나고 있다.

(1) 경제적문제

한부모 가족의 가장 큰 어려움은 경제적 어려움이다. 한부모 가족 중에서도 모자 가족의 경제적 어려움은 심각한 수준이다. 자녀가 어려서 양육과 병행하며 일을 해야 하므로 종일제 직업은 어렵다. 경제적 빈곤을 겪을 수밖에 없고 자녀가 성장하며 교육비에 대한 부담감은 심한 스트레스의 원인이 된다고 할 수 있다. 이러한 경제적 어려움을 해결하기 위해서 재혼을 선택하는 경우가 많다.

(2) 자녀문제

한부모 가족의 유형 중에서 모자 가족의 남아는 여아보다 건강상의 문제와 반사회적 행동이 더 많이 나타나는 경향을 보인다(Mott, Kowaleski-Jones, & Menaghan, 1997). 그 이유로는 아버지의 부재가 가장 큰 영향을 미쳤으며 이혼 후의 부정적인 다른 요인으로 남아는 문제행동을 보이게 된다. 경제적 어려움과 과도한 양육역할 등 어머니의 스트레스가 자녀 양육 태도에 그대로 반영되는 경우가 많기 때문이다. 자녀 수가 많고 어머니의 나이가 어릴수록 더 많은 스트레스를 경험한다고 한다.

(3) 역할 과부하

한부모 가족에서 한부모는 가정경제를 책임져야 할 직업적 역할과 가사노동, 자녀 양육에 대한 부담으로 혼자서 감당해야 하는 이중노동에 시달리고 있다. 특히 편모는 과중한 역할에 따른 피로와 긴장으로 시달리게 되고 자녀의 양육에 소홀히 할 수밖에 없는 상황에 더 큰 스트레스를 입게 된다. 부부 간 역할분담이 뚜렷한 가족보다 한부모 가족의 자녀 양육과 가사노동은 실제로 많은 어려움을 안겨주게 된다.

5. 다문화가족문제

1) 다문화가족의 정의

국제결혼으로 외국인 여성들이 한국에 들어와 살게 되면서 다양한 가족의 형태로 다문화가족이 늘어나는 현실이다. 짧은 시간 대거의 국제결혼 바람은 한국에서 이들을 받아들일 준비가 덜 됐었고 외국인 여성들조차 돈 때문에 결혼을 결심한 경우가 많았으므로 서로의 애정과 소통이 부족하여 갈등으로 이어지는 건 당연하였다. 이러한 국제결혼의 바람은 다문화라는 새로운 가족으로 영입이 되고 자국민과의 소통과 통합이 자연스럽지 못한 가운데 다문화가족의 문제점들이 발생하기 시작했다.

(1) 문화적 차이의 갈등

다문화가족에서 가장 큰 갈등이 문화적 차이를 이해하지 못하는 경우들이다. 경제적 어려움을 겪는 동남아시아 여성들은 '코리안 드림'이라는 희망으로 한국의 농촌 총각들에게 시집을 온다. 언어적으로 의사소통이 어렵기도 하지만 한국의 남성 중심의 생활과 동남아의 친정에 도움을 주기 위해 먼 타국으로 시집온 여성과의 문화적 차이는 결혼생활의 부적응으로 갈등이 심화한다. 우리나라의 부계중심의 가족관계와 부계와 모계의 차이가 없는 동남아시아의 가족관계 문화에서 한국의 가장이 보살펴야 하는 처가의 부담이 심한 갈등으로 이어질 수밖에 없기 때문이다. 여기에 한국 정부는 다양한 문화적 차이를 좁히는 사회적응 교육보다 언어 교육 중심으로 한국의 문화에 빠른 적응과 동화정책에만 우선시하는 사회정책도 한몫을 하게 된다.

(2) 사회적 차별의식문제

한국사회의 남성중심주의는 다문화가족 내의 아내에 대한 남편의 차별적 의식이 존재한다는 것이다. 이 같은 남성 중심의 민족주의는 외국인과의 결혼에서 그 국적에 따라 이중적 태도를 보이는 결과를 보인다. 제3세계에 대한 인종주의 같은 민족적 우월감에 아내에 대한 왜곡된 의식을 보이고 결혼이주여성들에게 차별적 태도를 대하기도 한다. 결혼이주여성에 대한 모욕적인 말과 노골적이고 경멸적인 태도는 물리적 폭행보다 더한 상처를 남기게 된다. 또한 '다문화가족 아동들의 피부색이 다르다', '가난한 나라의 출신이다' 등의 차별적 의식과 편견이 다문화 아동들을 힘들게 하고 있다. 많은 시간이 흘러 지금은 많이 나아지고 있으나 아직도 우리나라는 단일 민족국가라는 의식에서 다문화가족을 받아들이는 것에 부정적 의식이 남아 있다. 다문화가족 아동들의 정체성에 대한 고민에 깊은 상처를 남길 수 있는 문제라 하겠다.

(3) 자녀의 양육과 교육문제

다문화가족은 한국문화에 익숙하기도 전에 자녀의 교육문제에 부딪힌다. 한국의 자녀 교육열은 세계적으로 앞서는 가운데 다문화가족의 아동들은 가족의 보살핌에서부터 환경은 열악할 수밖에 없다. 일단 언어적 장벽이 아이의 학교생활을 어렵게 하고 한국어가 미숙한 어머니는 학교 숙제나 활동을 봐줄 수가 없기 때문이다. 이런 다문화 가정의 대부분은 소득 수준이 낮은 계층에서 생활하고 있는 경우가 많아서 어린이집이나 유치원, 사설 학원에 쉽게 보낼 수도 없다. 이러한 환경의 다문화 아동들은 학교생활에서 친구를 쉽게 사귀기도 어렵고 학업에 열중하기 어려워 기초학력 부진문제의 대상이 된다. 꿈으로 가득할 다문화 청소년들은 대학에 가고 싶어도 포기하는 경우가 대부분이고 부모들조차 학업보다는 일찍 사회생활에서 경제력에 몰두하기를 강요하는 경우가 대부분이다.

2) 다문화가족의 현황

전 세계 203개 국가 중 우리나라와 아이슬란드는 단일문화를 고수하는 나라로 분류되어 있었다. 그러나 지금의 우리나라는 전쟁을 치른 후 들어온 미국 군인과의 결혼, 1980년대 외국인 노동자들의 증가, 1990년대 농촌 총각들의 국제결혼 등 다양한 이유로 국내에 체류하는 외국인 수는 2,24만 명으로 전체 인구의 4.37%에 이르고 있다(법무부, 2023). 우리나라의 외국인 유입은 서구에 비해 급속하게 진행되어 다문화 사회가 단시간에 진행되고 있다.

힘든 농사일을 꺼리는 젊은 여성들은 농촌 총각들과 결혼을 기피하여 같은 민족이라는 조선족 출신의 신부와 결혼하였고 1992년에서 1999년까지 4만 명 정도의 조선족 신부가 입국하게 되었다. 그러나 사회주의 체제에서 살아온 신부와 한국남자와 결혼하는 것은 문화적 차이가 컸으며 심지어 사기결혼 혹은 위장결혼이 기승을 부리기 시작하였다. 그 이후로 결혼중개업소에 의해 동남아시아에서 새로운 신붓감을 찾게 되는데 부모를 잘 모시고 온순하다는 이미지의 베트남 여성과 영어를 모국어로 사용하는 필리핀 여성이 인기를 얻어 국제결혼이 많이 이루어지게 되었다.

현재 국내에 체류하고 있는 결혼이민자를 살펴보면 2018년에 159,206명에서 2022년 169,633명으로 조금씩 증가하고 있다. 신부의 국적을 살펴보면, 중국이 59,499명(35.1%)으로 가장 많고 베트남이 39,136명(23.1%), 일본이 15,366명(9.1%), 필리핀 12,253명(7.2%)의 순으로 나타났다. 혼인으로 귀화하는 전체 인구는 10,248명이며 한국인과 결혼하여 귀화하는 인구는 6,809명(66.4%)으로 나타났다. 혼인귀화자의 순위를 살펴보면, 베트남이 4,209명(61.8%)으로 가장 많았고 중국 1,666명(24.4%), 캄보디아 250명(3.6%), 필리핀이 181명(2.6%)의 순으로 나타났다.

출처: 법무부(2023)

| 표 3-1 | 결혼이민자 현황 (단위: 명)

구분	2018	2019	2020	2021	2022
계	159,206	166,025	168,596	168,611	169,633
중국	58,706	60,324	60,070	59,770	59,499
베트남	42,460	44,172	44,058	41,447	39,136

구분	2018	2019	2020	2021	2022
일본	13,738	14,184	14,595	15,074	15,366
필리핀	11,836	12,030	12,002	12,041	12,253
캄보디아	4,496	4,641	4,638	4,565	4,641
태국	4,411	5,130	5,929	6,558	7,506
미국	3,658	3,883	4,312	4,538	4,801
기타	19,901	21,661	22,990	24,618	26,431

출처: 법무부(2023)

6. 가족문제의 원인과 대책

현대 가족의 다양한 문제를 살펴보면 급속한 경제성장과 유교적이고 가부장적인 가족부양문제가 결합되어 나타남을 알 수 있다. 지난날의 한국사회는 강대국 사이에서 국가의 정체성을 유지하고 강한 민족주의를 주장하는 것은 당연한 선택이었을 것이다. 이러한 민족주의 속에 가족주의는 집단이기주의의 근간이 되고 가족의 가장에게 주어진 권력의 힘은 강한 가부장제도로 이어졌다. 결국 한국사회의 가족은 '피는 물보다 진하다'라는 이념에서 혈연적 배타주의를 보여주었고 정상이 아닌 가족의 유형에서는 '결손 가족'이라는 꼬리표를 달게 하였다. 이러한 지나친 가족주의의 개념은 정보화시대에 이른 현대사회에서 더 나은 국가로 나아가기 위한 발판이 아니라 걸림돌이 되기도 한다. 또한, 심각한 저출산 문제로 미래의 경제활동 인구의 감소로 외국으로부터의 이민은 늘어나고 다문화를 비롯한 소수집단문제 증가도 피할 수 없는 것이 현실이다.

그렇다면 가족이란 정의를 다시 살펴볼 필요가 있다. 이제는 한 민족, 한 핏줄만이 가족이라고 정의할 수는 없다. 가족의 개념은 더 다양하고 자유로워 져야 한다. 이혼 가족, 한부모 가족, 다문화가족 등을 '결손 가족'으로 소외시킬 것이 아니라 다양한 형태의 가족 개념으로 받아들여야 하고 대안적 가족 형태로 우리 사회는 수용해야 한다. 그리고 가부장적인 가족 유형에서 나타나는 문제는 가족 내에서 해결해야 하는 사적인 문제가 아니라 사회적인 차원으로 인식해야 하며 문제해결 실마리도 사회구조에서 찾아야 한다. 이제는 전형적 가족의 틀에서 다양한 가족의 틀로 뚜렷한 경계선을 그을 수 있는 가족사회가 아니다. 가족을 사적 영역화가 아닌 가족과 다른 사회제도와의 관련

성 속에서 가족문제로 보아야 할 것이다.

가족 기능면에서도 경제적 여건의 변화로 작업환경이 바뀌고 직장과 가정의 조화가 중요한 환경이 되어야 하고 바깥일과 가정일을 남성과 여성이라는 성에 의한 경계로 구분해서는 안 된다. 가정 내 역할분담이 개인의 특성에 따라 분담할 수 있는 사고방식이 필요하다. 또한, 전형적 가족 역할분담 원리가 변해가는 현대사회에서 남성들의 정서적 표출 역할이 매우 중요하므로 가족 간 친밀성을 획득할 수 있는 사회화 교육도 필요할 것이다. 다양한 가족이 공존하는 사회에서 모든 가족은 고유하고 중요하다는 마음가짐을 사회 구성원들은 인식해야 한다. 우리 사회에서 다양한 가족 가치관이 허용되는 분위기가 조성된다면 모든 가족이 건강한 가족으로 유지되고 나아가 건강한 사회가 조성될 것이다.

쟁점 나누기(Debate)

✣ 최근 가족의 문제점은 매우 다양하게 나타나고 있다. 가족 구성원 사이 문제가 발생하면 가족해체로 이어지기도 한다. 가족의 갈등과 불화를 최소화하기 위해 가족의 기능을 인위적으로 강화한다면 가족문제가 줄어들 수 있는가?

가족기능 강화는 도움된다 VS 가족기능 강화는 도움되지 않는다

가족기능 강화는 도움이 된다	가족기능 강화는 도움되지 않는다

4장
아동문제

가족 내에서 거의 힘을 갖지 못한 아동들은 쉽게 학대의 대상이 된다. 보통 사회에서 부모가 아동을 매질하는 것은 학대행위로 생각되지 않으며 훈육 차원에서 정상적인 행동으로 간주하였다. 그러나 부모의 지나친 폭력은 아동학대를 넘어 아동 사망의 중요한 원인이 되기도 한다. 또한 아동의 학대가 알지 못하는 사람에 의해서가 아니라 가족 간 혹은 아동교육 기관에서 일어난다는 것이 더욱 심각한 사안으로 떠올라 사회에 심각한 파장을 보여준다. 이 장에서는 아동문제에 대한 정의, 아동문제의 유형, 아동문제의 현황에 대해 살펴보기로 한다.

1. 아동문제에 대한 이해

아동문제는 아동기 때 발생하는 사회적 문제의 총칭으로 “아동은 자신 또는 부모의 성별, 연령, 종교, 사회적 신분, 재산, 장애 유무, 출생지역, 인종 등에 따른 어떠한 종류의 차별도 받지 않아야 하고 완전하고 조화로운 인격발달을 위하여 안정된 가정환경에서 행복하게 자라나야 하며, 아동에 관한 모든 활동에 있어서 아동의 우익이 최우선적으로 고려되어야 한다”라고 아동복지법에서 규정하고 있다. 그럼에도 불구하고 현대사회는 아동폭력, 영아 유기, 신체장애아 문제, 등교 거부, 폭력아동 복지시설문제 등 아동학대는 점점 더 심각한 양상을 보여준다. 20세기 이전에는 아동의 노동착취나 아동학대는 더욱 심각한 수준으로 빈번하였고 이러한 아동의 문제가 아동복지에 대한 책임으로 강조된 것은 20세기 이후가 되어서야 사회적 문제로 이슈가 되고 있다.

2. 아동학대문제

1) 아동학대의 정의

아동학대는 부모를 포함한 성인에 의해 아동의 건강과 복지를 해치게 하는 모든 행위로서 신체적·정서적·성적 가혹 행위와 보호자의 유기와 방임을 의미한다. 이러한 아동학대는 부모를 포함한 가정이나 학교, 주위 모든 기관에서 나타날 수 있다. 신체적·심리적 학대를 겪은 아동은 심한 경우 정신장애 증상을 보이고 큰소리를 지르거나 냉소적인 성격을 가지며 우울 장애, 외상 후 스트레스 장애 등 생활하기 힘든 과정을 겪게 된다.

특히 가족 구성원에게 받은 성적 학대는 외부 사람의 성적 학대보다 더 심각한 정신적 외상을 남기게 된다. 이러한 후유증은 성인기까지 이어지는 경우가 많으며 어릴 때 학대를 당한 아동의 80% 이상이 21세 때 우울 장애, 불안장애, 자살시도, 섭식 장애 등 정신적 장애를 겪는다는 연구결과가 나타났다(Silverman et al., 1996). 현재 우리나라는 미국 등 선진국과 같이 아동학대를 유형화하고 있다. 보건복지부 산하 기관인 중앙아동보호전문기관에서 제시하는 아동학대의 유형은 다음과 같다.

(1) 신체학대

성인(보호자 포함)이 우발적으로 일어나는 사고가 아닌 상황에서 아동에게 신체적으로 손상을 입히는 경우와 신체손상을 입도록 허용하는 모든 경우를 말한다. 예를 들면 손, 발 등으로 때리거나 꼬집고 물어뜯는 행위, 할퀴는 행위 등 직접적으로 신체에 가해지는 행위나 도구(흉기나 뾰족한 위험한 도구), 화학물질 등 유해한 물건과 물질 사용으로 신체에 가해지는 행위, 신체 부위를 묶거나 몸을 거꾸로 매닮, 아동을 던져버리는 완력으로의 행위를 의미한다.

(2) 정서학대

성인(보호자 포함)이 아동에게 언어적 모욕, 정서적 위협, 감금 등 언어적·정신적·심리적 학대를 의미한다. 예시로 아동을 벌거벗겨 내쫓는 행위, 경멸적인 언어폭력, 형제나 친구 등과 비교하거나 차별 혹은 편애하는 행위, 가족 내 왕따, 가정폭력을 목격하도록 방치하는 행위, 다른 아동을 학대하도록 강요하는 행위, 미성년자 출입금지 장소에 동반하는 행위 등 아동에게 정신적 가학행위를 의미한다.

(3) 성학대

성인(보호자 포함)의 성적 충족을 위해 18세 미만 아동에게 행해지는 성적 행위를 말한다. 예를 들어 자신의 성적 만족을 위해 아동에게 옷을 벗겨 계속 관찰하거나 아동에게 성적 노출(성기노출, 성관계 장면 노출, 자위행위 노출과 강요 등)을 하는 행위, 아동에게 성기추행, 항문추행, 구강추행 등 성적 추행을 하는 행위, 직접 성교를 하는 행위, 성매매를 하게 하거나 성매매를 매개하는 행위 등이 있다.

(4) 방임

아동의 보호자가 아동을 유기하거나 방임하는 행위를 의미한다. 아동의 유기는 보호자가 아동을 보호하지 않고 버리는 행위를 의미한다. 아동을 위험에 처하게 하는 방임으로는 물리적 방임과 교육적 방임, 의료적 방임이 있다. 먼저 물리적 방임은 아동에게 기본적인 의식주를 제공하지 않는 행위, 불결하고 위험한 환경에 아동을 방치하는 행위, 출생신고를 하지 않는 행위, 아동을 혼자 가정에 두고 가출하는 행위, 아동을 시설이나 친족의 집 근처에 버려두고 가버리는 행위 등이 있다.

교육적 방임으로는 보호자가 특별한 이유 없이 아동을 학교에 보내지 않는 행위, 아동의 무단결석을 방치하는 행위(사유 없이 7일 이상 결석)를 의미한다. 마지막으로 의료적 방임은 아동을 보호하지 않고 버리는 행위, 아동을 병원에 입원하게 하고 버리는 행위, 시설이나 인근 주변에 아동을 버리고 가는 행위가 있다.

2) 아동학대의 현황

2022년 보건복지부의 아동학대 연차보고서에 따르면 아동학대로 신고 접수 4만 6,103건 중에서 아동학대로 판단된 사례가 2만 7,971건으로 나타났으며 지난 5년간 계속 증가 추세로 나타났다. 학대 행위자 중에서 부모가 학대한 경우가 82.7%(2만 3,119건)로 거의 대부분을 차지하고 학대 장소 또한 가정에서 이루어지는 학대가 81.3%(2만 2,738건)로 나타났다. 이러한 가정에서의 학대가 매우 높게 나타났음에도 불구하고 실제 분리 보호한 사례는 전체 학대판단 사례 중 10%(2,787건), 즉각 분리 조치(일시 보호)한 사례는 1,153건에 지나지 않아 현재 아동학대의 현장은 심각한 수준이라 여겨진다.

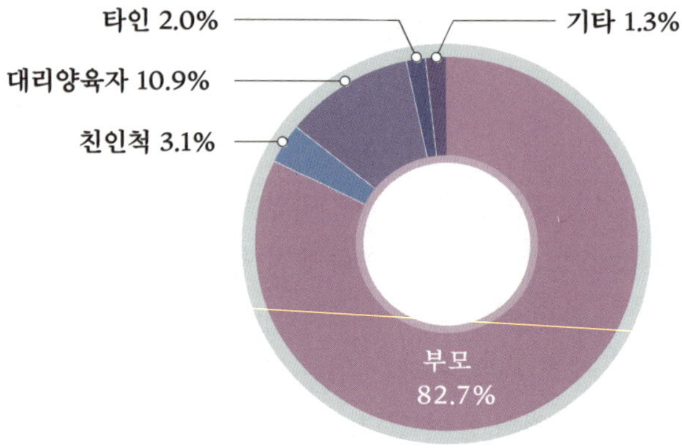

출처: 보건복지부 아동학대 사례(2009)

| 그림 4-1 | 학대행위자와 피해아동과의 관계

> 아동이 머리가 너무 아프다며 학교 양호실에 왔다. 부모 동의하에 병원으로 가려고하자 아동은 심하게 부모와의 동행을 거부하였고 선생님과 함께 119구급차로 ○○대학병원 응급실로 후송되었다. CT 촬영과 여러 가지 검사를 하게 되었으며 결과적으로 아동은 최근 부모로부터 머리를 맞았고 예전부터 부모의 폭력이 가해지고 있었음을 확인할 수 있었다. 아동은 집으로 돌아가면 부모가 추궁을 하거나 맞을 것이 두려워 집으로 가기를 거부하고 있는 상태다.
> 친부가 자신을 때린 것은 계속되어 왔는데 한 달 전부터 일주일에 2~3번, 혹은 매일 때렸다고 하였다. 친부는 아동이 몸에 상처가 나지 않도록 때렸으며 칼이나 망치같은 것으로 위협하기도 했으며, 자신이 몸이 약한 것 때문에 부모가 자주 싸웠다고 하였다.
> 아동의 의복은 불결하고 몸에서 냄새가 날 때도 있었으며 타인에게 의사 표현을 잘하지 못하였다.

3. 빈곤아동문제

1) 빈곤아동의 정의

빈곤아동은 빈곤가정에서 생활하는 18세 미만의 아동을 의미하며 우리나라에서는 국민기초생활보장법에 의해 보호받는 가정에서 생활하는 아동, 한부모 가족 아동, 조손 가정 아동, 소년·소녀 가장을 말한다. 빈곤아동은 우선 신체적 건강, 인지능력 발달, 학업 성취도가 빈곤하지 않은 가정의 아동보다 낮을 가능성이 높다. 빈곤아동은 심리 사회적으로도 높은 우울과 불안을 갖게 되고 복지정책에서도 매우 최소한으로 제공되어 적절한 보호도 매우 열악한 상황이다. 실질적으로 학교에서는 정부의 기초 생활 수급자인 아동에게 직접적인 확인이 어렵고 아동들도 본인이 기초 생활 수급자인 것을 숨기려 한다. 반 친구들과 다른 환경을 받아들이고 인정하기를 어려워하기 때문이다.

이러한 환경에서 본인의 의지와 상관없이 빈곤아동은 비행이나 공격 행동 등 심리 사회적 문제를 경험하는 것으로 보고된다(Brook-Gunn & Duncun, 1997). 우리나라의 경우에도 도시지역보다 농어촌 지역에서, 한부모 가정에서는 부자 가족보다 모자 가족에서 빈곤율이 높게 나타났다. 모자가정의 빈곤율이 높은 이유는 모자가정의 보호자인 어머니의 취업 형태가 일용직과 임시직인 경우가 많고 수입이 일정하지 못하거나 많지 않음에서 오는 이유이다.

2) 빈곤아동의 현황

여성가족부(2023)는 2021년 기준, 18세 이하 자녀를 양육하는 한부모가구는 37만 가구로 18세 이하 자녀양육가구(483만 가구)의 7.7%를 차지한다고 하였다. 저소득 한부모 가구는 18.5만 가구로 18세 이하 자녀를 양육하는 한부모가구(37만 가구)의 50%에 이른다. 한부모 가정에서 가족생활의 변화는 불가피하다. 경제적 빈곤, 자녀의 양육과 교육 관심 저하, 가족관계의 문제, 역할모델의 부재, 사회적 위축 등 다양한 문제를 수반하게 된다. 이렇듯 빈곤아동의 비율은 가족해체의 증가와 경제위기에 의해 급증하고 있으며 빈곤 아동을 지원하는 사회안전망은 미비한 실정이다.

가족해체 시 아동의 나이와 적응 사이의 관계는 아동들이 어릴 때 가장 나쁜 영향을 받는다고 보고하고 있다. 이혼의 개념도 잘 모르는 아동은 부모에 대한 배신과 원망으로 부정적 행동을 보이게 된다. 이러한 가족해체에 따른 빈곤아동은 성장하면서 자신의 발달 과업을 성취하기 어렵고 빈곤을 대물림할 가능성이 높다. 경제적으로 어려운 경우 부모가 돈벌이에 나서는 동안 아동은 혼자서 불안감과 긴장감을 느끼며 지내게 된다. 물리적 방임과 정서적 보살핌을 제대로 받지 못하는 아동은 사회적으로 무기력함을 느끼며 고립되어 간다. 교육받을 권리를 가졌음에도 불구하고 그렇지 못할 경우 경제적·심리적 빈곤감에 시달릴 가능성이 높고 열등감으로 상실감이 크게 나타난다.

4. 입양아동문제

1) 입양아동의 정의

입양아동은 혈연에 의지하지 않고 법적인 과정을 통해 영구적으로 부모-자녀 관계를 형성하는 것을 의미한다. 부모의 사망이나 이혼, 미혼모 등의 이유로 자신이 태어난 원 가족에서 자랄 수가 없는 경우 사회가 책임을 지고 아동을 양육할 수 있는 영구가정을 제공해 주는 아동복지 사업이 있다. 2012년 8월 입양특례법 개정안은 입양을 하기 위한 조건으로 친모의 출생신고가 꼭 필요하다. 원하지 않은 임신 혹은 미혼의 몸으로 아이가 있었다는 사실을 숨기기 위해 입양의 절차를 꺼리는 경우가 있다. 임신 후 혼자 남겨진 미혼모는 임신 그 자체가 공포로 다가오고 양육에 대한 막연한 두려움에 아이를 유기하는 쪽으로 선택을 하기도 한다. 하여 입양특례법 개정으로 미혼모의 버려지는 아기들은 오히려 늘어나고 있는 실정이다. 여기에 출산 기피로 임신중절에 대한 염려도 커지는 문제점도 발생하고 있다.

2) 입양아동의 현황

청소년인 자녀가 결혼도 하기 전에 미혼모가 된 경우, 부모의 입장에서도 당황스럽기는 마찬가지다. 당황한 부모 중에서는 오히려 자녀의 미혼모 딱지를 없애기 위해 불법낙태를 강요하기도 한다. 또한 미혼모는 부모가 임신 사실을 알게 되는 게 두려워 혼자서 아이를 출산하여 몰래 유기해 죽음에 이르게 된 경우는 미혼모 최악의 선택이자 범죄가 된다. 2018년 영화 브로커에서 미혼모의 출산으로 입양을 다루는 민간업체의 민낯을 보여준 적이 있다. 영화 속에서는 아이를 입양하여 돈을 벌려는 목적을 다루게 되지만 끝내 주인공들은 최소한의 인간미를 보여주는 것으로 인간의 죄악과 양심을 동시에 다루는 영화로 우리에게 경각심을 느끼게 한다.

2018년 보건복지부의 통계연보에 의하면 국내에 입양된 아동 465명 중에서 67.7%(315명)는 여아의 입양으로 남아의 입양은 해외입양(75.9%)으로 조사됐다. 이는 우리나라의 가업을 잇는 유교사상이 아직도 남아 있음을 의미한다. 입양 결정까지도 힘들겠지만 가계 계승에 대해서 잘 알지 못하는 남아는 선호하지 않는다. 키우기도 쉽고 대를 잇는다는 전통의식과 무관한 여아를 입양하기 원한다. 입양은 우리나라 조선시대에서도 잘 알려져 있다. 전통 있는 가업 계승을 위해 친인척의 자녀를 데리고 와서 집안의 가업을 잇게 하는 의식은 현대인 지금도 대기업의 친인척 양자에서 찾아볼 수 있다.

이렇듯 양자 입양은 문제가 되지 않지만 책임지지 못한 미혼모의 출산이나 집안 형편으로 인한 해외입양의 나쁜 사례는 무수히 많다. 어떻게 어떤 경로로 해외까지 팔려나가는지 입양 문화가 주는 우리나라의 이미지는 문제가 된다. 이에 정부는 입양에 대해 국가가 책임을 지기로 입양체계의 전면 개편을 시도하였고 2023년 보건복지부의 국내입양특별법을 통과시켰다. 기존의 입양체계는 주로 민간입양 기관에서 담당하였지만 국내입양특별법 개정에서는 지방자치 단체가 입양 대상 아동을 선정하게 된다. 입양아동 선정에서부터 입양아동 보호, 입양되기까지 모든 과정을 담당하게 된다. 강력한 법적 정책으로 다양한 관점에서 부모를 평가하고 아이가 최적의 부모를 만날 수 있게 하겠다는 목적으로 평가된다. 또한 입양 후 최소 1년간 양부모와 양자의 상호작용을 위한 상담과 서비스 제공도 받게 된다. 국제 입양은 국내 입양이 성사되지 못한 경우 엄격한 심사 후에 국제 입양을 결정하게 된다. 입양인은 자신의 입양정보 공개를 청구할 수 있게 하여 입양인의 알 권리가 보장되게 하였다.

| 표 4-1 | 국내 입양법 전후

	전	후
입양대상 아동 결정과 보호	지방자치단체, 민간 입양기관	지방자치단체
예비양부모 상담·교육, 사후관리	민간 입양기관	보건복지부 (전문기관에 위탁 가능)
예비양부모 적격성 심사·결연 등 핵심절차	민간 입양기관	보건복지부 입양정책위원회
임시양육 결정(신설)	-	가정법원
입양기록 관리·정보 공개	민간 입양기관, 아동권리보장원	아동권리보장원

출처: 보건복지부(2023.6)

5. 아동의 디지털중독문제

1) 아동 디지털중독의 정의

산업시대를 넘어 정보화시대의 현대는 모든 생활의 정보와 지식을 디지털 기기에 의존하듯이 접하며 살고 있다. 어릴 때부터 디지털 기기를 접하는 것은 자연스러운 일이고 이렇게 성장한 세대를 우리는 디지털 원주민(Digital Native)으로 칭하기도 한다. 이 세대들은 어린 영유아기 시절에 스마트기기에 온정신을 뺏고 있다. 식당이나 마트에서 심지어 차 안에서도 아이들에게 스마트폰을 이용하여 아이의 호기심과 집중력을 유도한다. 과연 그 속에서 어떤 점들이 아이의 집중을 끌어낼까?

화려한 차림의 주인공들이 부르는 노래와 춤, 아이의 눈높이에 맞는 말투와 이야기들 3차원의 영상은 당연히 아이들을 현실화하기 충분하다. 여기에 영상 이야기의 주인공들 인형은 영웅이 되어 어린아이들의 세상을 채우기에 충만하다. 하나의 스토리가 시리즈가 되고 아이는 여지없이 그 속으로 빠져든다. 여기에 동참하는 부모들은 너나 없이 육아의 방법으로 인식하여 타인과 똑같은 정보로 인식하고 아이들에게 스마트폰을 자연스럽게 손에 들여주게 된다. 누구를 위한 육아인가?

잠시도 의자에 앉아있지 못하는 아이의 칭얼거림이 싫어서가 아닌지 부모들은 진심으로 생각해 볼 사안이다. 전자파 기기를 접하고 나서 뇌가 다시 안정을 찾는 데는 시간이 꽤 걸린다. 스마트폰의 자극은 뇌의 회로를 골고루 발달시킬 수 없다. 디지털 기기의 자극이 일방적이기 때문이다. 일방적 자극은 뇌 속의 수많은 회로 중 일부만 자극하고 나머지는 쇠퇴하게 만든다. 뇌의 발전을 위해서는 상상력과 호기심, 신체 오감의 자극 등이 필요하며 이는 그림책 속의 그림과 글에서 가능하다. 글을 읽으며 상상력을 동원하고 놀이를 통해 타인의 감정도 느끼고 이해할 줄 알아야 한다.

2) 아동 디지털중독의 현황

지금 현대사회에서는 스마트폰과 태블릿 같은 디지털 장치가 필수적인 요소로 자리 잡았다. 성인뿐만 아니라 영·유아에서 아동 청소년 누구나 다 스마트폰을 가지고 있으며 밥을 먹을 때나 차를 타는 중에도 스마트폰이나 태블릿에 정신을 쏟는 디지털중독 현상을 보이고 있다. 2023년 과학기술정보통신부의 스마트폰 과의존 실태조사에 따르면 연령대별 과의존 위험군 비율이 청소년이 40.1%로 가장 높았고 만 3~9세에 해당하는 유·아동 비율이 25%로 그 뒤를 이었다.

디지털중독문제가 제기되기 시작한 것은 2021년 유튜브의 숏폼 서비스인 쇼츠가 500억 회를 넘기고 모든 이들의 인기를 독차지하게 되면서부터다. 1분의 짧은 영상과 화려함은 아이들의 시선을 사로잡기 충분했고 원하는 영상을 언제 어디서든 볼 수 있게 되었다. 여기서 옳고 그름의 판단을 스스로 하기 힘든 아동의 경우 스마트폰이나 동영상을 오랫동안 보게 되면 언어습득에 문제를 일으킬 수 있다. 자극적인 영상과 우리말을 제대로 알기도 전에 은어를 듣게 되면 부모와의 소통, 나아가 사회생활 및 예절에 올바른 태도를 배울 수 없고 행동이 산만해지며 심할 경우 ADHD(Attention Deficit Hyperactivity Disorder, 주의력 결핍 과잉행동 장애)로 이어질 수 있는 위험이 있다. 즉 과도한 몰입과 의존성 증가, 사회적 상호작용의 감소, 충동성 및 주의력 문제가 아동의 행동 패턴에서 나타날 수 있다.

이러한 디지털 문제의 이슈는 전 세계가 주목하고 해결하기 위해 노력하고 있다. 프랑스 정부는 13세까지 스마트폰 소지 금지, 특히 소셜미디어(SNS) 사용은 15세부터 틱톡이나 인스타그램 등은 18세가 되어야 접속허가를 해야한다고 주장하고 있으며 영국은 2023년 온라인 안전법을 발의하여 소셜미디어의 유해 콘텐츠로부터 어린이를 보호하도록 하였다. 중국의 경우, 18세 미만 미성년자에게 하루 2시간 스마트폰 제한을 시행한다. 우리나라는 어떠한가? 아직 구체적인 법적 규제와 법안이 마련되고 있지 않지만 책을 접할 수 있는 북카페에 스마트폰 없이 입장하여 책과 그림에 몰입하게 하는 게임을 진행하거나 서울, 인천 등 아동·청소년중독 예방프로그램 도전중독타파, 힐링 오케스트라 등 디지털 디톡스 경험을 제공하기에 이른다. 이렇듯 지자체에서 자체적으로 예방프로그램을 진행하고 있지만, 아동에게 제일 먼저 디지털중독 예방에 힘써야 할 대상은 아이의 1차 환경인 가정에서 힘써야 할 것이다. 특히 부모들부터 디지털 기기를 건전하게 사용하는 모습을 보여야 하고 기기 사용의 제한점을 숙지하며 스스로가 자제할 수 있는 능력을 키우도록 힘써야 한다.

6. 아동문제의 원인과 대책

1) 아동문제의 원인

아동 문제 및 아동학대에 영향을 주는 위험 요인으로는 부모관련 요인, 아동관련 요인, 환경관련 요인으로 살펴볼 수 있다.

(1) 부모관련 요인

첫째, 아동문제 및 아동학대에 영향을 주는 부모관련 요인으로 부모의 알코올 남용과 약물 남용이 있다. 부모가 알코올과 약물 남용에 노출되어 있는경우 그렇지 않은 부모보다 아동을 학대할 가능성이 훨씬 더 많다(이현기, 2005). 특히 알코올 남용은 부모 모두에게 폭력성을 높이는 요인이 되므로 자녀의 처벌 강도에서 폭력적으로 행사하는 경우가 많았다.

둘째, 부부관계에서 배우자의 학대가 아동의 학대로 이어지는 경우가 많아 사회적으로 아동문제의 심각한 원인제공으로 이어진다. 부부의 생활 중 배우자에게 폭력을 당하는 경우 자녀는 매 맞는 부모(보통 어머니)를 보호하거나 말리려는 상황에서 상처를 입기도 한다. 자녀의 학대가 처음에는 의도하지 않은 폭력이었다가 점차 의도하여 배우자나 자녀를 같이 구타하는 경우로 바뀌게 되고 가정폭력이 심해지는 경우로 이어진다. 특히 장애 아동의 양육과정에서 스트레스가 많아지는 이유로 장애 아동학대가 빈번하게 일어나기도 한다.

셋째, 어릴 때 학대행위를 당한 경험이 있는 부모가 자녀를 학대하는 경우다. 세대간 학대 전이를 보여주는 연구결과로 아동기에 학대받은 경험이 있는 부모가 자녀를 학대하는 경우는 약 30%로 추정되고 있다(Kaufman & Zigler, 1987).

넷째, 아동에 대한 부모의 양육 태도에 따라 아동학대의 가능성은 달라진다. 부모가 자녀에 대한 애정과 지지도가 높은 경우 자녀의 학대 가능성은 매우 적다. 그러나 체벌을 사용하여 자녀의 양육이 가능하다고 믿는 태도는 부모가 양육 스트레스를 받을 때마다 자녀에게 정신적·신체적 학대를 가할 수 있다. 이러한 가정의 부모들은 아동에 대한 비현실적 기대를 가지며 부모의 욕구를 자녀가 충족해 주어야 한다는 잘못된 생각에 젖어있는 경우가 많다.

(2) 아동관련 요인

첫째, 아동은 성장과정 중에 발생하는 질병과 합병증, 태어나면서부터 겪게되는 장애 등이 아동학대를 일으키는 중요한 위험 요인들이다. 조산으로 태어나거나 선천성 장애를 겪는 발달장애의 아동들은 부모에게 양육의 스트레스를 주기 때문에 학대를 당하기 쉽다. 어린아이일수록, 여아보다 남아인 경우에 학대가 더 심하게 일어나기도 한다(이시언·박은미, 2004). 장애아동의 성적 학대는 여아가 훨씬 많고 나이가 증가하면 성적 학대의 위험도 더 많아지게 된다. 부모의 원하지 않은 자녀의 출산, 원하지 않은 성별, 배우자의 혼외 자녀일수록 아동학대의 대상이 될 수 있다.

둘째, 자녀의 까다로운 기질과 행동은 부모의 폭력을 유발하기도 한다. 지나치게 활동적이거나 별난 기질은 부모의 양육에 스트레스를 주게 되고 아동이 2세가 되는 무렵부터 부모는 화를 내게 되거나 처벌적 훈육을 사용하기 시작한다. 아동의 기질이 선천적이든 아니든 부모의 처벌적 훈육은 점점 악순환으로 이어져 가족에게 위협의 요인이 된다.

(3) 환경관련 요인

아동학대에 영향을 주는 것은 가족뿐 아니라 학교와 지역사회도 영향을 준다. 대부분 아동학대를 겪는 아동의 가족은 가장의 실직상태로 심각한 경제적 어려움을 겪고 있는 경우가 많다. 도와줄 친척도 친구도 없이 고립되어 있거나 한 부모인 경우에 학대가 일어나는 빈도가 높다. 특히 계부와 사는 여아의 경우는 성적 학대의 위험성도 크며 아동학대 가족이 아동에게 하는 몇 번의 신체적 처벌은 그저 당연시되는 일상이 되는 경우로 여긴다. 누구에게도 말할 수 없는 고통을 겪는 아동의 심리적·신체적 고통은 의료혜택이나 보육 서비스를 받기도 힘들어 너무 큰 절망감을 느끼게 된다.

2) 아동문제의 대책

아동은 자신의 욕구나 문제를 스스로 해결하기 쉽지 않다. 아동은 자라면서 부모나 보육자로부터의 사랑과 교육에서 자아감과 가치관을 형성해 나간다. 그래서 아동의 주 양육자는 매우 중요한 위치에 있다. 아동 양육의 결과가 성인이 되는 과정에서 대부분 결정되므로 주 양육자는 아동의 발달과정에 적절한 양육으로 아동의 권익 보장을 수행해야 한다. 특히 아동의 문제 중에서 학대, 빈곤, 디지털중독은 복합적으로 중복되어 일어날 수도 있어 해결방안을 통합적으로 살펴야 한다.

빈곤한 아동은 제때 영양 섭취가 힘들고 교육의 장에서 무력감을 느끼기 쉽다. 영양부족에 의한 환경은 자신의 꿈을 펼칠 여유도 없이 삶의 극한 상황에서 일탈의 유혹에 빠지기 쉽다. 빈곤에 의한 보호자의 환경은 아동을 방임, 유기, 학대로 이어질 확률이 높고 가정이 아닌 PC방으로 전전하는 아동의 일탈이 심한 경우 범죄에 이르게 되는 연결고리를 가진다. 이러한 이유로 아동의 문제는 단순한 문제로 봐서는 안 되며 아동을 둘러싼 가족 구성원과 사회 구성원 그 속의 아동 모두를 다 같이 문제의 요인으로 파악하여 사전에 예방할 수 있는 사회구조적 투자와 개입이 필요하다.

한 가지 제시 방안으로 아동이 위험에 처했을 시 대리양육자에 의한 보호요인을 확보해야 한다. 여기에 레질리언스(resilience)이론을 적용해 보자. 아동의 교육이나 보육 현장에서 아동과 교사에 의한 상호작용으로 교사의 도움이 아동의 위험요소인 원가족 문제나 아동의 심리적 문제를 해결하는 데 긍정적인 효과를 나타낼 수 있다.

레질리언스(resilience)는 '회복탄력성'이란 뜻으로 개인과 개인을 둘러싼 환경과의 상호작용으로 가족, 친구, 커뮤니케이션 등 사회적 지원 시스템이 개인의 회복 탄력성에 어떠한 영향을 미치는지 강조한다. 이는 개인의 사회적 지원(가족, 학교, 지역사회, 지역 문화 등)이 개인의 문제점 회복을 위해 중요한 역할을 할 수 있음을 의미한다.

쟁점 나누기(Debate)

❖ 아동 디지털 문제를 살펴보면 디지털 기기의 과다사용이 아동의 상호작용과 사회화 기능을 해치는 요인이 된다. 아동의 제대로 된 사회화 기능을 위해서 필요 시 부모의 훈육은 어디까지(사랑의 매) 필요하다고 생각하는가?

사랑의 매까지 도움이 된다 VS 사랑의 매는 도움되지 않는다

사랑의 매까지 도움이 된다	사랑의 매는 도움되지 않는다

5장

청소년문제

나라마다 미래의 주역은 청소년이다. 아동기를 지나 2차 신체 변화와 정신적 성장이 주는 불균형은 미래의 희망이기 전에 오히려 청소년 자신을 당황하게 하는 요인이 된다. 사회의 급속한 변화 속에서 발맞추어 성장해야 하는 청소년의 입장과 정신적·신체적 불안정이 주는 혼란은 그들 자신을 질풍노도의 시기라고 말하고 있다. 이러한 사회적 부적응 속에서 나타나는 청소년들의 비행은 단순한 일탈이 아닌 범죄와 연결되는 큰 문제가 되기도 하고 앞으로 나타날 많은 사회적 위험요소가 되기도 한다. 그래서 이 장에서는 청소년들의 문제에 대해 알아보고 자세히는 학교폭력, 가출청소년, 청소년 온라인중독에 대한 문제점을 살펴볼 것이다.

1. 청소년문제에 대한 이해

1) 청소년문제의 개념

우리나라는 청소년 기본법과 청소년 복지 지원법에서 9세 이상 24세 이하를 청소년으로 규정하고 있다. 그러나 청소년 보호법과 아동·청소년 성 보호에 관한 법률에서는 아동·청소년을 19세 미만으로 규정한다. 이렇듯 청소년의 법률적 해석은 기본법과 보호법에서 다르게 적용된다. 결과적으로 청소년을 보호하는 법률에서는 그 범위가 좁아지고 있어 법의 엄격성을 보여준다고 하겠다.

청소년에게는 빠르게 진행되는 사회변화에 적응해야 하는 과제가 있다. 여기에 스스로 발달 심리·신체적인 문제에도 적응해야 한다. 자아정체성이 확립되기 전에 이들은 성인과 같은 입장으로 인정받길 원하고 부모로부터는 경제적으로 독립을 꿈꾸기도 한다. 미래에 대한 고민, 왕성한 성적 호기심, 호르몬 변화에 따른 감정변화 등을 겪는 청소년들은 주변에서 일어나고 있는 갖가지 현상에 반응하면서 의도적이든 아니든 비행이나 문제점을 유발한다. 여기서 우리는 청소년들이 범죄를 저지르거나 범죄의 위험성이 있어 국가의 사법적 처분의 대상이 되는 청소년을 비행 청소년으로 정의한다.

청소년비행은 형벌을 어긴 행위(성인의 범죄행위와 동일)에 형사처벌을 받는 범죄소년(14~19세 미만)과 장차 형벌 법령을 위반할 가능성이 있는 비행으로 소란 피우기, 가출, 음주, 유해환경에 접하기 등 해서는 안 될 행위에 부모나 사회의 보호를 받는 우범소년(10~19세 미만)으로 나뉜다. 그러나 14세 미만 청소년은 형법을 어겼으나 신분법상 14세 미만으로 형사처벌을 받지 않는 촉법소년으로 구분된다. 그러나 이 사실을 악용한 비행 청소년의 상습적 위법행위는 소년보호사건으로 소년원 송치 처분을 할 수 있다. 이렇듯 촉법소년의 범죄행위는 점점 그 수위가 높아져 사회적으로 큰 쟁점이 되며 처벌 가능연령을 낮추어야 한다는 목소리가 높아지고 있다.

2) 청소년문제의 현황

10대 청소년들의 금은방 탈취사건, 고등학생이 유흥업소에 드나들다 적발된 사건 등 청소년들의 일탈행동은 한 사회의 규범을 벗어나는 행동이다. 산업화의 진행에서 가정과 일터의 분리는 부모의 바쁜 일상으로 가정의 교육적 기능이 크게 약화하였다. 청소년 또한 사회화 과정을 위한 부모의 역할모델이 부족한 상황에서 사회적 규범을 습득할 수 있는 시간과 공간이 부족하다. 지금의 청소년들은 오롯이 사회 구성원으로서 필요한 기술, 규범, 가치 등을 가정이 아닌 학교에서 습득할 수밖에 없는 현실이 되었다.

교육의 시간은 길어지고 학교에서 공부에만 매달려야 하는 현대사회에서 지켜야 할 가치·규범의 잣대를 청소년들은 알 리 없다. 사회의 질서와 규범을 최우선으로 배워야 할 청소년들은 좋은 학벌과 좋은 직장을 위한 경쟁 속에서 비인간적인 행동과 태도로 변해간다. 심각한 가치 혼란 속에서 청소년들은 사회적 질서와 규범에 반하는 절도, 성범죄, 폭력 등 비행이 점점 심각한 수준으로 나아가 범죄로 내몰리고 있다. 특히 비행

청소년들의 대부분 비행은 반복하는 과정에서 성인범죄자로 성장한다는 것이 사회적으로 심각한 문제가 되고 있다.

우리나라의 청소년범죄는 1997년 IMF(International Monetary Fund) 시기에 가장 많은 발생을 보였고 그 후 증감을 보여주고 있다. 다음 대검찰청 범죄분석통계에서 보여주는 소년범죄 현황은 범죄연령의 기준을 2017년까지는 10~18세 피의자로 구성되었으나 2018년부터는 14~18세 피의자로 구성되었다. 이는 청소년 범죄율의 감소에 영향을 주었다고 볼 수 있다. 청소년범죄 통계 현황을 살펴보면 2019년 이후 사회적으로 범죄자는 감소로 나타났다. 그러나 세계적으로 강타한 코로나19 위기가 영향을 주었다고 볼 수 있으며 청소년범죄 유형에서 강력 흉악범죄 수치가 오르는 것을 보면 청소년범죄의 심각성을 더욱 주시해야 할 것이다.

| 표 5-1 | 청소년범죄 통계 현황

		2016년	2017년	2018년	2019년	2020년	2021년
전체 범죄자(명)		2,202,196	1,861,796	1,749,459	1,754,808	1,638,387	1,359,952
소년 범죄자	인원(명)	76,000	72,759	66,142	66,247	64,480	54,047
	비율(%)	3.8	3.9	3.8	3.8	3.9	4.0
범죄 유형	재산 범죄	33,088	29,056	26,497	27,809	28,855	21,785
	강력 폭력범죄	19,746	21,043	19,742	18,622	14,744	13,614
	강력 흉악범죄	3,343	3,463	3,509	3,665	3,134	3,606
	기타	20,093	19,197	16,394	16,151	17,747	15,012

출처: 대검찰청(2022)

2. 학교폭력

1) 학교폭력의 정의

삶에 있어서 청소년기는 지적·신체적·사회적·정서적 등 발달의 영역이 가장 왕성할 시기다. 자아 정체성과 자기 발전을 위한 준비로 대부분 시간을 학교에서 보내며 미래의 행복을 꿈꾼다. 한 사회의 미래와 발달, 안녕을 이끌어야 할 청소년들의 삶은 건강해야 하지만 현재 학교는 각종 폭력과 괴롭힘의 장이 되고 있어 사회의 심각한 문제가 되고 있다. 최근 학교폭력, 왕따와 같은 청소년 폭력 사건들이 뉴스, 인터넷과 같은 대중매체에 자주 거론되는 것을 보더라도 학교폭력은 지나칠 수 없는 중요한 과제로 인식된다. 이러한 학교폭력의 문제가 학교 현장에 국한되지 않고 사회적 문제로 인식되는 것은 청소년 학교폭력의 결과가 가해자와 피해자 모두 성인기까지 확대되어 부정적 영향을 미치기 때문이다. 따라서 학교폭력의 문제점은 시간이 지나면서 약화 되는 것이 아니라 점점 더 심각화가 되고 흉포화, 다양화, 저연령화, 지능화가 된다는 것이다.

학교폭력은 학교나 학교 주변에서 학생 서로 간에 의도적으로 신체적·정서적 가해 행동을 뜻한다. 고의적으로 괴롭히고 따돌리며 놀림, 욕설, 협박, 돈이나 물건을 강제로 빼앗는 행위나 집단적 폭행 등의 형태를 가진다. 학교폭력예방 및 대책에 관한 법률(2023)에서는 "학교폭력이란 학교 내외에서 학생을 대상으로 발생한 상해, 폭행, 감금, 협박, 약취·유인, 명예훼손·모욕, 공갈, 강요·강제적인 심부름 및 성폭력, 따돌림, 사이버폭력 등에 의하여 신체·정신 또는 재산상의 피해를 수반하는 행위"로 규정하였다. 이러한 개념에서 학교폭력은 피해자 중심과 학교 주변의 폭력까지 포함한 넓은 의미로 접근하여야 할 것이다.

2) 학교폭력의 실태

현재 학교폭력에서 더욱 심각한 양상은 폭력의 피해자와 가해자의 연령이 점점 낮아지고 있다는 것이다. 1990년대에는 고등학생의 폭력이 집중적이었지만 학교폭력의 연령이 중학생에서 2000년대 이후 학교폭력에서 언어폭력과 사이버(휴대전화)폭력 등 초등학생 폭력이 중학생폭력 수준을 앞지르기 시작한 것이다. 다음 2023년 청소년 폭력 및 학대 통계 조사표에 따른 초·중·고 학생의 친구·선후배로부터의 폭력 실태조사 결과를 보더라도 알 수 있다.

| 표 5-2 | 폭력 및 학대 실태조사

	심한욕설·모욕을 당함(%)				폭행·구타를 당함(%)				따돌림을 당함(%)			
	1년 1~2회	2~3개월 1~2회	1개월 1~2회	1주 1~2회	1년 1~2회	2~3개월 1~2회	1개월 1~2회	1주 1~2회	1년 1~2회	2~3개월 1~2회	1개월 1~2회	1주 1~2회
초등	14.8	5.4	3.5	4.1	10.7	3.7	2.9	3.4	8.4	1.5	1.5	1.2

	심한욕설·모욕을 당함(%)				폭행·구타를 당함(%)				따돌림을 당함(%)			
중등	10.9	3.1	3.1	3.2	2.0	0.8	0.3	0.8	3.4	0.6	0.4	0.7
고등	4.8	1.7	1.2	1.5	0.6	0.4	0.3	0.5	1.1	0.4	0.3	0.5

출처: 통계청(2023)

> 초등학교 3학년생이었던 A군은 지난해 3월부터 7월까지 다른 학생들과 함께 B군에게 학교폭력을 저질러 학교에서의 봉사 2시간, 학생 특별교육이수 3시간 처분을 받았다. 당시 피해 학생은 A학생 등이 "못생겼다"며 자신을 발로 차고 넘어뜨리고 휴대폰 액정을 부수거나 "너희 가족을 몰살시켜 버린다"고 말하는 등 집단 괴롭힘을 호소하였다.

출처: 푸른나무재단(2024.05.09)

대체적으로 초등학교 5~6학년부터 중학교 1~2학년까지 학교폭력 발생빈도가 가장 높으며 초등학교 때부터의 폭력은 중학교, 고등학교로 계속 이어지고 있다는 것이 문제의 심각성을 더한다. 현재 우리나라 학교폭력의 실상을 TV나 영화에서도 많이 다루고 있다는 점과 이러한 학교폭력은 육체적 폭력도 심각하지만 정신·심리적 폭력은 성인이 되어서도 평생 가슴에 담고 살아야 한다. 정신적 폭력을 당한 피해 학생은 인격적 모멸감으로 심한 경우 우울증과 자살 충동까지 겪게 된다. 한점 개미들의 집단공격에도 우리는 힘들거나 사망에 이른다. 하물며 옳고 그름을 배우는 학교의 장에서 집단적 따돌림과 괴롭힘에 대한 고통은 무엇으로도 표현하기 어려울 것이다.

> 고등학교 1학년인 A양 등 8명은 신촌에서 일일 락까페를 운영해 370만원을 벌어 나흘동안 찜질방, PC방 등을 전전하며 유흥비로 썼다. A양 등은 인터넷을 통해 홍보하거나 학교 후배들에게 강요해 5천 원짜리 입장권 1천여 장을 판 뒤 참가자들을 대상으로 '노예팅(장기자랑을 통해 하루 동안 낙찰자의 노예가 되는 게임)', '키스타임', '댄스대회'를 연 것으로 밝혀졌다.
>
> 이 연합서클은 얼굴이 잘생겼거나 싸움, 운동, 공부를 잘하는 학생들을 상대로 서클가입을 유도한 뒤 '물갈이'라는 신고식을 통해 선배가 원할 때까지 후배를 때리기도 했다. 날짜를 정해놓고 일정금액을 마련해 놓을 것을 지시하고 지시받은 학생들은 또 다른 학생에게 금품을 요구하면서 '상납고리'가 만들어지기도 했다.

출처: 서울지방경찰청(2005.05)

3. 청소년 가출

1) 청소년 가출의 의미

청소년 가출은 단순한 가족해체의 원인보다 대부분 아동학대, 배우자 폭력, 이혼 등에 의한 가족해체의 결과로 나타난다. 2023년 통계청의 청소년 매체이용 및 유해환경 실태조사에 따르면 일반청소년 중에서 1년간 가출을 한 비율은 2.7%로 여학생(2.3%)보다 남학생(3.0%)이 가출 경험이 많았다. 학교별로는 초등학생이 2.3%, 중학생이 3.0%, 고등학생이 2.8%로 중학교 남학생이 가출을 가장 많이 하는 것으로 나타났다. 청소년의 가출 이유에서 부모님(보호자)과의 문제(불화, 폭행, 간섭 등)가 52.0%로 가장 많은 결과를 보여주었다. 학업문제가 21.8%, 친구들과 함께하기 위해서가 10.8%, 경제적 어려움은 2.4%의 순으로 나타남을 알 수 있다. 옛말에 '친구따라 강남 간다'는 말도 있듯이 청소년 시기는 가족보다는 친구와 놀기를 좋아해서 가출도 친구와 같이하는 경우도 많다. 가출의 빈도는 한번에서 끝나지 않고 계속적으로 반복되는 경향이 높으며 가정 밖에서 사귄 같은 처지의 친구와 어울려 청소년비행을 일삼기도 한다.

| 표 5-3 | 청소년 가출여부 및 이유 (단위: %)

		가출한 적 있다	학업 때문	부모님과 문제	학교 갈등	가정 경제 문제	친구와 함께	기타
전체	소계	2.7	21.8	52.0	1.4	2.4	10.8	11.6
성별	남자	3.0	26.4	42.9	0.8	3.1	11.3	15.5
	여자	2.3	15.6	64.1	2.3	1.5	10.0	6.5
학교 급별	초등	2.3	17.6	39.6	2.9	5.8	10.2	23.9
	중등	3.0	27.1	50.9	0.0	1.0	10.3	10.7
	고등	2.8	18.9	63.8	1.9	1.2	11.8	2.4

출처: 통계청(2023)

열다섯 중학생이 담배를 피우고 고등학생이 유흥업소에 드나드는 모습을 우리는 종종 보게 된다. 청소년의 이러한 모습은 우리 사회의 규범에서 벗어나는 일탈 행동이다. 사회의 기본은 가정이라 했다. 청소년의 일탈이 쉬운 것은 또래 집단의 무리지은 행동에서 쉽게 나타난다. 이는 가정과 학교에서 가치와 규범을 배우지 못하고 가출하는 청소년들의 모습에서 더욱 잘 나타난다. 청소년의 가출은 단순한 가정의 해체이기전 사회의 일탈을 너무 쉽게 접할 수 있는 계기가 된다는 것이다. 스스로 자아 정체감을 굳건히 다지기도 전에 학업 스트레스와 스트레스 해소를 위한 장소와 시간도 없는 청소년들은 먼 미래를 위해 참아내는 인내심을 가지지 못한다. 가정의 불화와 학업의 힘듬에서 탈출의 방법으로 가출로 표출하는 것이다. 그렇게 자신을 던져버리는 행동에서 오는 결과는 앞으로 살아갈 미래가 훨씬 더 길고 창창하다는 것을 청소년들은 모른다는 것이다.

2) 청소년 가출에 따른 문제

가정의 역할은 자녀 양육과 자녀 사회화, 가족 구성원들의 휴식을 제공하는 기관이다. 그러나 산업화의 결과로 가정의 역할이 온전히 수행되기 어려운 현실이 되었고 자녀의 교육, 훈육과 가치 규범을 가정 밖 학교에서도 이행하기 시작하였다. 사회 구성원으로서 필요한 기술과 교육은 길어지고 사회 참여 연령은 늦춰지므로 청소년기에서 준비하는 시간은 점점 더 길어지게 된다. 육체적으로는 성숙하였으나 사회적·경제적으로 성인의 역할을 할 수 없는 청소년들은 현실에서 오는 당황스러움을 일탈로 표현하면서 청소년 문제 또한 심각한 수준이 되었다.

가정이나 학교에서 가르치는 규범과 생활방식은 또래 친구나 대중매체에서 보여주는 규범, 생활방식과 다른 경우가 많다. 이러한 현실에서 가출청소년의 생활방식과 태도는 자유라는 미묘한 유혹 속에서 치러야 할 대가가 크다는 것을 알아야 한다. 처음 가출한 청소년들의 생활은 친구 집이나 집단으로 거주하는 곳에서 지내며 생활을 위한 돈을 훔치는 경우가 대다수다. 남성 청소년의 경우는 쉽게 구할 수 있는 주유소, 배달직으로 근근이 벌다가 주위 가출집단의 비행에 가담하게 된다. 여성 청소년의 경우는 육체노동의 일자리보다 쉽게 돈을 벌 수 있는 성매매에 빠지는 경우가 많다. 결국 이들의 최종 귀착점은 비행청소년들과 어울려 같이 무리 지어 비행을 일삼는 생활을 하며 소년원, 성매매업소 심할 경우 범죄집단에서 활동하면서 이러한 생활에서 빠져나오지 못하게 된다. 상당수의 미혼모는 가출 경험이 있는 청소년들이 대부분이다.

가출청소년의 가장 큰 문제점은 다시 제자리로 돌아가지 못한다는 것이다. 한 번의 가출이 후회로 느껴져 다시 학교로 돌아가지만 정작 친구들과 사귀기 어렵고 같은 처지의 가출청소년들과 어울리게 되어 반복적인 가출로 이어지게 된다. 결국 생활을 위한 성범죄, 절도, 폭력, 약물중독 등에 가담할 수밖에 없는 현실이 가출청소년의 발목을 잡게되고 만다. 오늘날 청소년 비행의 수는 증가하고 있으며 무리를 지은 조직적 조폭화가 되어 더욱 심각한 범죄현장을 만들고 있다. 청소년범죄는 반복적으로 행해지면서 성인범죄자로 성장한다는 것이 문제의 심각성을 더해준다. 이러한 청소년범죄의 특징을 살펴보면 다음과 같다.

첫째, 조폭화·흉악화의 특징으로 사회의 풍요, 물질만능의 모습에서 오는 박탈감과 대중매체에서 노출되는 폭력장면을 그대로 수용하여 흉악범죄와 조폭범죄에 가담하는 것에 영웅적 심리로 받아들이는 결과다.

둘째, 학생범죄가 증가하는 특징으로 비행청소년의 범죄가 일반청소년에게도 나타나 학생범죄의 심각성을 더해준다.

셋째, 집단화 특징으로 청소년들의 소속 열망은 또래 집단으로 무리를 짓거나 지역사회의 비행조직에 호기심으로 참여하기를 원하는 경향이 있다. 특히 가출청소년의 무리집단은 누구도 제어하기 힘든 집단화가 되어 청소년의 호기심과 범죄세계에 대한 동경심을 유발하기에 충분하다.

넷째, 성범죄의 증가 특징으로 가정이나 학교에서 습득하지 못한 성 인식 부족은 윤리와 도덕성을 배제한 저속한 성인 공연물과 퇴폐업소 출입을 쉽게 하고 있다. 자신의 정체감을 형성하기도 전에 대중매체의 잘못된 성 문화를 그대로 흡수하여 성범죄까지 이르게 된다.

다섯째, 재범률의 특징으로 한 번의 실수로 행해진 비행은 다시 돌리기에 사회의 인식은 냉혹하다. 호기심이든 유혹이든 청소년 비행의 재범률은 증가하는 추세이고 재범률의 강도도 점점 높아지고 있다.

이 밖에도 여학생 성매매, 청소년 약물중독 등 청소년범죄의 현장은 가출청소년들로 이루어진 경우가 많다. 가족의 해체로 인한 가출청소년들의 자리는 범죄현장의 사각지대임을 알아야 할 것이다.

4. 청소년 온라인중독

1) 청소년 온라인중독의 의미

오늘날 4차 산업혁명 시대를 맞아 사물 인터넷, 로봇 공학, 가상현실, 인공지능 등 혁신적인 기술 변화로 우리의 삶은 급속하게 변화하고 있다. 정보탐색, 화상 만남, 쇼핑, 게임 스포츠 등 모든 것을 온라인 매체를 이용한 생활이 된 것이다. 아이가 태어나

온라인 이용을 배움으로 터득하는 것이 아니라 태어난 동시에 보게 되고 듣게 되는 모든 것이 온라인 화면 속에서 자연스럽게 습득이 된다. 아이나 성인 모두 온라인 생활 자체에 온라인중독을 논하는 자체가 의미가 있을까? 의문이 들지만 이렇게 온라인은 우리의 생활에 중독으로 파고들고 있다.

중독은 음식물이나 독성 약물에 의해 기능장애를 보이거나 어떤 사상, 사물에 젖어서 정상적인 사고나 생활을 할 수 없을 때를 말한다. 일상적인 행동과 생활을 하기 어렵다는 것을 알면서도 계속 반복하게 되는 집착적 강박이라 할 수 있다. 어릴 때부터 노출되어 생활화된 온라인은 지금 청소년들을 중독으로 빠져들게 하고 있다. 중독의 증상에서 남용을 넘어 의존 상태가 되면 제시간에 섭취하지 않는 것을 못견디게 된다. 같은 효과를 위해 사용하는 물질의 양이 늘거나 시간이 짧아지는 것을 의미하며 중독의 증상으로 금단현상과 구갈(craving)이 시작된다. 구갈은 금단현상을 못 견디어 중독의 원인을 찾아 헤매게 되며 오로지 그 목적이 삶의 전부가 되기 시작한다. 여기서 자아정체감을 확고히 가지기 전 청소년의 온라인중독 증상은 다음날 등교를 해야 함에도 불구하고 온라인을 즐겨야 하고 PC방에서 밤을 새우기도 한다. 물론 운동이나 취미에 매진하는 것도 중독일 수 있다. 운동이나 취미가 일시적중독으로 목표의식을 성취하게 하여 삶의 활력소가 된다면 이것은 중독의 순기능에 속하게 된다. 중독의 순기능은 목표를 달성하고 즐거움과 안정감을 주게 되며 다음 목표를 위해 다시 재충전으로 일상에 스며들게 된다.

그러나 온라인, 약물과 같은 중독의 위험은 한번 빠지게 되면 나오지 못하는 치명적인 유혹이다. 치명적 유혹은 걱정거리가 줄고 즐거움이 커지게 되므로 상대적으로 순간 즐거움만 탐닉하게 되기 때문에 중독에서 빠져나오기 어렵다. 하여 미래를 책임질 청소년들의 온라인중독이 얼마나 심각한가를 다시 한번 생각하게 된다.

2) 청소년 온라인중독 실태

1980년대 이후 컴퓨터가 보급되고 1990년대를 넘어서자 인터넷 사용은 급격히 늘어났다. 1996년 정신과 의사인 이반 골드버그(I. K. Goldberg)는 인터넷중독 장애(Internet Addiction Disorder)라는 용어를 처음 사용하면서 인터넷을 많이 사용하면 할수록 내성, 불안, 정신 운동성 초조, 금단 등으로 중요한 직업활동을 포기하는 상태가 된다고 하였다. 1998년 미국 피츠버그 대학의 킴벌리 영(K. S. Young) 박사는 게임중독에 대한 설명으로 인터넷 의존자의 온라인 사용 시간이 인터넷 비 의존자보다 7배나 많이 온라인 사용을 한다고 밝혔다. 그의 인터넷중독 자가진단 척도에서 사회적으로 접촉을 꺼리고 혼자서 시간을 많이 보내는 청소년들은 자존감이 낮아 인터넷이나 게임에 중독될 가능성이 높다고 지적한다.

청소년들의 온라인중독 유형을 살펴보면 다음과 같다.

- **온라인 게임중독**: 강박적으로 온라인 게임에 몰두하며 2019년 코로나19에 의한 팬데믹 상황을 겪으면서 청소년들은 더욱 게임중독에 빠지게 된다.
- **사이버 섹스중독**: 성인 포르노 등의 내용물을 담고 있는 음란 사이트 채팅, 음란물 공유, 음란물 유통 등 성인만 사용할 수 있는 사이트에 빠져 있으며 지금은 딥페이크 성범죄에 가담하기도 한다.
- **네트워크 강박증**: 온라인 네트워크에 접속하지 않으면 불안감을 느끼며 강박적으로 게임, 쇼핑, 주식 매매, 사이트 접속을 수시로 하는 경우다.
- **정보 과부하**: 강박적으로 웹사이트나 자료를 검색하며 자신에게 필요치 않은 정보라도 많은 것을 수집하는 것에 집착하는 경우다.

이 중에서 온라인 게임중독은 2019년 5월 28일 세계보건기구(WHO)에서 질병으로 분류되기에 이르렀다. 제11차 국제질병표준분류기준(ICD-11)에서 부정적인 영향에도 게임을 1년 이상 지속한다면 이를 게임중독으로 인정하여 공식 질병으로 설정하게 된다. 여기에 코로나19가 세계를 강타했고 사람들은 집에서만 지내게 되어 생활반경이 많이 축소되었다. 청소년들의 교육현장도 예외는 아니었으며 입학식과 졸업식은 취소되고 수업은 온라인 원격수업으로 대체되었다. 대부분의 시간을 집에서 보내게 된 청소년들은 대인관계도 온라인 속에서 맺게 되고 온라인 게임을 하면서 상대편과 대화를 주고받으며 게임중독을 보여주는 게 현실이 되었다.

> 게임을 못하게 한다는 등의 이유로 아버지를 대신해 자신을 돌봐주던 고모에게 흉기를 휘두른 혐의를 받는 중학생이 경찰에 체포됐다. 경찰은 수년 전 아버지의 사망으로 고모가 조부와 함께 A군을 돌봐주었고 게임을 못하게 하자 A군은 40대인 고모에게 흉기를 휘둘러 고모를 사망하게 하였다.
>
> 경찰 관계자는 "체포 상태를 해체하고 구체적인 동기를 조사할 방침"이라며 "통상 촉법소년은 즉각 석방하고 보호자에게 인계하는 게 원칙이지만, 보호자를 살해한 사건이라 신병 처리 여부를 검토 중"이라고 전했다.

출처: 세계일보(2023.03.27)

청소년들은 온라인 게임에 집착할수록 자기통제가 안 되고 학업과 생활에 소홀할 수밖에 없다. 어떤 온라인 게임은 다소 선정적이고 잔인하여 청소년들을 흥분하기도 하고, 상대에게 폭력성을 드러내기도 한다. 가상세계와 현실 세계를 구분하기 힘든 상황에 접어들면 온라인에서나 오프라인에서의 범죄 행동도 서슴지 않는 문제행동이 증가한다. 게임중독에 빠진 청소년들은 게임 아이템을 뺏기 위해 상대방을 찾아내어 폭행을 하기도하고, 게임에서 죽임을 당하면 앙갚음하기 위해 상대방이 있는 게임방을 찾아가서 폭행을 일삼기도 한다. 이렇듯 청소년 온라인중독은 오랫동안 게임을 하면서도 본인이 게임중독임을 자각하지 못하는 경우가 많아 문제의 심각성을 더하고 있다. 시대가 변화하여 삶은 더 편리하고 풍족해지는데 미래를 꿈꾸는 청소년들이 외로움으로 게임중독에 빠진다는 건 현시대의 큰 문제점이자 아픔이라 하겠다.

5. 청소년문제에 대한 대응방안

1) 가정의 기능 강화

청소년문제의 대부분은 가족 내의 문제로부터 시작되는 것이 많다. 가정폭력, 부모의 무관심 혹은 부모의 지나친 간섭 등에 의해 피해자가 되는 것이다. 피해자인 청소년은 억압된 분노를 해소하기 위해 반사회적인 행동으로 타인을 피해자로 만들고 자신은 가해자가 되어 버린다. 여기서 부모의 역할 및 양육태도는 매우 중요하다. 가정에서 자녀의 훈육방침이 일관성이 없어지면 자녀가 자라서 약물남용, 폭력, 임신 등 청소년 문제행동을 일으킬 가능성이 높아진다. 사회의 기본은 가정이다. 따라서 청소년의 자아정체감을 잘 형성하고 건강하게 성장할 수 있도록 가정의 기능적인 환경을 강화하는 것이 청소년비행 문제를 예방할 수 있는 중요한 요소일 것이다.

2) 학교의 기능 강화

학교의 기능은 학생들의 인성교육과 사회교육에 있다. 학생에게 지식만이 아니라 지성을 겸비할 수 있는 장소여야 한다. 지금 사회구조에서 학교의 역할은 좋은 대학을 나와야 성공한다는 가치관에 부합할 뿐이다. 좋은 대학에 입학한 학생 수, 좋은 직장에 취업한 졸업생 수에 대해 학교 순위가 결정되는 사회풍토가 청소년들의 인성교육에 힘

쓸 수가 없는 현실이 된 것이다. 스스로 옳고 그름을 익혀 자아정체감을 가져야 할 청소년이 빠르게 변화는 시대만 인지하며 성공의 가치만을 조장한 사회풍토는 변화되어야 한다. 그래서 청소년들이 가장 많은 시간을 보내는 학교에서 인성교육과 사회교육은 더욱 필요하고 절실하다. 학교환경이 청소년비행과 점점 더 밀접하게 연관되는 현실에 비행을 예방하기 위해서라도 학교의 기능은 강화되어야 하고 인성교육과 사회교육을 교과과정에 필수과목으로 첨부해야 할 것이다.

3) 지역사회와 협력기관 구축

가정, 학교와 더불어 청소년 사회화를 위한 지역의 역할 강화에 정부의 지원책이 필요하다. 청소년문제를 미리 예방할 수 있는 교육제도와 프로그램을 구체적이고 단계적으로 지원하여야 한다. 현재 우리나라는 지역사회 청소년통합지원체계인 지역사회안전망(CYS-Net: Community Youth Safety Net)을 구축하여 비행 청소년을 비롯한 지역 내 청소년들에게 각종 서비스를 제공하고 있다. 지역사회 내의 활용 가능한 자원을 연계하여 청소년들을 효과적으로 돕는 사회안전망인 CYS-Net은 위기 청소년의 상담·보호·교육·자립 등 서비스를 제공하고 있다. 이러한 노력이 좀 더 핵심적인 사회기관으로 기능을 강화하고 지원하여 위기 청소년들의 비행을 예방할 수 있는 연계기관으로 프로그램이 강화되어야 할 것이다.

> **트레비스 허시(T. Hirschi)의 사회통제이론(사회유대이론)**
>
> 미국의 사회학자 허시는 청소년들의 비행에 관해 연구하여 사회유대이론을 제시하였다. 그는 범죄에 빠지지 않는 중요한 요인이 사회적 결속이라 주장하며 사회적 결속이 약해지면 비행을 저지르기 쉽다고 설명하였다. 사회적 결속의 유형을 부모, 선생님, 친구 등의 정서적 유대관계인 '애착' 사회적 성공이나 지위의 '열망' 건전한 취미활동의 '참여' 사회규범과 가치관에 긍정적이고 수용적인 태도의 '신념' 네 가지로 설명하며 이 네 가지의 유형이 개인의 행동을 통제하여 범죄를 저지르지 않는다고 하였다.

쟁점 나누기(Debate)

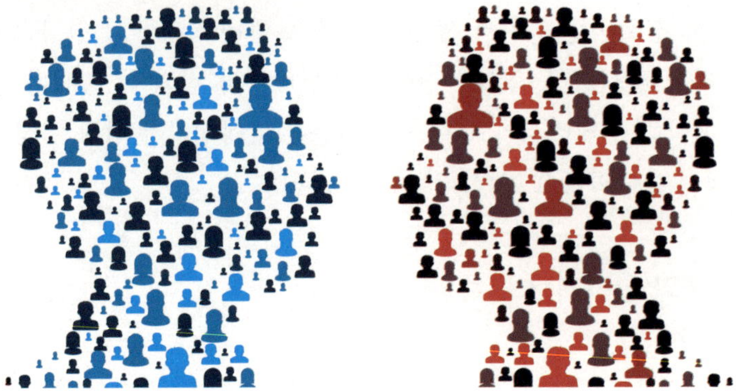

✣ 우리나라의 입양특례법에서 입양하려면 친모의 출생신고가 꼭 필요하다. 그리고 우리나라의 낙태는 불법이 아니다. 그러나 아직은 세부적인 법률이 논의되지 못한 시점에 낙태를 찬성한다? 혹은 낙태를 반대한다?

낙태를 찬성한다 VS 낙태를 반대한다

낙태를 찬성한다	낙태를 반대한다

6장

노인문제

산업화로 인한 생활수준의 향상과 나날이 발전하고 있는 의학기술로 인간의 평균 수명은 많이 연장되고 있다. 이러한 발전은 전 세계의 현상이지만 한국사회에서는 그 변화가 점진적이 아니라 급속하게 발전하여 수명이 길어진 노인 인구의 증대와 변화하는 사회 부적응에 대한 노인문제들이 나타나고 있다. 육체적 노화 현상, 빨라진 퇴직, 수입감소로 인한 경제문제 등 사회기능을 수행할 수 있는 기회는 감소하고 과거 '어르신'의 존경보다 귀찮은 존재로 전락한 노인들은 소외감과 우울증, 무력감에 심지어 학대와 같은 문제에 시달리기도 한다. 이러한 노인들의 문제는 다양한 사회적 여파로 나타나며 해결이 필요한 사회문제라는 것은 의심의 여지가 없다.

이 장에서는 노인 문제의 개념과 인구 사회학적 측면에서 한국사회 변화에 따른 노인 문제의 실태, 원인, 해결방안을 살펴볼 것이며 노인문제를 노인 지위의 하락으로 인한 불평등문제로 접근하게 된다.

1. 노인문제에 대한 이해

인간은 생체의 일생으로 출생, 발육, 성장, 성숙, 노화, 사망에 이르는 과정을 거치게 된다. 보통 여기서 노인은 노화의 어느 시점에서부터 의미를 가지며 이는 생물학적 의미로 인간의 연령에 의한 획일적인 개념이다. 그러나 인간의 노화에는 개인적 차이가 있고 생물학적 노화, 심리적 노화, 사회적 노화 등 다양한 요인들을 포함하여 노인들마다 다소 차이를 나타낸다. 즉, 시대별로 문화, 사회, 경제, 정치 등 다양하게 영향을 받으면서 노인이 된다는 것은 생물학적 기능의 퇴화에 심리적 변화가 일어나고 개인 혹은 사회적 역할 기능이 약해지는 사람을 의미한다.

우리나라는 노인복지법에서 65세 이상을 노인으로 분류한다. 통계청에 따르면 2024년 65세 이상 노인인구는 1,002만 4,000명을 넘어 우리나라 전체인구의 19.5%를 차지하며 2072년에는 국내인구의 절반이 될 것으로 예상했다. 현대 산업사회에서 노인인구의 고속증가는 새롭게 등장하는 사회문제가 되었다. 인구는 감소하고 노인인구는 증가하여 노동 효율성을 중시하는 산업자본주의에서 경제력을 상실한 존재로 낙인되기 때문이다. 노인을 가족과 사회가 보살펴야 하는 존재, 노쇠하고 연약한 사람, 신체적·정신적 의료 케어가 필수인 집단으로 보게 된 것이다.

생물학적으로 사람은 시간이 지나면 노인이 된다는 것은 당연한 사실이다. 단순히 노인이기 때문에 사회적으로 문제가 되는 것은 아니다. 현대산업사회에 이르러 구조적으로 생산인구가 줄어들게 되면서 가족제도의 변혁, 산업구조의 변화 등에 따라 노인인구에 대한 사회보장이나 의료보장이 충분하지 않고 경제력이 상실된 후의 권위 상실과 노후 생계, 신체적 노화로 인한 노인봉양의 곤란 등 사회문제가 생기게 된다. 여기서 노인의 지위는 급속하게 떨어지고 산업사회에서 느끼는 소외감과 우울증으로 노인문제를 빈곤, 병고, 고독, 무위 등의 4고(四苦)로 표현하기도 한다. 노인의 생존과 기본적 욕구에 대한 문제, 경제적 어려움, 소외와 고독, 건강 보호의 어려움 등을 노인 자신이나 가족들의 힘만으로 해결할 수 없는 상태를 노인 문제라고 할 수 있다.

2. 노인문제의 이론

1) 교환이론(Exchange Theory)

인간은 합리적이고 이윤을 추구하는 동물로 서로에게 이익이 되는 교환을 통해서 최소한의 비용으로 최대한의 보상을 원하는 행동을 하는 것이 교환이론의 핵심이다. 여기서 노인들이 제공했던 교환자원은 산업사회에서 그 가치가 저하되고 부족하여 사회적 교환관계를 형성하는데 어려움을 당하게 되며 노인문제를 유발하게 된다.

전통사회에서 자녀 교육의 역할, 생활에 필요한 다양한 기술의 전수, 가족을 대표하는 기능이 산업화를 거친 현대사회에서는 더이상 중요한 기능이 아니게 되었다. 자녀 교육은 학교 제도에서, 노인의 지식은 통신기술의 발전으로 네이버와 같은 영역에서 담당하게 되면서 오히려 노인들이 그들의 후손들에게 의존해야만 하는 상황이 된 것이다. 교환이론은 사람과 사람과의 관계 혹은 사회조직 관계에서 흥정과 타협을 통해 서로 주고받으며 보상의 관계가 유지된다는 것을 보여준다. 그러나 노인들은 생애과정에서 선택과 적응에 따라 서로 다른 수준의 경험과 문제를 겪게 된다.

2) 현대화이론(Modernization Theory)

현대화 이론은 카우길과 홈즈(Cowgill & Holmes, 1972)가 제시한 현대화 특징으로 경제적 생산기술의 발전, 보건기술의 발전, 도시화의 촉진, 높은 교육수준 등의 4가지 요인에 의해서 노동현장에서의 노인 퇴직, 사회적·지적·도덕적으로 노인을 고립하며 노인의 지위를 약화해 노인문제가 발생한다고 설명한다. 더군다나 정보통신기술의 발전은 노인들과 젊은이들 간의 정보격차를 초래하며 정보의 접근기회, 활용 방법과 수준, 주체적 향유와 수용 등에 따라 불평이 생기고 노인들의 삶이 변화된다고 하였다. 직업적으로 경쟁에서 뒤지게 되는 노인은 퇴직과 함께 역할상실을 느끼고 경쟁원리에 의해 노인들의 빈곤은 당연시되었다. 이러한 이유로 현대화 이론은 노인문제의 원인을 이해하는 이론이며 노년층의 지위와 역할을 축소하는 원인이 사회경제적 변화가 크게 변화되면서 나타나는 현상이라고 설명한다.

3) 사회와해이론(Social Breakdown Theory)

사회와해이론은 상징적 상호작용론에서 출발하는 이론으로 노인들은 시회적으로 부정적인 피드백의 악순환과정을 겪게 된다고 한다. 일반적으로 노인들의 부적절한 행동에 대해서 사회가 비판을하고 부정적으로 인식함에 따라 노인들의 사회 참여는 위축되고 자신감을 상실하여 의존적 존재인 노인으로 낙인을 찍힌다. 노인들은 자신들이 갖고 있던 기술이 위축되고 신체적으로 병들고 무능한 자신의 자아개념을 그대로 받아들이게 되면서 부정적인 악순환이 계속되는 노인 문제를 경험하게 된다.

그러나 노인들에게 능력을 발휘할 수있는 적절한 기회를 제공하고 노인들의 장점을 발견하며 그 장점을 계속 유지할 수 있도록 사회적 재건의 환경을 제공한다면 노인들은 자신의 능력에 대해 긍정적으로 평가하고 독립적인 생활도 가능해질 것이라고 주장하였다.

3. 노인문제의 유형과 실태

1) 노인 경제적 빈곤문제

우리 사회에서 빈곤을 가장 많이 겪고 있는 집단은 노인층이다. 노인층의 경제력 상실은 사회적 지위를 떨어뜨리고 소외감과 외로움을 동반한 빈곤층으로 전락하는 것과 연관이 매우 높다. 이러한 측면은 산업화가 진행되면서 더 나은 지식과 노동력을 요구하게 되었고 고도의 기술 생산체제는 노인노동력을 기피하는 결과를 낳게 되었다. 결국, 산업현장에서 이른 노년층의 퇴직은 국가·민간부문에서 보장하는 생활보장제도로 생계를 보장받게 되는 빈곤의 노인층으로 빈곤 현상의 가장 많은 부분을 나타나게 된다.

2019년 보건복지부의 노인실태조사 결과에서 65세 이상 노인의 월평균 소득은 150만 원 이상(47.9%), 1~20만 원(15.7%), 100~149만 원(14%), 50~99만 원(13%), 30~49만 원(9.4%) 순으로 나타났으며 전체 노인의 월평균 소득은 약 114만 원 정도로 나타났다. 국민 총수급자 중에서 65세 이상 노인인구의 국민기초생활보장수급자는 63만1,642명으로 35.3%를 나타냈다. 64세 이하의 노동능력이 있는 성인과 비교하여 노인을 제외한 성인 전체 수급률이 2.3%로 이는 노인들의 국민기초생활보장 수급률이 매우 높다는 것을 알 수 있으며 우리나라의 절대빈곤 상태에 노인층이 많다는 것을 알 수 있다.

우리나라는 1996년 경제협력개발기구(OECD)에 가입하면서 명실공히 선진국 반열에 들어서게 된다. 2009년에는 OECD의 개발원조위원회에 가입하면서 다른 나의 원조를 받다가 이제는 다른 나라를 도와주는 입장이 된 것이다. 이렇듯 선진국이 된 우리나라가 몇 번의 경제위기와 함께 새로운 빈곤층이 양산되고 특히 노인 빈곤율이 급속히 올라가고 있다. 2020년 기준으로 우리나라의 65세 이상 노인소득 빈곤율이 40.4%가 되면서 OECD 회원국 평균 노인소득 빈곤율(14.2%)보다 3배 가까운 수치를 보이면서 노인 빈곤율 1위의 나라가 되었다.

(단위: %)

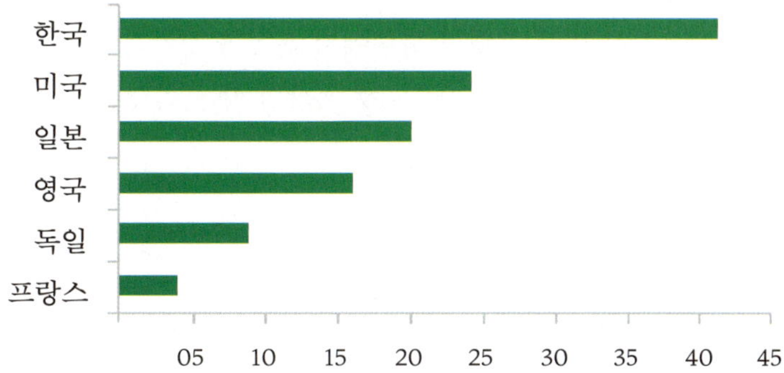

출처: OECD 노인소득 빈곤율(2020)

| 그림 6-1 | OECD 주요국 노인소득 빈곤율(%)

한국의 노인 빈곤율이 높은 또 다른 이유는 지금 노인 대부분이 연금혜택을 받지 못하기 때문이다. 연금제도는 1988년에 실시되고 20년 이상 가입한 후 노인이 되었을 때 개인에 따라 연금을 받을 수 있다. 연금제도가 실시될 때 60세 이상 노인 혹은 40~50세 장년층은 연금 혜택에서 배제되게 되었기 때문이다(현외성 외, 2005). 그나마 최근에는 국민연금을 받는 노인이 늘어나고 있지만 향후 인플레이션과 소득대체율이 줄어들 수 있어서 연금을 수령하는 노인도 빈곤상황으로 이어질지도 모른다. 이후 정부에서 기여 없이 받을 수 있는 노령연금제도로 2007년에 기초노령연금법을 시행하게 되고 소득과 재산조사를 거쳐 대상자가 결정되는 사회 부조제도를 시행하고 있다.

2) 노인학대문제

노인학대문제는 1980년대 처음으로 일반인들에게 인식되기 시작하여 지금은 심각한 노인 문제로 위험수위를 넘어서고 있다. 사회의 무관심 속에 숨겨진 노인학대문제는 실제로 그 실상을 파악하기가 어렵다. 보건복지부는 2023년 노인학대 현황보고서에서 학대피해 노인의 경우 69세 이하가 1,655건으로 전년 대비 188건 증가했고 치매진단 노인도 1,214건으로 전년 대비 44건 증가 등 매년 꾸준히 증가하고 있다고 밝혔다. 특히 가정 내 학대사례건수는 6,079건으로 전년 대비 212건(3.6%) 증가한 반면 시설 내 학대사례건수는 679건으로 전년 대비 35건(4.9%) 감소했다. 노인 학대 행위자 유형은 배우자 2,830건(35.8%), 아들 2,080건(26.3%) 등의 순으로 나타났다.

학대행위자는 대부분 친족인 가정 내 학대가 86.5%로 가장 많이 나타나 여전히 노인 학대가 음지에서 일어나고 있어 가족의 학대를 밝힐 수 없는 노인들의 고충을 알 수 있다. 비난, 위협, 모욕감을 받는 정서적 학대에서 욕설과 신체적 학대로 더 큰 고통을 받는 노인 학대는 하나의 정서적 학대가 둘, 셋 이상의 다른 학대유형과 중복적으로 나타난다는 것이 특징이다.

> "도로에서 자전거 타지 말라"…노인 폭행한 20대 벌금형
> A(29)씨는 올해 1월 서울 강동구 고덕로 앞 노상에서 자전거를 타고 있던 B(61)씨에게 '도로에서 자전거를 타지말라'는 취지의 말을 해 시비가 붙었다. A씨는 B씨를 밀어 넘어뜨리고 쓰러진 B씨의 얼굴, 몸통 등을 주먹으로 수차례 폭행했다. 이후에도 공터로 피해자를 데리고 가 얼굴과 몸을 주먹으로 수십 회 때린 혐의로 기소됐다.

출처: 뉴스핌(2022.9.4)

> "교육과 신고체계 강화 필요"
> 지난 1월에는 제주 서귀포경찰서가 배변 실수를 했다며 80대 치매 노인을 붙잡아 바닥에 넘어뜨리는 등 전치 6주의 폭행을 가한 혐의로 요양시설 한 요양보호사를 노인복지법 위반으로 검찰에 넘겨졌다. 학대행위는 CCTV를 확인하면서 밝혀진 것으로 알려졌다.

출처: 내일신문(2022.8.29)

이렇듯 노인학대는 무관심의 방임에서 살인으로까지 그 정도를 살피기 어려울 정도로 심각하다. 가정에서 가장 많은 학대가 일어난다는 것은 노인학대의 진실을 제대로 파악하기 어렵다는 사실을 증명하는 셈이다. 가장 가까운 가족으로부터의 학대를 누구에게 하소연할 수 있으랴. 이러한 사실에 근거하여 노인학대의 근본적 원인은 가족의 노인부양 의무가 가장 큰 요인이라고 할 수 있다. 수명의 연장으로 노년기는 길어지고 가족의 부양에 대한 경제적·심리적 의무와 책임도 길어져 심한 압박감에 노인학대로 이르게 되는 것이다. 우리나라의 노인공경 의식은 조금씩 약해지고 노인차별주의가 만연한 사회의식이 노인의 지위를 저하하면서 노인학대의 가능성을 늘리고 있다.

3) 노인질병문제

우리나라를 포함한 세계는 지금 고령화 시대가 빠르게 진행되고 있다. 급속하게 진행되는 정보시대에서 노인의 일자리는 줄어들고 정신적 고독감과 상실은 노인의 건강에도 악영향을 끼친다. 대부분 노인성 질환으로 고혈압, 당뇨, 혈관 질환 등이 있으며 이러한 질환 중 가장 큰 질병은 치매라고 할 수 있다. 국민보험공단이 발표한 자료에서 2021년 65세 이상 노인 진료비는 41조 5,042억 원으로 2017년 대비 46% 증가한 것으로 나타났다. 노인 진료비에서 가장 많은 진료비가 발생한 질병은 한 해 1조 2,093억 원으로 알츠하이머 치매라고 밝혔다.

치매란 용어는 라틴어 'demential'에서 유래된 말로 정신이 제거된 질병을 뜻한다. 하여 세계보건기구(WHO)는 "대체적으로 만성적이고 진행성으로 기억력·사고력·지남력·이해력··계산능력·학습능력·언어능력·판단력 등을 포함하는 고도의 피질 기능성의 다발성 장애"로 치매를 분류하였다. 치매는 뇌기능의 손상으로 지적 능력이 현저히 떨어지고 대인관계가 어려워지며 과거를 망각할 뿐 아니라 판단, 식사, 배변까지 혼자서 생활이 불가하다. 이러한 점에서 노인들의 건강문제를 개인적인 문제로 볼 수 없다. 의학발전과 평균수명의 증가로 노인성 만성질환도 증가하지만 가족형태의 변화와 가족 규모의 축소, 여성의 취업증가, 사회복지제도의 미비 등으로 치매와 같은 노인 건강문제와 부양문제가 가족이나 친지 등 사적 영역에서만 해결할 수 없기에 노인 건강문제를 사회문제의 하나로 보아야 한다.

현재 우리나라는 중앙치매센터 자료에 의하면 2024년 초 65세 이상 치매환자가 105만 명에 달한다고 한다. 2050년이 되면 65세 이상 치매환자의 수가 300만 명을 넘을 것으로 전 국민의 10%가 치매환자가 될 수 있다는 말이다. 이러한 현실 앞에 가족이 치매 어른을 부양한다는 것은 다른 질병의 환자를 부양하는 것보다 다방면에서 어려움이 있다. 아직도 요양시설을 이용하는 것이 도리에 어긋난다는 전통적 가치관으로 집에서 가족원이 부양하는 경우도 있지만 치매환자의 가족들은 '환자보다 심각한 환자'라고 할 정도로 심리·정서·신체·사회적인 문제를 가지게 된다.

치매 노인 100만 명이 넘어서는 현재 치매환자를 돌보는 가족에 대한 국가 차원의 실태 파악이 미진하다는 것도 문제다. 가족 보호자의 수, 그들의 정신질환 발병률 관련 조사가 치매환자 증가 속도를 따라가지 못한다. 특히 치매환자가 이용할 수 있는 무료시설이나 유료시설은 한정적이고 저소득 치매환자를 위한 요양시설이 절대적으로 부족하며 치매 말기환자의 까다로운 입소조건, 치매 요양시설의 직원부족과 다양한 프로그램 부족 등이 가족들에게 매우 절박한 현실이다. 하루빨리 실태조사를 통해 치매환자 가족이 겪는 문제를 파악하고 이런 가족을 지원하는 다양한 사회서비스 개발에 정부 기관은 힘을 써야 할 것이다.

홀로 치매부모 돌보다 살해한 자식은 징역살이
A씨는 지난 2022년 10월 치매를 앓던 85세 아버지를 살해했다. 그날 오전 아버지는 A씨가 물건을 훔쳤다며 그를 쏘아붙였다. 조카가 선물한 노트북도 집어던졌다. 화가 난 A씨는 흉기로 아버지를 찔렀다. 범행 직후 A씨는 자수했고 119에 도움을 요청했다. 이후 재판에 넘겨진 A씨는 징역 7년을 선고받았다.

용변 실수한 어머니를 살해한 아들
B씨는 84세어머니를 혼자 돌봤다. 어머니는 치매 증상으로 인해 용변을 가리지 못할 때가 많았다. 지난해 1월 술에 취한 조씨는 어머니의 용변 실수를 보고 분노를 참지 못했다. 아들에게 맞은 어머니는 옷이 벗겨진 채로 방치돼 저체온증으로 숨졌다. B씨는 징역 9년을 선고받았다.

출처: 뉴시스(2024)

4. 노인문제에 대한 대응방안

1982년 우리나라 경로헌장에 '노인은 우리를 낳아 기르고 문화를 창조·계승하며 국가와 사회를 수호하고 발전하는 데 공헌하여 온 어른으로서 국민의 존경을 받으며 노후를 안락하게 지내야 할 분'이라고 명시되어 있다. 그러나 지금의 현대사회는 산업화가 급속하게 발전되면서 인구 도시집중에 따른 핵가족화, 자녀의 노인부양 저하, 수명 연장에 따른 노인 일자리 부족, 정서적 유대감 저하 등 노인문제는 심각하게 방치되어 노인의 탈가족화 현상이 일어나고 있다.

복지사회란 사회가 구성원 개개인의 삶에 대한 일차적 책임을 지는 사회를 뜻한다. 따라서 노인의 삶에 대한 성찰은 한 가족 구성원의 어른으로서나 사회의 구성원으로서 중요한 사안임을 알아야 한다. 사회에서 안정적이고 체계적으로 노인의 안전망을 구축하고 장기적으로 지속가능성이 확보되어야 한다. 홀로된 노인 가구가 지역사회에서 독립적이고 편리한 생활을 영위할 수 있도록 생활환경을 구축하여 노년기의 생활에도 안정감을 주어야 하겠다.

2008년 우리나라는 노인문제의 심각성을 사회복지정책에 반영하기 위해서 기초노령연금제도와 노인장기요양보험제도를 실행하였고 만 65세 이상 재산·소득을 고려하여 전체 노인의 70%에게 매월 일정액의 연금을 지급하고 있다. 이렇듯 정부에서는 노인 생활 안정을 위해 기초연금의 확대, 노인취업알선센터 지원, 노인공동사업 설치 및 확대 등 노인 소득보장의 강화를 추진하고 있으며 보호가 필요한 노인을 위하여 의료서비스의 강화, 치매노인사업 강화, 재가노인복지사업의 파견사업을 지원, 주간보호사업 및 단기보호사업의 확충 등 시설중심의 사업에서 지역과 가족 중심의 복지체계로 점차 추진하고 있다.

인간은 처음에 태어나 부모에게 의존하면서 살아간다. 시간이 지나면서 사회진출을 위해 가족을 떠나 타인과의 상호작용을 통해 사회에 의존하게 된다. 다시 세월이 흘러 인간의 의존성은 가족으로 되돌아와 가족을 의지해야 하지만 오늘날 노인이 의존하고 살아가야 할 곳은 찾기가 쉽지 않다. 인터넷의 발달, 교육과 지식의 보편화, 핵가족 제도의 발달이 노인의 지위를 낮추고 있기 때문이다. 현대 한국사회에서 노인들의 빈곤과 학대, 소외는 심각한 수준이며 돌보아줄 가족의 부재가 노인 고독사와 노인 자살로 이어지고 있는 현실이다. 이와 같은 현실을 생각한다면 노인복지정책의 방향과 구체적인 대책에서 노인에 대한 가족과 사회의 역할이 매우 중요하며 전통과 새로움이 조화롭게 발전할 수 있는 노인부양문화를 정립해야 할 것이다.

쟁점 나누기(Debate)

❖ 우리나라는 노인 경제활동이 높은 편임에도 불구하고 노인 빈곤율도 높다. 우리 사회에서 모든 조직에 대해 정년을 연장하도록 법으로 강요해야 하는가? 정년 연장은 노인 빈곤에 도움이 되는가?

정년 연장은 도움이 된다 VS 정년 연장은 도움되지 않는다

정년 연장은 도움이 된다	정년 연장은 도움되지 않는다

3부

사회구조변화와 사회문제

지금 우리 사회의 모습이 변화해 가고 그에 따른 여러 가지 사회문제점들이 대두되고 있다. 그중에서도 사회적 파장을 일으키고 있는 성문제를 비롯한 빈곤, 환경, 인구, 지역소멸, 장애인, 자살, 중독, 범죄문제 등을 비롯한 각종 문제점을 살펴보고 그에 따른 원인과 해결방안을 3부에서 다루고자 한다.

문명이 발전하고 사람들의 생활은 전반적으로 과거보다 풍요로워진 것은 분명한 사실이다. 이는 보다 나은 내일을 위해 앞만 보며 쫓아가는 맹목적인 삶으로 비추어지기도 하지만 눈에 보이는 모든 것은 날로 발전하고 무엇보다 인간에게 중요한 해결 방법이 되고 있다. 과학·의학·기계 등 모든 분야가 다양하게 연구 개발되어 지구촌 시대를 공감할 수 있지만 모든 것이 발전하는 이면에 인간생활에 또 다른 문제가 발생하기도 한다.

인간의 평균 수명이 의학의 발전으로 인해 늘어나고 기계의 발달로 전 세계 어디든지 모든 교통수단을 이용해 이동할 수 있고, 가사노동 시간을 줄여주고, 경제적인 풍요로움으로 시간이 허락된다면 무엇이든 쉽게 손에 넣을 수 있게 된 것도 사실이다. 이 모든 것을 충족하기 위해서는 우선 경제적인 면이 강조되어 빈부의 격차가 심화 되고 있으며 돈이 최고라는 사고가 확고한 의미로 부각되어 모든 사람에게 가족도 돈 앞에선 외면할 정도로 인간의 존엄성 상실을 부추기기도 한다.

더욱이 개인의 생활이 중시되면서 가족 간의 대화 역시도 많이 단절된 사회에 우리가 살고 있으며 이렇게 가족이 핵가족화되면서 가족이지만 소외되는 노인들이 많아지고 부양해야 하는 의무조차도 사회의 책임으로 돌리고 있다. 이러한 노인 인구가 급속히 증가한 이유에는 의학의 힘이 크다고 할 수 있다. 이제 우리나라는 2025년 초고령 사회로 진입하게 된다. 다가올 미래에는 젊은 사람들이 부양해야 하는 노인의 인구수가 평균 수명이 늘어난 만큼 비례하게 될 것이다. 이 또한 우리가 해결해야 하고 보다 많은 사회문제로 대두되고 있다.

7장

성(性)문제

우리 사회는 오래전부터 유교적 전통에 의해 성에 관한 문제에 대해서는 터부시하고 수치스러운 것으로 여겨 감추거나 금기시해 왔으며 급속한 경제발전과 서구 문명의 유입으로 말미암아 성 관련 문제들이 사회적 논의 대상으로 부각되기 시작하였다. 한 개인이 사회생활을 영위함에 있어 이러한 문제 역시 도외시 될 수는 없다. 따라서 이 장에서는 용인될 수 없는 성 관련 행동 중 성일탈이라 할 수 있는 성매매, 성폭력에 대해 살펴보고 최근 우리사회의 섹슈얼리티(sexuality)에 대한 논쟁의 새로운 화두 중 성적 다양성이라 할 수 있는 소수자의 성(동성애 등) 문제에 대해서도 다루어 보고자 한다.

1. 성(性)에 대한 이해

성(性)이란 인간이 타고나는 것으로 인간은 성과 분리될 수 없는 성적 존재다. 성(性)이라는 개념은 애매하게 사용되긴 하지만 생물학적인 차이, 성행위, 남녀 사이의 사회·문화적 차이 모두를 의미한다. 생물학적인 차이로서의 성(sex)은 생식기의 다름으로 결정되는 성을 의미한다.

미국의 구조기능주의 사회학자인 파슨스(T. Parsons)는 남녀의 생물학적 차이에 따라 사회적 역할이 있다고 하였다(원석조, 2007). 실험심리학자인 골드버그(Goldberg)는 남성 호르몬이라 불리는 테스토스테론이 남성 공격성의 근원이며 남성이 여성을 지배하는 것은 당연하다고 주장하였지만 실제 여러 실험은 호르몬이 남성적 특질을 발현한다기보다는 공격적 행위가 호르몬 분비를 촉진할 수 있음을 밝혔다.

또한 일반적인 논의에서는 성을 섹스(sex), 젠더(gender)로 표현하며 sex는 생물학적 성으로 신체적 특성에 의해 형성된 성별 구분을 지칭할 때 사용한다. 하지만 gender는 사회문화적으로 형성된 사회적 성으로 사회적 불평등을 논의하는 데 주로 사용된다. sex로 지칭되는 생물학적 성과 gender로 지칭되는 사회적 성 개념은 분석적인 개념일 뿐이다. 이는 상호작용하면서 다양한 성 관련 행동을 나타낸다. 젠더(gender)는 사회화 과정을 통해 남녀가 습득한 심리적·사회적·문화적 차이를 의미한다.

2. 성폭력 문제

1) 성폭력의 정의

성폭력은 시대적 변화에 따라 차이가 날 수 있다. 하지만 '성폭력범죄의 처벌 등에 관한 특례법' 기준으로 성폭력을 정의한다면 성적인 행위로 타인에게 육체 및 정신적 손상을 주는 물리적이고 강제력이 포함된 강간이나 추행을 성폭력이라고 한다. 뿐만아니라 언어적 성희롱, 음란 메시지, 몰래카메라 등 상대방의 의사에 반해 가해지는 모든 신체적·정신적인 폭력을 포함하고 있다. 또한 인터넷 등을 통한 음란물 보내기, 사이버 성폭력 등과 일방적인 전화, 스토킹도 넓은 의미의 성폭력이라고 할 수 있다. 이러한 성폭력은 상대방의 동의 없이 성적행위를 하거나, 성적행위를 강요하거나, 위압을 가하거나, 유인하는 행위로 성을 매개로 한 신체적, 정신적, 언어적 폭력을 모두 포함한다.

세계보건기구(WHO)가 발표한 「폭력과 건강에 대한 세계보고서(the World Report Violence and Health)」(2022)는 성폭력의 정의와 형태에 관한 가장 권위 있는 문서다. 이 보고서는 청소년 폭력, 아동학대와 방임, 친한 파트너 폭력, 노인학대, 성폭력, 자해, 집단 폭력 등의 문제를 공중보건의 관점에서 접근한 세계 최초의 보고서이기도 하다. 더불어 70여 개국 160명의 전문가가 참여하여 생물학적·사회적·문화적·경제적·정치적 요인을 종합적으로 분석한 것이다.

이러한 세계보고서에 의하면 성폭력은 어떤 사람의 성적 행동으로서 원치 않는 성적 코멘트 또는 접근, 강제력을 사용해 피해자의 성적 관심에 반하는 관계를 맺는 것이라고 정의하였다. 이는 피해자가 도의할 수 없는 상태, 만취, 약물중독, 수면, 정신적 무능 상태 등 상황을 파악할 수 없는 상태에 있을 때 발생한다. 그래서 성폭력 피해자는 아동, 청소년, 성인, 노인 등 다양하며 성폭력 가해자도 친지, 가족, 신뢰하는 사람, 이방인 등 다양하게 나타나며 성폭력이 발생하는 장소 또한 집과 직장을 포함한 다양한 상황으로 나타난다.

우리나라는 성폭력 범죄에 대한 사회적 인식개선과 성폭력에 대한 사회적 개입의 필요성이 촉구됨에 따라 1994년 제정된 '성폭력 범죄의 처벌 및 피해자 보호 등에 관한 법률' 이후 성폭력을 예방하고 성폭력 피해자 보호 및 지원을 강화하기 위한 정부와 민간의 다각적인 노력들이 지속되어 왔다. 특히 아동 및 청소년에 대한 성범죄 처벌도 한층 강화되었다. 이러한 성폭력에 있어 무엇보다 핵심은 강간이라고 할 수 있다. 이러한 강간에는 분노, 힘, 가학성에 의한 세 가지 형태가 있다.

첫째, 가해자가 자신의 분노와 화를 강간으로 나타내는 것을 분노에 의한 강간이라 한다. 즉 성적욕망을 달성하는 데 필요한 물리력 이상의 폭력적 행동을 보이는 경우를 말하며 이렇게 가해자의 목적은 피해자에게 상해를 입히고 품위에 손상을 가하는 데 있다.

둘째, 피해자에게 상해를 가하는 것이 아니라 피해자로부터 성적 만족을 얻기 위한 힘에 의한 강간이다. 이는 피해자를 힘으로 통제하는 것을 즐기며 성욕을 충족하는 데 필요한 만큼의 폭력을 행사한다.

셋째, 공격적 행위로 성적 만족을 얻고자 하는 가학성 강간이다. 피해자를 고문하고 고통과 괴로움을 줌으로써 성욕을 채우며 이러한 경우 가해자의 공격적 행위가 다소 의식적인 면이 있다.

반면 성추행은 성폭력에 있어 많은 비중을 차지한다. 성추행은 성적 만족을 얻기 위해 상대방 의사는 고려하지 않고 자기 자신만 생각하는 행위로 나타난다. 이는 성적 만족을 얻기 위해 힘이나 폭력을 사용해 신체를 접촉하여 상대방을 수치스럽게 만드는 것이다. 성관계를 제외한 성적 행동으로 가슴, 성기 등 몸을 만지는 행위와 키스를 포함한다. 여기에는 성기노출, 성적 가혹 행위, 음란물 보여주기, 음란물 제작에 이용, 음란전화 등이 성추행에 포함이 된다

2) 성폭력의 유형

성폭력의 유형에 있어 강간이나 강제추행뿐만 아니라 언어적 성희롱, 음란성 메시지, 몰래카메라 등 상대방의 의사에 반하여 가해지는 모든 신체적, 정신적 폭력을 포함한다. 성폭력은 성폭력 행위, 가해자와 관계, 성폭력이 일어나는 공간에 따라 다음과 같

이 다양하고 복합적인 형태로 나타나고 있다.

(1) 데이트 성폭력

데이트 성폭력은 데이트 중에 상대방이 원하지 않는 성적인 행동을 하거나 강요하는 것을 말한다. 이는 상대방의 의사를 제대로 확인하지 않아 발생하는 경우가 많으며 서로 좋아하는 감정이 있기 때문에 피해자와 가해자 모두 성폭력이라고 인식하지 못할 때가 많다. 하지만 신뢰를 바탕으로 한 관계에서의 성폭력은 피해자에게 큰 상처를 남기게 된다.

(2) 친족 간의 성폭력

친족 간의 성폭력은 가족, 친척, 또는 인척관계 내에서 일어나는 성폭력을 의미한다. 이는 피해자와 가해자가 오랫동안 같은 공간에서 머물러야 하는 특성상 어린 시절부터 성인이 될 때까지 지속적으로 성폭력 피해를 경험하게 되는 경우가 종종 있다. 그래서 가족 중에 가해자가 있다면 빠른 시간 내에 피해자와 분리해야 하며 쉼터 등과 연계를 해야 한다.

(3) 사이버 성폭력

사이버 성폭력은 사이버 공간에서의 채팅이나 이메일 등을 통해 원치 않는 이야기를 하거나 장면을 보게 함으로써 성적 수치심이나 위협을 느끼게 하는 행위를 말한다. 이는 현실 세계의 성폭력과 마찬가지로 피해자에게 가해지는 성적자기결정권에 대한 침해인 동시에 자유롭고 편안한 환경에서 통신활동을 할 권리를 침해하는 범죄에 해당하는 성폭력이라고 할 수 있다.

(4) 공중밀집 장소에서의 추행

공공밀집 장소에서의 추행이란 대중교통 수단, 공연집회 장소, 그 밖에 많은 사람들이 밀집한 장소에서 상대방의 동의없이 자신의 성적인 이익을 위해 특정 신체부위에 가해행위를 하는 것을 말한다.

(5) 성적목적을 위한 공공장소 침입행위

성적목적을 위한 공공장소 침입행위란 자신의 성적 욕망을 만족시킬 목적으로 대중이 사용하는 공중화장실, 대중목욕탕 등 공공장소에 침입하거나 퇴거의 요구를 받고 응하지 아니하는 행위를 말한다.

(6) 통신매체를 이용한 음란행위

통신매체를 이용한 음란행위는 본인 또는 다른 사람의 성적욕망을 유발하거나 만족시킬 목적으로 전화, 우편, 컴퓨터 그 밖의 통신매체를 통해 성적 수치심이나 혐오감을 일으키는 말, 음향, 글, 그림, 영상 또는 물건을 상대방에게 보내는 것을 말한다,

(7) 카메라 등을 이용한 촬영

카메라 등을 이용한 촬영은 카메라와 같은 기계장치를 이용해 성적 수치심을 유발할 수 있는 다른 사람의 신체를 동의없이 촬영하거나 촬영물을 유포 전시하는 행위를 말한다.

(8) 스토킹

스토킹은 상대방이 싫다는 의사표현을 했음에도 불구하고 지속적으로 따라다니면서 상대방을 괴롭히는 것을 말한다. 이는 상대가 만나줄 것을 요구하거나, 두 사람 사이의 일을 공개하고 협박하거나, 반복적으로 연락하는 것 등 정신적, 신체적으로 괴롭히는 것에 해당 된다. 이러한 스토킹은 사랑의 표현이나 구애로 보는 경우가 많지만 스토킹은 피해자의 인권을 침해하는 심각한 성폭력 범죄에 해당된다.

(9) 2차 가해

2차 가해는 성폭력 사건을 둘러싼 사회적 시선이나 피해자를 대하는 태도로 인해 피해자에게 또 다른 피해를 주는 것을 말한다. 예를 들어 피해자의 행동이나 옷차림을 문제 삼아 피해자에게 책임을 묻는 것, 성폭력 사건을 신고·고소했을 때 조사과정에서 성적 수치심을 주는 질문 등을 함으로써 피해자에게 또 다른 고통을 주는 것 등을 말하며 이는 2차 가해에 해당된다.

(10) 학내 성폭력

학내 성폭력은 학교라는 공간에서 교사나 교수, 선후배 등의 관계에서 발생하는 성폭력을 말한다. 이는 평소 친분이 있고 신뢰관계에 있는 사람들 간에 발생하는 성폭력이기 때문에 성폭력으로 인식하기도 쉽지 않고 공개적으로 문제를 제기하는 것도 어렵다. 하지만 학내 성폭력은 피해자들의 성적자기결정권뿐만 아니라 안전하게 학습할 수 있는 권리를 침해하는 심각한 범죄로 공동체 내의 적극적인 해결과정이 필요하다고 할 수 있다.

(11) 직장 내 성희롱

직장 내 성희롱은 직장에서의 상사나 동료, 계열사 직원 등이 채용과정이나 근무기간 중 상대방의 의사에 반하여 행하는 성적인 언동으로 피해자에게 성적인 불쾌감을 주는 것을 말한다. 이러한 직장 내 성희롱이나 성폭력은 분위기를 위한 농담 정도로 여겨지기도 하지만 피해자들에게는 안전한 일터를 위협받게 됨으로써 경제활동과 관련된 생존권에도 위협을 주는 심각한 범죄라고 할 수 있다.

3) 성폭력의 현황

최근 여성가족부(2022)가 발표한 성폭력 안전현황을 살펴보면 다음과 같다. 먼저 성폭력 현황 조사는 '성폭력방지 및 피해자 보호 등에 관한 법률' 제4조에 근거하여 3년마다 수행되는 조사로 2007년, 2010년, 2013년, 2016년, 2019년에 이어 2022년이 여섯 번째 실태조사로 확인되고 있다. 2019년 성폭력 실태조사 실시 후 날로 발달하고 있는 수법들에는 촬영, 합성, 편집 등으로 성적 이미지를 이용하거나 피해자의 성적 이미지와 피해자의 신상정보를 결합하는 성범죄 등으로 나타나고 있다. 또는 게임사이트나 단톡방 등에서 이뤄지는 언어적 성희롱을 하거나 성적 대화를 유도하거나 여성 혐오 욕설 등을 하거나 SNS상에 공개된 개인의 신상정보를 활용하는 수법이 날로 발전하고 있다. 이밖에도 성적 비하와 모욕, 약물 등을 이용한 준강간·준강제추행 등 온·오프라인에서 성폭력 피해의 양상이 급속도로 변화하고 있다.

2022년 8월부터 10월까지 여성가족부가 만 19~64세 성인 10,020명을 대상으로 평생 입은 성폭력 피해율을 조사하였다. 이를 토대로 성폭력 피해 유형별로 지금까지 경험한 성폭력 피해율을 전체 응답자 기준으로 살펴보면 'PC, 휴대전화 등 통신매체를 이용한 피해' 9.8%, '불법촬영 피해' 0.3%, '촬영물이나 허위영상물 등의 유포 피해' 0.3%, '성기노출 피해' 9.3%, '성추행 피해' 3.9%, '강간(미수 포함) 피해' 0.2%로 나타났다.

또한 'PC, 휴대전화 등 통신매체를 이용한 피해', '불법촬영 피해', '촬영물이나 허위영상물 등의 유포 피해'는 각각의 하위유형 중 하나라도 피해 경험이 있다고 응답한 경우로 산출되었다. 강간(미수 포함) 피해 경험률은 0.2%로 2019년 조사결과 0.4%보다 낮아진 것으로 나타났다.

성별로는 여성 응답자의 경우 'PC, 휴대전화 등 통신매체를 이용한 피해' 9.2%, '불법촬영 피해' 0.4%, '촬영물이나 허위영상물 등의 유포 피해' 0.3%, 성기노출 피해' 16.6%, '성추행 피해' 7.0%, '강간(미수 포함) 피해' 0.4%로 나타났다. 반면 남성 응답자의 경우 'PC, 휴대전화 등 통신매체를 이용한 피해' 10.3%, '불법촬영 피해' 0.2%, '촬영물이나 허위영상물 등의 유포 피해' 0.3%, '성기노출 피해' 2.4%, '성추행 피해'가 0.9%로 나타났으며 '강간(미수 포함) 피해'가 0.0%로 나타났다. 상대적으로 여성에 비해 남성 피해자는 그 수치가 적은 것으로 나타났다.

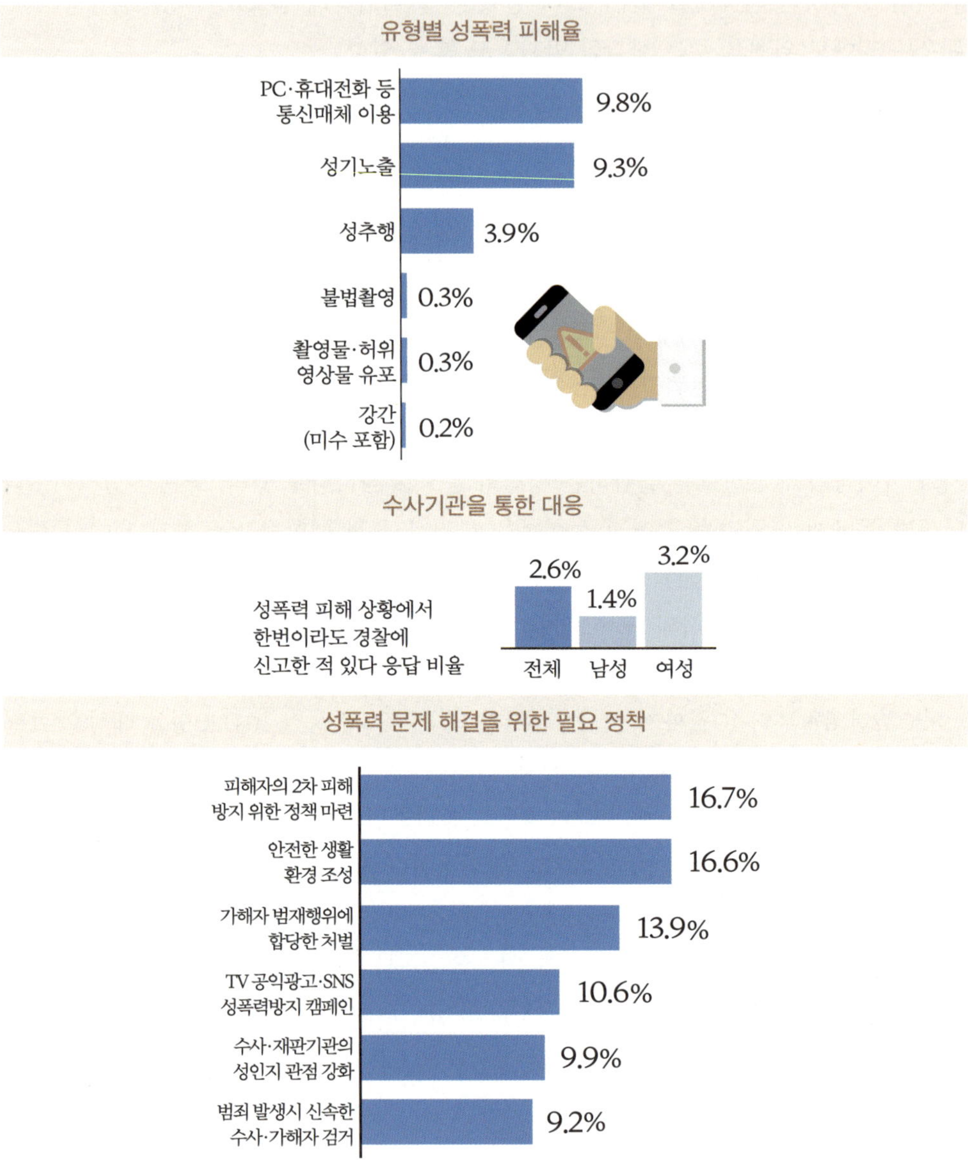

출처: 여성가족부(2022)

| 그림 7-1 | 성폭력 안전실태조사 결과(2022년 8~10월, 만 9~64세 성인 남녀 10,020명 대상 조사)

성별과 연령을 교차했을 때 19~35세 미만에서 보면 'PC, 휴대전화 등 통신매체를 이용한 피해'의 경우 여성 13.3%, 남성 12.5%, '불법촬영 피해'의 경우 여성 0.8%이며 남성은 없었다. '촬영물이나 허위영상물 등의 유포 피해'의 경우 여성 0.4%, 남성 0.2%, '성추행 피해'의 경우 여성 7.0%, 남성 1.2%, '강간(미수 포함) 피해'의 경우 여성 0.2%, 남성 0.1%로 여성의 피해 경험률이 남성보다 높았다.

특히 '성기노출 피해'의 경우 전 연령대에서 남성보다 여성의 피해 경험률이 월등히 높았다. 그런데 19~35세 미만의 경우 여성 9.7%, 남성 1.8%, 35~50세 미만의 경우 여성 17.6%, 남성 1.7%, 50~65세 미만의 경우 여성 20.9%, 남성 3.4%였다. 'PC, 휴대전화 등 통신매체를 이용한 피해'는 여성과 남성 모두 연령이 낮을수록 피해 경험률이 높은 것으로 나타났다.

성폭력 피해자에게 필요한 도움과 지원(1~3순위를 종합한 결과)

(단위: %)

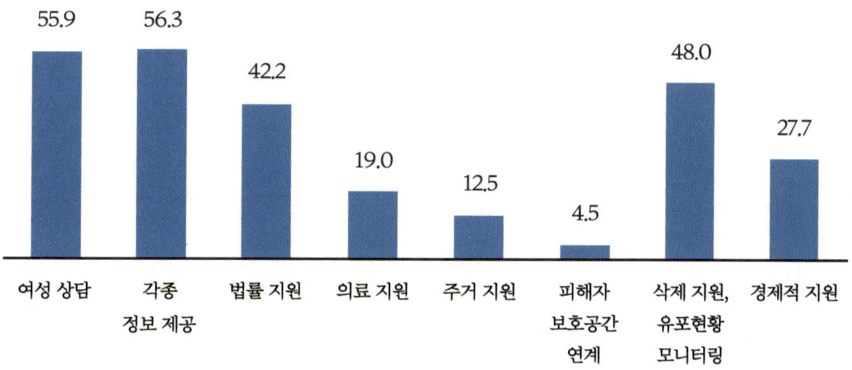

출처: 여성가족부(2022)

| 그림 7-2 | 성폭력 피해자에게 필요한 도움과 지원

최근 인터넷의 발달로 인해 SNS를 통한 불법 성범죄가 걷잡을 수 없이 발달하고 있다. 특히 이 중에서도 청소년의 성범죄가 점점 증가하는 추세다. 또한 수사기관을 통한 대응에서 한 번이라도 성폭력 피해에 대해 신고한 적이 있다가 전체 응답자 중 여성이 남성에 비해 많은 것으로 확인되었다. '한 번이라도 경찰에 신고한 적이 있다'는 응답이 2.6%, '한 번이라도 피해자 지원기관의 도움을 받은 적이 있다'는 응답이 0.6%로 집계되었다. 필요한 도움과 지원은 각종 정보제공(56.3%), 피해상담(55.9%), 삭제지원 및 유포현황 모니터링(48.0%), 법률지원(42.2%) 순으로 나타났다.

따라서 여성가족부는 이러한 조사결과를 바탕으로 성폭력 범죄의 신고 및 처벌에 대한 해외 입법동향 등을 연구할 방침이라고 하였다. 특히 성폭력, 여성폭력, 가정폭력 실태조사 등 조사항목이 중복되는 유사통계를 통합·연계를 해서 표본을 확대하고 조사를 내실화하여 통계 품질을 개선하는 연구도 추진하기로 하였다. 또한 2차 피해 방지와 관련해 수사기관 업무담당자 대상, 2차 피해 방지 교육을 지원한다. 이와 더불어 성폭력 피해자 등이 디지털 콘텐츠 및 기사 등으로 사건 처리과정에서 입는 2차 피해의 소송의 무료법률 지원 또한 실시할 계획이다.

4) 성폭력의 원인과 대책

성폭력은 피해자에게 미치는 영향이 매우 부정적이다. 정서적 피해로는 공포, 수치심, 당황, 걱정, 혼란, 정신적 충격, 분노, 보복감, 증오심, 자존심 훼손, 자기 비난, 우울, 기억장애, 무감각, 불신, 배신감, 외상성장애 등이 있다. 신체적 피해로는 두통, 구토, 소화기 장애, 수면장애, 악몽, 성병감염, 임신 등이 있으며, 행동적 피해로는 성행위 회피, 성적 문제의 야기, 성폭력을 상기하는 사람과 상황에 대한 회피, 거주지와 전화번호의 변경, 자살, 약물중독 등을 꼽을 수 있다(조흥식 외, 2000).

(1) 성폭력의 원인

성폭력은 개인의 생물학적 이론에 입각하여 살펴본 인간의 공격적 행동은 뇌의 이상에 근거하여 여러 영향을 주는 단계들을 거친다. 이와 함께 가해자의 생물학적 요인은 생화학적 요소의 변화 또는 호르몬 등의 변화와 같은 생물학적 요소가 강간 등의 성폭력을 증가하게 한다. 이외에도 살펴 본 성폭력의 원인은 과거의 성폭력 경험, 반사회적 성격, 공격적 행동경향, 신체적 또는 언어적 학대경험과 관련이 깊은 것으로 나타난다.

일각에서는 성폭력을 생물학적인 원인보다는 양육의 질과 성격적인 영향이 더 크다고 설명하고 있다. 만약에 부모의 냉담함으로 정서적 학대를 받았던 성장환경은 공격적 성적 환상과 함께 반사회적이고 공격적인 행동으로 연결되어 성폭력을 행하는 것으로 나타난다. 또한 어린 시절의 자기신뢰감이 발달하지 못했을 경우도 마찬가지다. 여성에 대해 부정적 태도를 갖거나 성인과의 관계에 대한 두려움을 느끼기도 한다. 이는 사회적 기술이 발달하지 못하며 어린아이를 매력적으로 보거나 성인여성을 향해서는 공격적인 태도를 취하게 된다.

(2) 성폭력의 대책

성폭력의 경우 사건 중심으로 여론의 집중적인 관심을 받고 친고죄 폐지와 성폭력 범죄의 신상등록제 시행 등으로 다른 어느 분야보다 발전하고 있다. 그럼에도 불구하고 성폭력 피해자의 임시보호를 위한 시설의 지속적 확충이 더욱 필요하다. 이와 더불어 민간보호소 등에 보호위탁제도 등을 운용하고 보호시설과 특별조치를 지속적으로 마련해야 한다. 이러한 성폭력 대책 방안을 다음 여덟 가지로 설명하고 있다.

① 성폭력 피해자 지원제도 및 성폭력 관련 법 제도의 홍보 강화

성폭력 피해자를 위한 지원기관이나 여성 긴급전화 1366에 대해 얼마나 알고 있느냐는 설문 중 10명 중 7~8명이 인지하고 있는 실정이다. 의료지원, 법률지원, 디지털 성폭력 삭제지원제도, 성폭력 전담 경찰 및 이와 관련한 사람들의 인지도 역시도 상대적으로 낮은 것으로 확인되었다. 이러한 피해자 지원제도에 대한 낮은 인지도는 성폭력 피해를 직접 경험해도 도움을 요청하지 못하거나 신고하지 않는 등 소극적인 대응으로 이어질 수 있다. 그리고 주변에서 성폭력 피해 경험을 목격했을 때도 적극적으로 조력하기 어려울 수도 있어 피해자 지원제도에 대한 홍보를 강화해야 한다.

② 가해자에 대한 처벌제도 개선

성폭력 문제 해소를 위한 정책 수요 1~3순위를 종합한 결과에서 '가해자의 범죄행위에 대한 합당한 처벌'이 1위로 조사 되었다. 2019년 조사에서도 가해자에 대한 처벌 강화는 지속적으로 제기되어 왔던 정책 수요였지만 가해자에 대한 합당한 처벌을 위한 정책 수요를 더욱 확인하여야 한다. 또한 성폭력 가해자에 대한 처벌 수위는 높아졌지만 실제 양형은 약화되었다고 지적되어 오고 있다. 그래서 가해자에 대한 합당한 처벌이 필요하다는 정책 수요가 확인된 바 이를 위한 법적·제도적 보완이 필요하다. 또한 범죄에 대한 처벌강도를 높이는 것도 숙고할 부분이지만 재범을 방지하기 위해서는 처벌과 더불어 가해자 지원을 위한 각종 상담프로그램의 개발 및 지속적인 관리 등 다양한 방향에서의 노력이 병행되어야 할 것이다.

③ 성별·세대별 성폭력 통념 및 고정관념 특성의 인식개선

성폭력에 있어 무고함이나 피해자다움 등에 대한 고정관념은 성폭력 피해에 대해 적극적으로 대처하기 어렵다. 이는 2차 피해를 유발하므로 이를 해소하기 위한 정책적 노력이 필요하다. 폭력예방 교육은 성폭력에 대한 통념, 고정관념 해소를 위한 다양한 콘텐츠를 포함하고 성별·세대별 인식 차이와 특성을 반영하는 콘텐츠도 개발되어야 한다.

④ 일상에서의 성폭력 피해 두려움에 대한 대응강화

성폭력 피해자의 자유롭고 안전한 일상생활을 위협하는 상황과, 환경 또는 피해자가 일상에서 느끼는 불안감과 두려움 등에 대해 보다 구체적이고 심층적으로 파악하여야 한다. 또한 피해자들이 자유롭게 안전한 일상생활을 영위할 수 있는 정책적 방안도 마련되어야 한다.

⑤ 디지털 성폭력·온라인 성폭력에 대한 대응강화

성폭력에 있어 무엇보다 유포에 대한 불안이나 피해에 대한 실태파악 등이 확인되어야 한다. 유포 불안 피해에 대한 의료지원의 기준이 완화되어야 하고 이에 대한 지원이 확대되어야 한다. 따라서 유포 불안 피해의 심각성을 알리는 전 사회적인 캠페인 진행을 비롯한 정책적 지원책이 마련되어야 한다. 현재 온라인상에서의 성폭력 피해가 다양해지고 있는 상황에서 삭제지원 중심이 아닌 보다 다양한 온라인상 성폭력 피해에 대응하기 위한 다각도의 지원방안도 함께 모색되어야 한다.

⑥ 폭행·협박 없는 성폭력 피해의 대안 마련

성추행 피해의 경우 폭행·협박이 사용되는 경우보다 폭행·협박이 없는 기습 추행이나 강요와 지위 이용 등의 상황에서 더욱 발생하고 있다. 강간(미수 포함) 피해 역시 폭행·협박이 아닌 상황에서도 강간(미수 포함) 피해가 발생할 수 있다. 따라서 폭행·협박이 없는 상황에서 발생하는 피해를 성폭력 범죄로 포괄하는 방안을 검토하는 것 역시 필요하다.

⑦ 2차 피해 방지 조치 강화

2차 피해 경험은 성폭력과 관련된 통념이나 왜곡된 인식과 관련되어 있다. 이는 2차 피해 방지를 위해 성폭력에 대한 통념이나 고정관념을 바꿔나가는 것이 무엇보다 필요하다고 볼 수 있다. 그래서 폭력예방 교육 등에서 2차 피해 예방을 다룰 때 성폭력에 대한 통념 및 인식 등과의 관련성을 거듭 강조하는 교육을 실시해야 한다.

⑧ 경찰신고·피해자 지원기관 이용에 대한 심층 연구 필요

피해자들이 생각하는 피해는 무엇이며 어느 정도를 의미하는지, 어느 정도의 피해가 있어야 경찰에 신고하거나 피해자 지원기관에 도움을 요청할 수 있는지에 대한 심층 연구가 필요하다. 또는 피해가 심각하지 않다는 의미에 대해 보다 심층적으로 분석하여 다음 실태조사의 문항을 개선하는 것이 필요하다. 뿐만아니라 피해자가 경찰이나 지원기관 등을 보다 적극적으로 이용할 수 있는 방안을 모색해야 한다.

5) 성폭력에 관한 법률 및 정책

(1) 형법

형법은 성폭력에 있어 가장 기본적인 법률이다. 강간과 추행의 죄 조항에서는 성폭력의 유형과 처벌 내용을 정하고 있다. 성폭력은 강간, 유사강간, 강제추행, 준강간, 준강제추행, 미성년자 등에 대한 간음, 업무상 위력 등에 의한 간음, 미성년자 의제 강간죄 등을 포함한다. 과거의 형법은 강간죄 등을 친고죄로 규정하고 있었으나 2013년 6월에 친고죄 규정이 폐지됨에 따라 강간죄는 피해자의 고소가 없어도 수사 및 처벌을 받는다. 수사 및 재판 과정에서 피해자와 합의를 해도 처벌을 받으며 형법에 있어서의 성폭력 종류를 살펴보면 다음 **| 표 7-1 |**과 같다.

| 표 7-1 | 형법상 성폭력 종류

종류	내용
강간	폭행 또는 협박으로 사람을 강간하는 경우
강제추행	폭행 또는 협박으로 사람에게 추행을 하는 경우
준강간·준강제추행	사람의 심신상실 또는 항거불능의 상태를 이용해 간음 또는 추행을 하는 경우
유사강간	강제추행으로 처벌되는 행위 중 성교행위와 다름없을 정도로 침해의 강도가 높고 성적 수치심이 강한 구강성교와 항문성교 등
강간 등 상해·치상	상기 네 가지의 죄를 범한 자가 사람을 상해하거나 상해에 이르게 하는 경우
미성년자 등에 대한 간음	미성년자 또는 심신 미약자에 대하여 위계 또는 위력으로서 간음이나 추행을 한 경우
업무상 위력 등에 의한 간음	업무, 고용 기타 관계로 인해 자기의 보호 또는 감독을 받는 사람에 대하여 위계 또는 위력으로서 간음한 경우
미성년자에 대한 간음·추행	13세 미만의 사람을 간음하거나 13세 미만의 사람에게 추행을 한 경우

출처: 국가법령정보센터(2023)

(2) 성폭력범죄의 처벌 등에 관한 특례법

이 법은 1994년 제정된 성폭력 범죄의 처벌 및 피해자 보호 등에 관한 법률이 폐기되고 제정된 것이다. 2010년 신설된 성폭력범죄의 처벌 등에 관한 특례법은 성폭행을 보다 폭넓게 처벌하기 위해서다.

이 법에 따라 처벌되는 성폭행은 다음과 같다. 친족관계에 의한 강간 등 장애인에 대한 강간 및 강제추행, 13세 미성년자에 대한 강간 및 강제추행, 업무상 위력 등에 의한 추행, 공중 밀집 장소에서의 추행, 성적 목적을 위한 공공장소 침입행위, 통신매체를 이용한 음란행위, 카메라 등을 이용한 촬영죄 등이 있다. 이 법은 기존 성폭행에 대한 처벌 수위를 높였고 새로운 성폭력 중 특히 카메라 등을 이용한 촬영죄를 규정하였다.

| 표 7-2 | 성폭력범죄의 처벌 등에 관한 특례법의 성폭력 종류

성폭력범죄의 처벌 등에 관한 특례법의 성폭력의 종류
1. 친족관계에 의한 강간
2. 장애인에 대한 강간 및 강제추행
3. 13세 미만의 미성년자에 대한 강간 및 강제추행
4. 업무상 위력 등에 의한 추행
5. 공중 밀집 장소에서의 추행
6. 성적 목적을 위한 공공장소 침입행위
7. 통신매체를 이용한 음란행위
8. 카메라 등을 이용한 촬영

출처: 국가법령정보센터(2023)

(3) 아동·청소년의 성보호에 관한 법률

이 법은 아동·청소년 성범죄자의 신상정보 등록을 정하고 있다. 아동·청소년 대상 성범죄로 유죄판결이 확정된 자 또는 공개명령이 확정된 신상정보 등록대상자의 신상은 등록해야 한다. 다만 벌금형을 선고받거나 피고인이 아동·청소년인 경우는 제외된다. 신상등록대상자는 아동·청소년 관련 교육기관 등에서 취업제한을 받는다. 아동·청소년에 관한 법률은 아동과 청소년에 대한 성범죄를 특별히 강력하게 처벌하기 위해 2010년에 개정된 법률이다. 이 법에 따라 처벌되는 성폭력 범죄는 아동·청소년에 대한 강간 및 강제추행이며 이 법을 위반해 기소되면 중형을 감수해야 한다.

(4) 성폭력 해결을 위한 정책

여성가족부(2022)가 발표한 성폭력 문제 해결을 위해 필요한 정책으로 '피해자의 2차 피해 방지를 위한 정책 마련'에 가장 많이 응답하였다. 성폭력 피해자 지원제도 중에서는 '성폭력 피해자를 위한 지원기관(해바라기센터 상담, 쉼터 및 보호시설 등)이 있다'의 응답이 74.4%로 가장 높게 집계 되었다.

전체 응답자의 경우 '피해자의 2차 피해 방지를 위한 정책 마련'이 16.7%, '안전한 생활환경 조성' 16.6%, '가해자의 범죄행위에 대한 합당한 처벌' 13.9%, 'TV 공익광고, SNS 등을 활용한 성폭력방지 캠페인 및 홍보' 10.6%, '수사, 재판 기관의 성 인지 관점 강화' 9.9%, '범죄 발생 시 신속한 수사와 가해자 검거' 9.2% 순으로 나타났다. 성별로는 여성과 남성 모두 전체 응답 경향과 동일하게 나타났고 성별 간 차이도 거의 없었다. 연령별로는 각 연령대별 응답 경향이 전체 응답 경향과 동일한 결과가 나타났으며 다만 20대와 50대 이상에서는 '안전한 생활환경 조성', '피해자의 2차 피해 방지를 위한 정책 마련' 순으로 나타났다.

(단위: %)

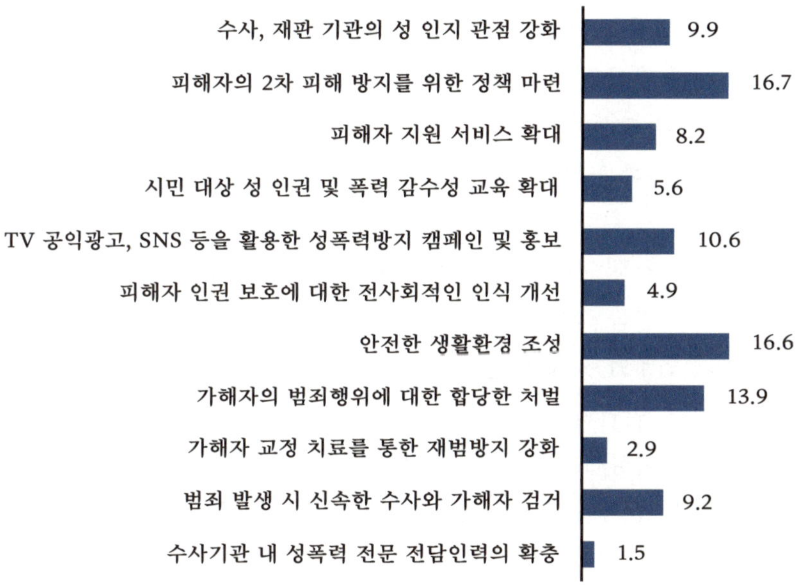

출처: 여성가족부(2022)

| 그림 7-3 | 피해자의 2차 피해방지를 위한 정책

성폭력 문제해결을 위해 가장 필요한 정책 1~3순위 응답을 종합한 결과에서는 전체 응답자의 경우 '가해자의 범죄행위에 대한 합당한 처벌'(42.6%), '안전한 생활 환경 조성'(41.5%), '피해자의 2차 피해 방지를 위한 정책 마련'(33.9%), '범죄 발생 시 신속한 수사와 가해자 검거'(33.6%) 등의 응답률로 높게 나타났다. 그렇지만 성별과 연령에 따른 응답 결과는 전체 응답 경향과 동일하게 나타났다.

3. 성매매 문제

1) 성매매의 정의

성매매는 일정한 대가를 주고받기로 하고 성교나 이에 준하는 행위를 하는 일을 말한다. 인간으로서 존엄과 인격을 포기하고 구매자의 처분에 몸을 완전히 맡기는 노예상태의 지속을 의미한다. 성매매는 인간이 사는 거의 모든 지역에서 찾아볼 수 있는 보편적인 현상이고 역사기록과 함께 등장했을 정도로 오래된 직업이라 해도 과언이 아니다.

성매매는 인류 역사상 심각하고 오래된 사회문제 중 하나다. 그렇지만 우리나라의 경우 성매매에 대한 관심을 가지기 시작한 것은 성매매 산업의 규모가 팽창하면서 정부차원에서 성매매가 단순히 경제력이 없는 여성들의 부도덕한 윤락행위가 아니라 사회적 차원에서 해결해야 하는 구조적인 문제라고 인식되기 시작한 2000년대 이후라고 볼 수 있다.

2002년 1월19일 전북 군산시 개복동 성매매 업소 내에 전기 합선으로 인한 화재로 여성 14명이 업주의 감금 속에 빠져나오지 못해 안타까운 죽음을 맞이한 사례가 있다. 이로 인해 성매매 업주와 성매매 알선자에 대한 엄벌의 필요성과 성매매 억제를 위한 실질적인 정책 마련, 인권의 사각지대에 있는 성매매 여성의 인권보호에 대한 국민적 여론이 형성되었다. 여성계를 중심으로 성매매 관련 법 규정에 대한 적극적인 개정활동으로 '윤락행위 등 방지법'을 폐지하고 '성매매 알선 등 행위의 처벌에 관한 법률'과 '성매매 방지 및 피해자 보호 등에 관한 법률'이 2004년 3월 2일 통과되었다.

이러한 성매매에는 사회경제적 관계의 변화와 함께 인간의 성에 대한 개념에 따라 변화한다. 즉 성매매의 기본적 요소인 교환관계에서는 '성 서비스'에 초점을 두고 있다. 그러한 서비스를 둘러싼 관계가 어떻게 변화하는지에 주목하여 성 서비스의 제공자, 수요자, 그리고 그를 관리하는 자로 구성되는 사회관계로서 이해되어야 한다(김영화 외,

2013). 또한 성매매를 지칭하는 용어로는 윤락행위, 매춘, 매매춘 등이 있다.

한편 우리사회에서는 과거 성을 파는 여성의 문제를 부각하여 '매춘'이라는 용어를 주로 사용하였다. 하지만 최근에는 성을 파는 여성에게만 한정 짓지 않고 성을 구매하는 남성이 공존하고 있음을 나타낸다는 의미에서 '매매춘' 또는 '성매매'의 용어를 사용한다. 매매춘도 많은 경우 윤락과 마찬가지로 성기 접촉에 의한 성행위에 한정하여 사용하고 성을 사고파는 사람을 중심으로 정의하여 이를 가능하게 하는 중간 매개자를 보이지 않게 하는 문제점이 많다. 따라서 인간의 신체와 감정이 상품화되고 있음을 가시화하는 데는 성매매란 용어가 가장 적절하다고 보았다(원석조, 2017).

따라서 성매매는 법적정의와 사회적 정의가 있다. 법적정의로는 성적 서비스에 대한 대가로 금전을 받았는가의 여부에 초점이 맞추어져 있다. 사회적 정의로는 성이 상품화되어 거래된다는 점 이외에 사회적으로 인정된 배우자 이외의 상대와 성행위를 한다는 점과 아무런 정서적 교감 없이 무차별적으로 갖는 성행위라는 점이 강조된다. 이러한 성매매의 정의를 나라별로 나타낸 내용은 다음과 같다.

(1) 미국의 경우

미국의 뉴욕주 형법도 성행위의 대가로 금전을 수수할 것을 계약 또는 동의하고 성을 제공하는 것을 유죄라고 규정한다.

(2) 일본의 경우

매춘 지방법은 성매매를 대가로 금전을 지불받거나 받기로 약속을 하고 불특정의 상배방과 성관계를 하는 것으로 유죄로 정의한다.

(3) 스웨덴의 경우

성매매 금지법은 성매매를 두 당사자가 금전적 대가를 바라고 성적서비스를 얻거나 제공하는 것으로 정의한다.

(4) 우리나라의 경우

성매매알선 등 행위의 처벌에 관한 법률은 성매매에 있어 불특정인을 상대로 금품이나 그 밖의 재산상의 이익을 수수·약속하고 성교행위 또는 구강이나 항문 등 신체의 일부 또는 도구를 이용한 유사 성교행위를 하거나 그 상대방이 되는 것으로 정의한다.

이러한 정의들은 모두 성적 서비스에 대한 대가로 금전을 주고 받는 데에 초점을 두고 있다.

2) 성매매의 유형

성매매의 유형은 다양하게 나타나며 그들의 지위도 차이가 나기 때문에 성매매의 동기를 일률적으로 설명하기는 어렵다. 그래서 성매매에 나서게 만드는 몇 가지 요인들을 다음과 같이 설명하고 있다.

(1) 빈곤

성매매의 가장 큰 동기는 빈곤이다. 가난으로 인해 성매매에 나서게 만든다는 것인데 이러한 사실은 실증적인 연구를 통해서도 잘 밝혀져 있다.

(2) 성학대경험(아동기)

아동기의 성학대 경험은 빈곤 다음으로 많이 지적되는 동기로 알려져 있다. 이는 아동기에 성폭행이나 기타 성적으로 피해를 입은 경험이 있는 여성일수록 성매매 여성으로 빠질 확률이 높다.

(3) 외로움

가정의 기능이 손상된 경우 결손가정이나 기타 아동기의 성장에 문제가 되는 가정에서 자란 아이들은 소외감을 느끼게 된다. 이로 인한 부모의 부재 등을 통해 부와 모에 대한 적대감을 키우게 된다. 이러한 경험을 지닌 여성일수록 성매매에 노출될 가능성이 크다.

(4) 비행(청소년)

청소년 시기에 비행을 일삼아 부모나 교사로부터 또는 주변 친인척, 지인을 통해 문제아로 낙인찍힌 경우의 여성이 성매매로 전락할 가능성이 크다. 이는 청소년이 비행으로 인해 교정시설에서 생활할 때 성매매를 관심 있는 직업으로 여기게 된다는 연구결과에서 밝힌 바 있다.

(5) 접촉 차이

성매매 여성을 친구나 지인 또는 친척으로 둔 경우, 성에 노출이 될 확률이 높다. 그래서 성매매가 쉽게 돈을 벌 수 있다는 편향적인 생각을 가질 수 있으므로 자신도 성매매의 길로 쉽게 젖어 들 가능성이 높다.

(6) 약물복용

약물을 구입하기 위해 성매매를 하는 경우도 있다. 이는 모든 성매매자가 그렇다는 것은 아니지만 일부는 약물을 구하기 위한 이유로 성매매를 택하기도 한다.

3) 성매매의 현황

성매매는 전업형 성매매 유형과 더불어 신종 및 변종 산업 형태로 그 모습을 바꾸어 가면서 다양한 형태의 성매매 산업으로 퍼지고 있다. 2004년 9월 성매매특별법이 시행된 후 그로부터 20여 년이 지난 지금까지도 여전히 성매매가 성행하고 있으며 무엇보다 성매매의 경우 그 발생 및 검거 건수 가운데 강요 및 알선 등에 의한 성매매 행위가 늘어나고 있다.

'성매매특별법' 시행 이전에는 집결지 중심의 전업형 성매매가 유행하였지만 최근에는 음식숙박업, 오락 및 문화서비스업, 개인 및 가사서비스업 등의 3차 서비스 산업을 하는 업소들이 '산업형 성매매(겸업형 성매매)'로 변화하고 있다. 음성적으로 이루어지고 있는 산업형 성매매, 즉 겸업형 성매매는 업소의 서비스를 매개로 하며 업소 내 또는 업소 밖에서 이루어지고 있다. 특히 청소년 및 아동의 경우 이들이 성매매로 유입되는 경로는 인터넷 채팅 및 스마트폰 채팅 등을 통해 이루어지고 있다.

여성가족부(2023)에 의하면 성매매에 대한 한해 건수가 2,268건이 발생하였고 4,611명이 검거되었다. 또한 여성가족부 실태조사에서는 남성의 평생 성구매 경험률이 42%에 달하고 있는 것으로 나타났다.

또한 성매매 여성들이 처벌을 받는 지금의 상황에서는 여성들이 피해를 입어도 수사기관에 신고하기가 쉽지 않고 더욱 취약해질수 밖에 없는 현실이다. 이러한 상황에서 성매매가 근절되기란 쉽지 않다. 성매매 여성을 피해자로 인정하고 성매매알선자, 매수자에 대한 처벌을 본격화했다고는 하지만 여전히 위계 또는 위력에 의해 성매매를 강요당하는 경우도 많다. 그래서 여성계는 청소년이나 장애인이 아닌 경우 성매매 여성도 함께 처벌한다는 것은 한계가 있다고 지적한다. 최근 4년간(2020~2023.09) 성매매

발생건수 및 검거인원을 살펴보면 다음 | 표 7-3 | 과 같다.

| 표 7-3 | 최근 4년간(2020~2023.09) 성매매 발생건수 및 검거인원

년도	발생건수(건)	검거건수(건)	검거인원(명)	기소인원(명)
2020년	3,402	3,161	9,019	7,286
2021년	3,147	3,044	7,134	6,035
2022년	3,680	3,525	7,501	6,315
2023년	2,268	2,181	4,611	3,927

출처: 경찰청(2023)

특히 아동·청소년의 성매매 피해가 증가하는 가운데 정부는 아동·청소년 온라인 성매매 주요 유입경로인 온라인상에서의 피해 방지를 위한 조치를 취하기로 하였다. 여성가족부와 한국여성인권진흥원이 발간한 '성매매 피해 아동청소년 지원센터 2022 연차보고서'를 통해 연간 센터에서 서비스를 지원 받은 피해자는 862명으로 집계되었다. 862명의 피해자 중 98.3%가 대부분 여성이었고, 남성은 1.7%이다. 피해자의 연령은 14~16세가 45.6%, 17~19세가 36.4%, 10~13세가 9.5% 등 91.5%가 10대 청소년들인 것으로 나타났다. 따라서 이들의 피해유형 및 피해 경로를 살펴보면 다음 | 표 7-4 |와 같다.

| 표 7-4 | 청소년의 성매매 피해유형 및 피해경로

피해유형	피해경로
조건만남(38.2%)	채팅 앱(49.1%)
폭행·갈취(11%)	사회관계망 서비스(28.8%)
디지털성범죄(9.7%)	게임·개인방송(13.9%)
성병(10.8%)	
임신·임신중절·출산(3.4%)	

출처: 여성가족부(2023)

지난 5년간(2019년~2023년)의 성매매 피해자 지원 현황은 아래와 같다. 먼저 지표에 대한 개념 및 의의는 성매매피해자 지원시설 업소이용 인원의 경우 일반 지원시설, 청소년 지원시설, 외국인 지원시설의 업소이용 인원을 나타내는 자료로 시설입소를 통해 보호 및 자활지원을 받은 성매매 피해자의 추이를 보여주는 것이다. 성매매피해 상담소 내 상담건수의 경우에는 성매매피해 상담소에서 관련 상담을 지원한 건수다. 이는 탈 성매매 및 자활을 위해 상담 지원을 받은 피해자의 추이를 나타낸다. 성매매피해자 자활지원 건수는 성매매피해자 자활지원센터의 지원건수 증감 추이를 나타낸다.

| 표 7-5 | 성매매 피해자 지원현황(2019~2023년)

	2019	2020	2021	2022	2023
상담소	30	30	30	31	31
지원시설	40	40	40	39	39
자활지원센터	12	12	12	13	13
상담건수	61,554	88,672	92,742	89,887	95,134
업소이용인원	1,274	1,011	922	921	905
자활지원인원	920	922	832	782	780

출처: 여성가족부(2023)

4) 성매매의 원인과 대책

최근 인터넷 확산과 함께 성매매가 사이버 공간으로까지 진출하고 있고, 어린 미성년자들에게까지 성매매의 손이 뻗치고 있는 현실이다. 이러한 사회적 심각성을 알리고 있는 성매매가 인류의 역사기록과 함께 등장했을 정도로 오래된 직업이며 인간이 사는 거의 모든 지역에서 나타났을 정도로 보편적인 현상이다. 이러한 성매매는 법적·사회학적으로 정의되어 있다. 법적으로는 성적 서비스에 대한 대가로 금전을 받았는가의 여부에 초점이 맞추어져 있다. 사회학적 정의는 성이 상품화되어 거래된다는 점 이외에 사회적으로 인정된 배우자 이외의 상대와 성행위를 한다는 점과 아무런 정서적 교감없이 갖는 성행위라는 점이 강조된다.

(1) 성매매의 원인

성매매의 발생원인 중 하나는 자본주의적 가치관이 왜곡되어 성도 돈으로 살 수 있다는 것이다. 이는 성을 하나의 상품으로 일반화 한다는 것이다. 성의 상품화는 인간의 성을 물상화하고 여성의 성을 대상화하며 여성의 성을 남성 성욕의 대상으로 취급해 온 가부장제의 전통이 성의 상품화 현상에 의해 심화된다고 볼 수 있다.

또한 성의 상품화와 더불어 각종 성 산업이 발달하면서 성의 개방화가 급속도로 진행되고 있다. 성의 개방화는 우리 사회에서 여성의 성을 상품화 하는데 충분조건이 되며 성에 대한 쾌락추구와 성의 중요성이나 책임에 대한 무감각 등의 부정적인 결과를 가져온다. 이로 인해 미성년부터 주부에 이르는 다양한 계층의 여성이 성 산업에 유입될 가능성을 높이고 있다. 이는 자본주의 가치관의 왜곡 현상인 성 개방화와 성 상품화가 성매매를 조장하고 있음을 나타내는 것이다. 이와 더불어 성 개방화가 성 윤리의식을 약화하여 성을 사고파는 것에 대한 윤리적인 죄책감을 덜게 하여 성매매를 촉진하는 원인이 되고 있다.

이밖에 또 다른 성매매의 원인으로 대두되고 있는 것은 경제적 요인이 한몫을 한다는 것이다. 성매매 여성이 되는 동기 중 또 다른 가장 큰 요인은 돈을 벌기 위한 것이다. 특히 경기불황, 가족해체 등으로 인해 가출청소년이 증가하고 있다. 가출 이후 청소년들은 가족에 의해 의존할 수 없어 잠자리 걱정, 생계비, 유흥비 마련 과정에서 겪는 경제적 어려움 등으로 인해 성매매의 유혹에 쉽게 빠져들 수밖에 없다. 그리고 인터넷의 활성화, 스마트폰의 익명성, 비대면성, 편리성으로 인하여 성매매에 무방비 상태로 노출되어 있다고 해도 과언이 아니다. 나아가 지금의 우리사회는 성매매가 범람하고 있으며 성매매가 가능한 공간이 심지어 주택가에까지 범람하고 있는 실정이라고 할 수 있다.

(2) 성매매의 대책

성매매 문제를 해결하기 위해서는 성매매를 단순한 개인적인 측면으로 보는 것이 아니라 보다 광범위하게 사회 및 국가가 적극적으로 나서 대처해야 한다. 그래서 성매매의 해결에 대한 방안을 다음과 같이 나타내고 있다.

① 성매매의 알선고리는 자본주의의 가치관 왜곡 및 자본주의의 이윤 추구적인 속성과 결부되어 있다. 그렇기 때문에 성매매를 하는 여성들을 통해 경제적 이익을 추구하고 있는 성 서비스 산업에 대한 심도 있는 대책이 마련되어야 한다. 이에 성매매 사범의 특징을 직시하여 그와 관련한 자에 대한 엄단, 성매매를 통한 영업수익의 환수 등 이를 통해 성매매로 이익을 얻을 수 없다는 것을 명확히 구축할 필요가 있다.

② 성매매 여성은 성매매의 산업구조에 들어간 이상 온전한 자유의사에 의해 성매매를 한다고 보기는 어려운 실태다. 이를 감안하여 탈 성매매를 위한 자활프로그램을 연계하는 협력을 강화하여야 한다.

③ 상담서비스센터, 쉼터, 교육, 자활 등 관련기관 간 공식적 협의체 구축을 통해 합의 및 조정, 연계, 협력을 도모하여 홍보 및 공동사업을 강구 할 수 있어야 한다.

④ 우리사회에 무방비로 성매매에 노출되어 있는 청소년의 경우, 성매매 예방을 위한 중요성을 거듭 강조해도 무리가 아니다. 이를 예방하기 위해서는 청소년들의 성에 대한 올바른 이해가 필요하다.

⑤ 청소년들은 이미 인터넷 등을 통해 성에 대한 많은 정보를 가지고 있음에도 불구하고 성매매에 대한 지식이 높지는 않다. 혼란스럽고 유동적인 청소년들에 대해 사회가 적극적으로 나서서 성에 대한 올바른 인지를 시킬 필요가 있다. 이들을 위해 보다 체계적인 성교육과 성매매 예방을 위한 청소년 관련 전문가를 대상으로 충분한 교육을 하여야 한다.

⑥ 무엇보다 시급한 것은 온라인상의 인터넷 유해환경을 개선하는 것이며 안전한 인터넷 환경을 조성하기 위해 보다 적극적인 인터넷 안전망 구축을 위한 정부의 적극적인 대책이 필요하다.

5) 성매매에 관한 법률 및 성매매특별법

(1) 성매매에 관한 법률

성매매에 관한 법률로는 성매매알선 등 행위의 처벌에 관한 법률과 성매매 방지 및 피해자 보호 등에 관한 법률이 있다.

성매매 알선 등 행위의 처벌에 관한 법률

제1조(목적) 이 법은 성매매 알선 등 행위 및 성매매 목적의 인신매매를 근절하고 성매매 피해자의 인권을 보호함을 목적으로 한다.

제2조(정의) ① 이 법에서 사용하는 용어의 정의는 다음과 같다.
1. '성매매'라 함은 불 특정인을 상대로 금품 그 밖의 재산상의 이익을 수수·약속하고 다음 각목의 어느 하나에 해당하는 행위를 하거나 그 상대방이 되는 것을 말한다.
가. 성교행위
나. 구강·항문 등 신체의 일부 또는 도구를 이용한 유사 성교행위

성매매 방지 및 피해자 보호 등에 관한 법률

제1조(목적) 성매매를 방지하고 성매매 피해자 및 성을 파는 행위를 한 자의 보호와 자립의 지원을 목적으로 한다.

제2조(정의) 이 법에서 사용하는 용어의 정의는 다음과 같다.
1. '성매매'라 함은 성매매 알선 등 행위의 처벌 및 방지에 관한 법률 제2조 제1항 제1호에 규정된 행위를 말한다.
2. '성매매 알선 등 행위'란 성매매알선 등 행위의 처벌에 관한 법률 제2조 제1항 제2호에 따른 행위를 말한다.
3. '성매매 목적의 인신매매'란 성매매 알선 등 행위의 처벌에 관한 법률 제2조 제1항 제3호에 따른 행위를 말한다.
4. '성매매 피해자란' 성매매 알선 등 행위의 처벌에 관한 법률 제2조 제1항 제4호에 따른 사람을 말한다.
5. '성접대'란 거래나 업무 관계에 있는 상대방에게 거래나 업무행위에 대한 대가로서 성을 제공하거나 알선·권유하는 행위를 말한다.

출처: 국가법령정보센터(2023)

(2) 성매매특별법

한국 여성단체연합은 2002년 성매매방지법 제정 특별위원회를 구성해 기존의 윤락행위 등 방지법을 대체한 새로운 성매매방지법 제정을 위한 사회운동을 전개하였다. 많은 논란 끝에 2004년 3월 성매매특별법 즉 성매매알선 등 행위의 처벌에 관한 법률과 성매매방지 및 피해자 보호 등에 관한 법률이 제정되어 2004년 9월부터 시행되었다. 성매매알선 등 행위의 처벌에 관한 법률은 성매매, 성매매알선 등 행위 및 성매매 목적의 인신매매를 근절하고 성매매 피해자의 인권을 보호하는 것을 목적으로 한다. 이 법은 성매매를 알선하거나 성을 파는 행위를 할 사람을 모집한 사람, 성을 파는 행위를 하도록 직업을 소개·알선한 사람을 벌금 또는 징역형으로 처벌한다.

성매매방지 및 피해자 보호 등에 관한 법률은 성매매를 방지하고 성매매 피해자 및 성을 파는 행위를 한 사람을 보호하고 이들의 자립을 지원하는 것을 목적으로 한다. 성매매방지법은 과거 성매매를 성판매자와 성구매자의 양자관계로만 해석하던 시각에서 벗어나 알선업자와 업주를 포함한 삼자관계(성판매자-성구매자-알선자)로 해석한다. 과거의 윤락행위 등 방지법은 성매매 여성만을 처벌 대상으로 보고 여성을 단속·구제하여 성매매 문제를 해결하는 데 주안점을 두었다.

또한 성매매 여성이 보호의 대상인 동시에 범죄자로 처벌의 대상이 될 수밖에 없는 사정을 감안하였다. 이로 인해 '성매매 된 자'라는 개념을 도입하고 성매매를 한 자는 처벌을 하되 성매매 된 자의 경우 성매매 되어 행한 성매매 행위는 처벌대상에서 제외하였다. 그리고 성매매방지법의 제정과 함께 성매매의 용어가 변하였다. 이에 대한 우리나라의 성매매의 법적 용어는 '윤락행위'였다. 1960년 제정된 윤락행위 등 방지법에 근거를 둔 것이다. 일반인이나 언론은 윤락행위보다는 매춘(賣春)이란 용어를 더 많이 사용하였다.

1990년대 중반에는 매매춘(買賣春)이란 용어가 등장했다. 당시 여성계가 주도적으로 이 용어를 사용하자고 주장을 하였다. 그런데 매춘이 성을 상품화하여 판다는 면과 성의 판매자인 여성만을 부각을 하였기 때문에 성을 사고판다는 의미를 강조하기 위해 매춘을 매매춘으로 대체해야 한다는 것이었다. 그러다가 곧 여성계는 매매춘도 문제가 있다고 판단하여 매매춘 대신 '성매매'란 용어를 사용하여 지금까지 이 용어로 통용되고 있다. 따라서 인간의 신체와 감정이 상품화되고 있음을 가시화하는 데는 성매매란 용어가 가장 적절하다는 것이다.

여성계의 이런 주장은 2004년 성매매방지법 제정으로 결실을 거두어 윤락행위, 매춘, 매매춘과 같은 용어들이 자취를 감추고 성매매로 용어가 통일되었다. 이렇게 된 데에는 언론의 역할이 컸다고 할 수 있으며 언론들은 관련 사건을 기술할 때 일관되게 성매매란 단어만 사용하였다. 그리고 일반인들도 이러한 언론을 따라 지금까지 성매매란 용어를 사용하는 것으로 바뀌었다.

(3) 성매매의 해외 동향

성매매의 해외 동향을 살펴보면 미국의 경우에는 2017년 8월 전국적인 성매매 소탕 작전인 '존슨 진압 작전(Johns Suppression Intiative)'을 실시하였다. 이를 통해 961명의 성매수자와 71명의 포주 등 1,000명을 체포하였으며 300여 명의 피해자를 구출하기도 하였다. 일리노이주 쿡 카운터 셰리프(보안관)국에 따르면 성매수의 41%는 온라인을 통해 이루어졌으며 이 중 98%는 백페이지닷컴(backpage.com)이 진원지였다고 밝혔다(뉴욕중앙일보, 2015).

한편 베트남의 경우에는 최근 베트남 정부에서도 성매매 산업을 억제하기 위해 성구매자 실명 공개를 추진하고 있다고 알려졌다.

중국 같은 경우는 중국에서는 8월 미성년 여성과 성매매 시 강간죄를 적용하는 법안을 통과시켰으며 죄질이 나쁜 경우에는 최대 사형까지 선고할 수 있게 되었다.

이와 같이 미국 및 아시아 지역 등에서도 성구매자 및 성알선자에 대한 처벌을 강화하는 추세이며 미국에서는 성구매자 창피주기 캠페인이 꾸준히 지속되고 있다. 이러한 양상들은 2015년 하반기 불거진 유럽 난민문제와 더불어 성착취 인신매매가 더욱 심화하는 양상을 보이게 된다. 그러므로 미국 및 아시아 지역 등에서 성구매자 및 알선자에 대한 처벌이 강화되고 있으며 피해자 식별과 성매매 근절을 위한 다양한 노력을 하고 있다. 하지만 아동 성 착취의 경우에는 선진국에서도 예외는 아닌 것으로 나타났다.

4. 소수자의 성 문제

1) 소수자의 성에 대한 정의

소수자의 성이라고 하면 대개 동성애를 뜻한다. 동성의 상대에게 감정적·사회적·성적인 이끌림을 느끼는 것으로, 이러한 감정을 받아들여 스스로 정체화한 경우를 소수자의 성이라 말한다. 대개 여성동성애자는 레즈비언(lesbian), 남성동성애자는 게이(gay)로 지칭된다. 흔히 트랜스젠더(transgender)와 혼동되기도 하는데, 트랜스젠더는 자신의 육체적 성과 정신적 성이 일치하지 않는다고 받아들이는 것으로, 자신이 사랑하는 사람이 동성이라는 점을 받아들이는 동성애자와 구별된다.

이러한 '소수자 속의 소수자'라고 불릴 만큼 동성애자는 가장 큰 사회적 차별의 대상이 되어 왔다. 멀지 않은 장래에 한국사회에서도 동성애에 대한 논의가 핵심적인 쟁점으로 등장하게 될 것이다. 이러한 동성애는 여성이나 남성이 같은 성을 가진 사람에게 성적인 매력을 느끼는 것을 말하며 일반적으로 호모섹슈얼리티(homosexuality)라고 불린다.

이 용어는 1869년 Karl Maria Kertbeny라는 헝가리 의사가 프러시아의 반 동성애법 철폐를 주장했던 한 소책자에서 처음 사용되었다. 흔히 동성애는 트랜스젠더와 혼동하기도 하는데 트렌스젠더는 자신의 육체적 성이 정신적 성과 반대라고 생각하는 성전환증에 가까운 경우로서 동성애와 구별된다. 하지만 보다 넓은 개념으로 동성애와 이성애를 모두 즐기는 양성애자, 그리고 남성에서 여성으로 성전환 수술을 한 성 전환자 등을 포함하고 있다.

또한 동성애자들은 주류사회가 강조하는 이성애적 성적취향의 이단아로 취급받게 되고 그로 인하여 가정과 사회로부터 소외되고 무시당하는 등 적절한 사회적 지지조차 받기 힘든 경우가 많다. 결국 이러한 사회적 분위기 속에서 동성애자는 점점 사회적으로 고립되고 혼돈감과 죄책감 및 비밀성을 가지게 된다. 이러한 정체감 혼란을 적절하게 해결하지 못하여 낮은 자존감과 우울증, 자살 충동 등의 정신건강 문제로 고통 받는 경우가 많다.

더욱이 청소년 동성애자들의 경우 청소년기를 거치면서 청소년기의 주요 발달과업 중 하나인 자아정체성을 형성하는 과정에서 동성애자로서의 성적 정체감으로 인한 다양한 심리사회적 문제들이 두드러질 수 있다. 그러므로 이들을 위한 종합적인 사회적 지원체계의 마련이 시급하다.

그래서 이 장에서는 성 소수자의 지향과 정체성에 따른 유형 및 이에 따른 원인과 대책을 살펴본다.

2) 소수자 성의 유형

(1) 성적 지향에 따른 분류

소수자의 성의 유형에는 많은 종류가 있다. 그렇지만 본 장에서는 이성애자, 동성애자, 양성애자, 무성애자, 범성애자, 다성애자에 대해 살펴보고자 한다.

① **이성애자**: 자신과 다른 성(性)의 사람에게 연애감정, 성적 끌림, 사랑을 느끼는 사람을 말하며 이는 당연히 사회적으로 소수자 취급을 받지 않는다.

② **동성애자**: 같은 성(性)의 사람에게 연애감정, 성적 끌림, 사랑을 느끼는 사람을 말하며 이는 영어 Homosexual은 '같은'이라는 뜻의 접두어 'homo-'에서 나온 말보다 일상적인 용어로는 Gay라고 한다. 영어권에서는 Gay를 남성과 여성 동성애자를 모두 지칭하는데 이 단어를 쓰는 경우도 많아서 정확히 지칭하기 위해 남성 동성애자를 Gay men이라고 쓰기도 한다. 여성 동성애자를 지칭할 경우 Lesbian이라고 부른다.

③ **양성애자**: 동성과 이성 모두에게 끌림이 있는 사람을 말하며 이러한 대상에게 연애감정, 성욕, 사랑 등을 느끼는 사람을 뜻한다. 영어 Bisexual은 '함께'라는 뜻의 접두어 'bi-'에서 나온 말이다. 물론 동시에 두 사람에게 연애감정을 느끼는 것은 아니고 남성과 여성에게서 각각 모두 사랑을 느낄 수 있는 성적 지향을 말한다.

④ **무성애자**: 동성과 이성 모두에게 성적으로 끌리지 않는(No sexual attraction) 사람을 말한다. 여기에는 Asexual과 Aromantic이 있으며 반드시 사랑이나 연애감정도 느끼지 않는 것은 아니다. 이는 개인마다 차이가 있고 아직 정의가 명확하지 않은 편이다. 호감 이외에 사랑이나 연애감정부터, 연애감정은 느끼지만 사랑은 생기지 않는 사람, 심지어 사랑을 느끼나 성관계의 필요성을 느끼지 못하는 사람까지 스펙트럼이 다양하다.

⑤ **범성애자**: 상대의 성적 정체성이나 지향성에 구애받지 않고 끌림을 갖는 사람을 말한다. 양성애자와 비슷하다고 생각할 수 있으나 엄밀히 구분하자면 양성애자는 상대를 남성이나 여성으로서 좋아하는 반면, 범성애자는 상대의 성에 대한 큰 의식이 없는 편이다. 실제 범성애자의 증언에 따르면, 본인의 이상형은 어떤 하나의 형태로서 존재하지만 그 이상형의 이미지를 실제 사람에게서 찾으려면 양성 모두에게서 그런 사람이 있는 형태라고 한다.

⑥ **다성애자**: 양성애자나 범성애자와 비슷하나 이상형이 양성애자처럼 여러 성에 대해 존재하지만 그 여러 성이 여성과 남성이 아닌 경우다. 즉 남성, 여성뿐만 아니라 제3의 성, 젠더퀴어 등 여러 성 정체성을 성적으로 사랑할 수 있는 성적취향을 가진 사람을 의미한다.

(2) 성별 정체성에 따른 분류

성별 정체성에 따른 분류에는 트랜스젠더, 바이젠더, 젠더퀴어, 에이젠더 등이 있으며 이외에도 성별 정체성에 따른 분류에는 시스젠더, 안드로진, 젠더플루이드, 뉴트로이스 등이 있다

① **트랜스젠더**: 사회적, 심리적 성별과 가지고 태어난 성별이 일치하지 않는 사람을 이른다. 대체로 반대되는 성별 정체성을 가진 사람을 일컫는 경우가 많지만 가장 대중적인 단어로 성별 정체감과 관련된 퀴어의 대명사 느낌으로 사용되기도 한다.

② **바이젠더**: 남성과 여성의 성별 정체성 또는 의식을 둘 다 가진 사람을 의미한다. 각각 분리되어 있는 완전한 남성 젠더와 완전한 여성 젠더를 가지고 있다. 상황에 따라 남성 젠더나 여성 젠더 둘 중 하나만이 드러나는데 이는 의식적 혹은 무의식적으로 전환된다.

③ **젠더퀴어**: 남성과 여성이라는 기존의 이분법적 성에 일치감을 가지지 않는 정체성을 가진 사람을 뜻한다. 이 경우 젠더퀴어라는 말 대신 '논 바이너리 트랜스젠더'라는 표현을 쓰기도 한다.

④ **에이젠더**: 성별 정체성이 없는 사람을 말하며 자기가 어느 성별에도 속하지 않는다고 여기거나 혹은 '자기 성별에 대한 개념'이 없는 사람을 일컫는 말이다. 젠더퀴어 중 하나로 이는 자신을 여성으로도 여기지 않고, 남성으로도 여기지 않고, 여성과 남성이 합쳐진 성으로 여기지도 않는 사람이다. 이밖에도 성별 정체성에 따른 분류로는 시스젠더, 안드로진, 젠더플루이드, 뉴트로이스 등이 있다.

3) 동성애의 현황

현재 사회는 세계 각국에서 성소수자 인권 신장과 성소수자에 대한 인식 개선을 위한 지속적인 노력을 하고 있다. 우리 사회는 선진국들과 비교했을 때 동성애자에 대한 인식이 그다 좋은 편은 아니지만, 그래도 부정적 인식이 빠르게 바뀌고 있다는 점에서 희망적이다. 아직도 동성애에 대한 편견은 많지만 인터넷이 발달한 만큼 세계적인 성소수자 인권운동에 대해 인식이 바뀌어 가고 있다.

2023년 6월 성소수자의 달을 맞아 전 세계 30여 개국의 시민들을 대상으로 조사를 진행한 결과, 한국의 경우 글로벌 수치에 비해 보고된 성소수자 비율도 낮고, 성소수자에 대한 시각도 보수적인 국가 중 하나로 알려져 있다. 하지만 매년 진행되는 자료를 통해 사회적 인식은 분명 변화하고 있음을 확인할 수 있었다.

먼저 성소수자란 성정체성이나 성별, 신체적 성적 특징 등 성적인 부분의 사회적 소수자를 의미하며 트랜스젠더, 양성애자, 무성애자, 범성애자 등이 성소수자에 포함된다. 이를 LGBT+(Lesbian, Gay, Bi-sexual, Transgender와 무성애자, 범성애자, 젠더퀴어 등 다른 성적 집단을 모두 포함하는 용어)라고 일컫는다. 전체 응답자 대상으로 LGBT+ 중 동성애자, 양성애자, 범성애자, 무성애자 비율을 조사한 결과 전체적으로 한국은 글로벌 평균(8%)보다 성소수자의 비율이 다소 낮은 것으로 나타났다. 한국 응답자 중 6%가 네 가지 성 정체성 중 하나에 속한다고 응답하였다.

2021년 대비 2%p 상승한 수치다. 그중 '동성애자(lesbian, gay, homosexual)'는 1%, '양성애자(bisexual)'는 3%, '범성애자(pansexual, omnisexual)'는 1%, '무성애자(asexual)'는 1%로 나타났다. 한국인 응답자 중에서 '트랜스젠더(transgender)'나 '논 바이너리/젠더 비순응/젠

더 플루이드(Non-binary/gender non-conforming/gender-fluid)', '위 성정체성과 다르며 남성 또는 여성과도 다름(Differently from above and from male or female)' 중 하나라도 해당하는 성소수자의 비율은 2%로 나타났다. 이는 2021년 대비 약 1%p 상승한 수치로 나타났다. 이 외에도 성소수자를 일컫는 용어들이 다소 있는 가운데 논 바이너리와 젠더 비순응, 젠더 플루이드에 대한 내용은 다음과 같다.

(1) 논 바이너리(Non-binary)

남성과 여성으로 구분하는 기존의 이분법적 성별 구분에서 벗어난 상태 또는 사람을 의미한다.

(2) 젠더 비순응(gender non-conforming)

젠더의 표현이 남성이나 여성, 또는 둘 다 자신과 맞지 않는 경우를 말하며 유사 용어로 젠더 변이(gender variance)나 젠더 비관행이 있다.

(3) 젠더 플루이드(gender-fluid)

젠더 플루이드는 성별이 유동적으로 변하는 성정체성으로 여성과 남성뿐만 아니라 양성성, 무성별, 제3의 성 등과 같은 다양한 성별을 의식적 혹은 무의식적으로 오가는 것을 말한다.

한편 우리나라 성인 성소수자의 비율은 응답자 중 7%를 차지하고 있으며 이는 글로벌 평균(9%)보다 2%p 낮은 수치이며 30개국 중 26위로 다른 국가들에 비해 성인 성소수자의 비율이 상당히 낮다고 할 수 있다. 그렇다면 우리는 일상에서 얼마나 많은 성소수자들을 만나게 될까? 우리나라의 경우 친척이나 친구, 직장 동료 중 성소수자가 있는가라는 질문을 하고 성소수자를 '레즈비언/게이/호모섹슈얼', '양성애자', '트랜스젠더', '논 바이너리/젠더 비순응/젠더 플루이드' 네 개 그룹으로 나눠서 조사하였다. 그 결과 응답자 중 성소수자인 친척, 친구 및 직장 동료가 있다고 답한 비율은 그룹별로 '동성애자(레즈비언/게이/호모섹슈얼)'는 7%, '양성애자'는 5%, '트랜스젠더'는 2%, '논 바이너리/젠더 비순응/젠더 플루이드'는 3%로 나타났다.

특히 한국은 30개국 중 일본(각각 7%, 4%, 5%, 3%)과 함께 모든 성소수자 그룹의 비율이 10% 이하로 낮았으며 타국에서 상대적으로 높은 '동성애자' 비율도 극도로 낮은 것으로 보아 다른 나라에 비해 우리나라 사람들이 일상에서 성소수자를 만날 기회는 많지 않은 것으로 보인다(입소스, 2023).

4) 동성애의 원인과 대책

동성애의 원인을 밝히는 본격적인 연구는 19세기부터 시작되었고, 지금도 활발히 연구되고 있다. 동성애 원인론은 크게 선천설과 후천설로 나뉘며 선천설은 동성애자들에 대한 인권운동을 하는 단체들이 지지하며 국가법을 제정하는 데 많은 영향을 주고 있다. 반면 동성애의 성적 경향을 이성애적 성적경향으로 바꾸고자 여러 기법을 연구하는 학자들은 동성애의 원인을 후천설로 본다(윤가현, 1990).

(1) 동성애의 원인

동성애의 원인을 살펴보면 여러 가지가 있겠지만 선천적으로 나타나는 원인과 후천적으로 나타나는 요인에는 다음과 같다.

① 동성애의 선천성 원인

동성애의 원인이 선천성 요인에 기인한다는 이론은 생물학적 연구방법론을 통해 동성애의 원인을 밝히고 있다. 이러한 생물학적 연구에는 유전학적, 내분비학적, 뇌의 해부학적 연구로 분류할 수 있으며 다음과 같이 설명하고 있다.

첫째, 1950년 시작된 유전학적 연구는 1952년 F, Kallmann의 연구에서 일란성 쌍둥이가 이란성 쌍둥이보다 동성애 일치율이 높다는 보고를 하였다. 즉 표집된 일란성 쌍둥이들은 모두가 동성애자인 반면 이란성 쌍둥이는 극히 적은 집단으로 나타났다. 하지만 표집된 대상이 정신병원과 교도소 수감자들이었기 때문에 일반화하기에는 한계가 있다. 이후 많은 연구자들이 쌍둥이 연구를 시도하였지만 연구결과들이 100%가 되지 않아 유전학적인 요인이 동성애의 완전한 원인이라고 말하기는 어렵다.

둘째, 호르몬의 영향 때문인지를 확인하는 내분비학적 방법이다. 이는 호르몬의 영향으로 태아기 동안 중추신경계의 구조와 기능에 이상이 생기면서 여성호르몬 또는 남성 호르몬이 부족하여 남성이 여성적, 여성이 남성적 성적지향을 지니게 된다는 주장이다. 하지만 많은 연구에서 호르몬 구성이 동성애자와 이성애자 간에 차이를 보이지 않았으며 게이나 레즈비언에게 각각 테스토스테론과 에스트로겐을 주입하여도 성적지향이 바뀌지는 않았다.

셋째, 뇌의 해부학적 요인이 동성애자와 이성애자 간에 차이가 있다는 입장으로 남성 동성애자들이 남성 이성애자들보다 시상하부가 더 작고 여성의 크기와 비슷하다. 하지만 표집대상자의 수가 적었으며 그들이 에이즈나 범죄로 사망했으며 여성 동성애자의 경우는 설명하지 못해 일반화하기에는 다소 무리가 있다.

② 동성애의 후천성 원인

동성애의 원인이 후천성에 기인한다는 이론은 정신분석학적 이론과 학습이론으로 분류할 수 있다.

첫째, 20세기 전반에 등장한 정신분석학적 이론은 프로이트에게서 주장되어 왔다. 인간은 남성성과 여성성을 모두 지니고 태어났으며 성장과정 속에서 가족 등에 의해 이성애와 동성애의 구분이 없이 성적지향이 굳어진다고 하였다. 남성 동성애자들은 유년기 시절 오이디푸스콤플렉스[1]를 극복하지 못하고 거세 불안이 증가하여 이성애적 성향으로 발전하지 못하고 동성애적 성향을 지니게 된다고 프로이트는 주장하였다. 프로이트는 이성애만을 정상적인 성적 경향으로 보고 동성애를 성적 발달이 정지되어 생긴 미성숙한 상태라고 보았으며 이후 후기 정신분석학자들은 프로이트와 다른 이론들을 내놓으며 동성애를 정상적인 이성의 관계에서 벗어난 것으로 재개념화하였다.

둘째, 학습이론은 사회심리학적 관점에서 개인의 정체성이 발달하는 문제로 보고 동성애자들이 유년기 시절에 동성과의 만족스러웠던 경험 또는 이성과의 만족스럽지 못한 경험을 함으로써 동성애자가 된다는 주장이다. 이는 한 사람이 겪은 직·간접적 인성에 대한 경험들이 성적경향을 가지거나 성관계를 맺는 데에 큰 영향을 미친다고 말한다.

(2) 동성애의 대책

동성애의 대책으로 다음 세 가지로 살펴보고자 한다. 먼저 동성애의 인권보호를 위한 법 제정 및 체계적인 상담서비스가 필요하며 무엇보다 동성애에 대한 인식변화가 중요하다 할 수 있겠다.

① 동성애의 인권보호를 위한 법 제정

우리 사회의 동성애자에 대한 사회적 인식개선을 위한 사회적 합의 및 이들의 인권보호를 위한 법의 제정 등의 노력이 뒤따라야 할 것이다. 동성애자에 대한 부정적인 태

1) 프로이트가 제시한 개념으로 남근기에 생기기 시작하는 무의식적인 갈등을 뜻한다. 프로이트의 정신분석학에서는 남녀 모두에 적용되는 용어이며 정신발달의 중요한 전환점이자 신경증의 발병 단계로 설명하고 있다.

도와 사회적 편견 등은 동성애자들에게 많은 스트레스로 작용하고 있다. 그러므로 동성애자들도 차별받지 않고 건전한 사회 구성원으로서 역할과 법적 지위가 보장될 수 있도록 제도적 지원 서비스가 필요하다.

우리나라에서도 동성애가 공공의 담론으로 등장하기 시작한 시기는 1990년대 이후동성애자들의 인권 단체 또는 동호회 형식의 모임들이 생겨나면서부터였다. 이러한 노력에 의해 우리나라는 1995년 6월 26일 '한국동성애자인권운동협의회'가 창립 되었다. 2001년 11월 24일부터 시행된 [국가인권위원회법] 제30조 제2항 본문에 따라 '성적 취향'을 이유로 한 [헌법] 제10조(행복추구권), 제11조(평등권), 제21조(표현의 자유) 등을 침해하는 것으로 판단하여 인권보호의 대상으로 포함하였다.

② 체계적인 상담 서비스의 필요성

동성애자들이 대부분 자신의 동성애적 성적 취향에 대해 본격적으로 지각하기 시작하는 시기는 청소년기라고 할 수 있다. 그러므로 청소년기에 직면하게 되는 다양한 발달적 이슈들 중 성 정체성에 대해 체계적인 상담 지원서비스가 마련될 필요성이 있다. 청소년 동성애자들이 자신의 성정체성에 대한 인식을 보통 중학교 때부터 시작한다고 주장하는 학자들도 있다. 하지만 이들이 실제로 자신들의 성 정체성에 대한 고민을 나눌 수 있는 공간은 극히 제한적이다.

따라서 스스로 부모나 교사 혹은 상담기관을 찾아 도움을 요청하기가 사실은 쉽지 않다. 이제 우리 사회도 청소년기의 발달적 이슈와 성 정체성 형성에 대한 관심을 넓힐 필요가 있다. 학교와 지역사회 및 청소년 관련 기관 등에서 이들을 대상으로 한 특화된 상담전략과 정보들이 마련되어야 할 것이다.

③ 동성애에 대한 인식변화의 필요성

우리 사회가 더욱 선진화된 사회로 발전하기 위해서는 소수의견에 귀를 기울여 보다 신중하게 검토하고 소수의 인권이 존중되도록 하는 것이 무엇보다 중요하다. 그러기 위해서는 우선 국민적 합의가 중요하다. 왜냐하면 그들도 우리 사회의 시민으로서 차별받지 않고 똑같은 권리를 누려야 한다는 긍정론과 자라나는 청소년들의 성 정체성의 혼란과 잘못된 성의식을 부추길 수 있는 우려가 있다는 부정론이 팽팽히 맞서고 있는 현실에서 동성애에 대한 국민적 합의 없이 인권 헌장이 추진되기에는 현실적으로 다소 무리가 있다. 사실 동성애에 대한 사회인식은 시대와 문화에 따라 다르지만 개인의 성적지향을 타인에 의해 바꿀 수는 없다.

지금 우리 사회는 사실 동성애에 대한 정확한 실태와 현황을 파악하기가 쉽지 않다. 이는 동성애자 개인적 차원에서 동성애자라고 알려졌을 경우 그들이 받을 피해와 차별로 인해 낙인을 유발시키므로 사실 동성애자임을 드러내기가 꺼려진다. 그러므로 동성애자에게 낙인을 유발하여 조명하지 말고 어느 정도 가능성을 타진할 수 있는 행위자로 자리매김함으로써 담론을 제기할 수 있는 방안을 모색해야 한다.

쟁점 나누기(Debate)

✣ 아직도 많은 국가에서 동성애를 금기시하고 있다. 하지만 최근 이성애만이 올바른 사랑이라는 가치관으로 인해 성적소수자들이 물리적, 정신적으로 피해를 받아오고 있다는 것도 사실이다. 이를 감안할 때 우리사회는 동성애에 대한 담론이 필요하다고 볼 수 있지 않을까?

동성애에 대한 담론은 필요하다 VS 동성애에 담론은 필요하지 않다

동성애에 대한 담론은 필요하다	동성애에 대한 담론은 필요하지 않다

8장

빈곤문제

빈곤문제는 한 국가와 사회적 맥락에서 어느 정도 생활수준의 차이가 있기 때문에 그 개념을 규정하기란 쉽지 않다. 일반적으로 빈곤은 필요한 것이 없거나 부족한 상태로서 기본적인 욕구가 충분히 만족되지 않은 상태를 의미한다. 그렇다면 빈곤하지 않기 위해서는 어떤 욕구가 충족되어야 하는지, 물질적 기본욕구만 충족되면 빈곤하지 않은 것인지, 아니면 여기에 더해 정신적인 기본욕구만 충족되어야 하는지, 이러한 욕구충족이 어느정도 되어야 하는지는 빈곤을 정의하는 것에 따라 달라진다.

이 장에서는 여러 사회문제 중에서도 범죄문제와 더불어 가장 오래되고 중요한 사회문제로 인식되어 왔던 빈곤문제의 개념 및 이를 통해 나타난 사회문제를 다루고자 한다. 더불어 빈곤문제를 통해 사회시각론점 관점을 살펴 보고 나아가 빈곤문제의 원인은 무엇인지, 이에 따른 대처 및 해결 방안에는 무엇이 있는지를 다루고자 한다.

1. 빈곤문제에 대한 이해

1) 빈곤의 정의

고금을 막론하고 대부분의 사회에서 빈곤에 관심을 두는 이유는 빈곤이 다양한 문제를 유발하는 원인으로 작용하기 때문이다. 동시에 빈곤은 어떤 문제의 결과로도 나타나는데 이런 경우 매우 복잡한 사회문제가 되며 이에 대한 대응과정에서 사회 전체가 유기적으로 작동한다고 해도 그 해결이 쉽지 않다.

빈곤은 한 사회의 구조적인 문제로 나타나는 상호관계의 결과다. 이로 인해 파생되는 다양한 상황은 개인과 집단구성원 전체에게 불편한 영향을 주며 인간 삶의 대부분에 작용한다. 전통적 사회에서의 빈곤문제는 궁핍자에게 사회복지 서비스 차원에서 단순한 상호부조나 자선사업 등으로 해결이 가능했지만 현대 사회에서는 빈곤문제가 상대적 박탈감과 연관되어 있어 해결이 쉽지 않다. 특히 IMF이후 빈곤 대상자가 속출하여 이들이 도움을 받지 못하는 사각지대에 놓여 있었다. 또한 코로나19로 인한 빈곤 대상자 또한 많이 늘어 경제적인 어려움을 나타내는 상황에 놓여 있다.

따라서 빈곤은 인간다운 삶을 영위하는 것, 기본적 욕구가 충족되지 않는 것 등 인간으로서 갖추고 살아야 할 최소한의 것들을 갖추지 못한 상태를 말한다. 즉 최소한의 인간다운 삶을 영위하는 데 필요한 물적 자원이 부족한 상태를 의미하지만 이는 빈곤에 대한 극히 작은 부분들을 설명하는 것에 불과하다.

그럼에도 불구하고 빈곤의 정의에 대해 전문가들 사이에서 어렴풋하게나마 합의가 이루어진 부분만을 놓고 보면 '무언가의 결핍된 상태'라고 할 수 있다. 무엇이 결핍된 것이냐에 따라 이 또한 달라질 수 있으므로 결핍을 무엇으로 보는지 결핍을 측정하는 방식에 따라 빈곤도 다르게 이해될 수 있다. 따라서 빈곤이라는 주제는 매우 중요하지만 빈곤에 대한 개념을 어떻게 설명할 것인가에 대해 여러 기관과 학자들이 나름대로 살펴 본 빈곤에 대한 개념은 다음과 같다.

(1) 미국의 전국사회사업가 협회에서 간행한 사전에 의한 빈곤

빈곤은 금전이나 생계 수단이 적거나 부족한 상태를 말한다.

(2) 경제협력개발기구(OECD)에 의한 빈곤

빈곤은 경제적 복리, 사회적 복리, 기타 영역의 복리를 누릴 수 없는 것을 말한다.

(3) 세계은행(Word Bank)에 의한 빈곤

빈곤은 임파워먼트(empowerment)와 사회적 보호가 부족한 상태에 있을 뿐만 아니라 경제적 기회, 교육, 건강, 영양의 측면에서 인간이 받아들일 수 없는 상태에 있는 것을 말한다.

하지만 빈곤에 대해 정의한 것은 강조하는 측면에서 차이가 나고 있다. 예를 들어 일반사전과 미국의 전국사회복지사협의회에서는 빈곤에 대해 자원의 측면을 강조하고 있다. 반면 세계은행의 정의에서는 박탈의 측면을 강조하고 있으며, 일부에서는 자원의 측면과 박탈의 측면 모두를 강조하고 있다.

(4) 빈곤의 주요용어 정의

빈곤의 용어를 설명하는 기준에는 다양한 것들이 있지만 본 장의 빈곤의 주요용어에는 빈곤, 빈곤선, 공공부조 등이 있다.

① 빈곤

빈곤을 좀 더 포괄적으로 이해한다면 인간이 인간다운 생활을 하는 데 필요한 요소 또는 자원이 부족한 상태를 말한다. 그리고 빈곤을 이해하는 데 가치판단이 적극적으로 개입되기 때문에 빈곤을 다양한 사람들이 다양하게 이해한다.

우리는 빈곤이 실재한다는 사실을 직간접적인 경험을 통해 알고 있다. 하지만 어떤 상태를 가난하다고 규정할 것인가라는 질문을 만나게 되면 누구라도 이러저러한 설명을 할 수 있지만 조금만 자세히 들어가면 그렇지 못하다는 것을 쉽게 알 수 있다. 가난은 집, 옷, 혹은 돈이 부족한 상태일 수도 있고 지식이 부족한 상태일 수도 있다. 어떤 사람은 물질적 자원이 부족해도 심오한 지식을 가지고 있다면 스스로 가난하다 여기지 않을 수 있지만 어떤 사람은 가지고 있는 자원이 많다 해도 다른 사람과 비교해 스스로가 부족하거나 열등감을 가진다면 가난하다 여길 수도 있다. 그래서 사람들마다 가지고 있는 가치관과 세계관이 다르기 때문에 빈곤이라는 개념에 대한 완벽한 정의는 없다. 그렇기 때문에 모든 사람들이 합의할 수 있는 정의 또한 없다.

한편 빈곤은 '개인이나 집단에서 물질적 필요에 대하여 부족을 느끼는 것'으로 설명한다. 즉 개인과 가족의 일차적 욕구인 의식주를 제대로 해결하지 못한 상태이며 절대적 빈곤으로서 최저생계비 이하의 상태를 말한다. 그러므로 빈곤은 개인과 가족이 일상생활을 유지하기 위해 필요한 의식주의 결핍뿐만 아니라 기타 사회적 조건을 충족시킬 수 없는 자원의 결핍상태라고 할 수 있다.

② 빈곤선

빈곤선이란 빈곤 여부를 판단할 수 있는 기준이다. 즉 빈곤을 측정하기 위해서는 빈곤을 판단할 수 있는 기준이 있어야 한다. 이를 흔히 '빈곤선'이라고 하며 이는 인간의 기본적 욕구가 어느 정도 충족되고 있는가를 측정하는 척도다.

빈곤선은 한 가구가 최소한의 생계유지에 필요한 소득 또는 지출 수준으로 구분하는 빈곤과 비빈곤의 분기점이다. 따라서 빈곤선의 추정은 빈곤을 어떻게 정의하느냐에 따라 크게 좌우되는데 가장 보편적인 빈곤은 최저생계비에 필요한 소득의 결여로 정의되고 있다. 빈곤선은 절대 개념에 입각해서 볼 때 '소득'과 '최저생계기준' 양자를 설정한 후 전자가 후자에 미달되는 상태에 의해 결정된다. 이러한 빈곤선은 빈곤을 측정하기 위해 가장 많이 사용하는 방법으로 소득에 근거하는 방법이다. 이 빈곤선을 기준으로 빈곤선 아래 있는 사람을 가난한 사람, 빈곤선 위에 있는 사람을 가난하지 않는 사람으로 구분하여 그 수와 양을 측정하는 방법이다.

이를 측정하는 객관적 방법에는 최저생계비를 기준으로 한 절대적 빈곤추정 방식과 전체 사회 구성원들이 소득수준의 일정 비율을 기준으로 한 상대적 빈곤추정 방식이 있다. 주관적 방법에는 자기중심적 기준에 따른 빈곤추정 방식과 타자중심적 기준에 따른 빈곤추정 방식이 있다. 따라서 빈곤선은 빈곤 상태에 있는지를 판단하기 위한 구체적인 기준이라고 볼 수 있다. 이는 국가마다 차이가 나기 때문에 기본적인 생활 수준을 어떻게 정의하느냐에 따라 다르게 나타난다.

한편 미국의 인구조사국에 따르면 빈곤선은 가족의 빈곤 상태나 개인의 빈곤 상태를 결정하기 위해 사용하는 현금의 양을 말한다. 또한 미국의 전국사회복지사업가협회에서 발간한 사전에 따르면 빈곤선은 인간이 최저 생계 수준이나 최저 생활수준에서 살고자 할 때 정부나 사회가 필요하다고 생각하는 현금의 양을 말한다. 한마디로 빈곤선은 어떤 가구가 빈곤 상태에 있는지를 결정하기 위해 사용하는 기준을 말한다. 다시 말해 빈곤선은 빈곤 상태에 있는지를 판단하기 위한 현금의 양으로서 구체적으로는 최저 생계를 일컫는다고 할 수 있다.

③ 공공부조

공공부조는 공적으로 도와주는 것을 말하며 미국의 전국사회사업가협회에서 간행한 사전에 따르면 공공부조는 자신을 부양할 수단이 없는 사람들에게 정부가 최소로 재정적 도움을 주는 것을 말한다. 경제협력개발기구(OECD)의 경우 사회부조에 대해 전 세계적으로 인정되는 정의는 없다고 본다. 그러면서 OECD는 사회부조를 '어려운 사람에게 최저 생계 수준을 유지해 주기 위해 자원조사를 거쳐 제공되는 급여와 서비스'라고 정의하고 있다. 우리나라의 사회보장기본법에 따르면 공공부조는 '국가와 지방자치단체의 책임하에 생활 유지 능력이 없거나 생활이 어려운 국민의 최저 생활을 보장하고 자립을 지원하는 제도'를 말한다. 이러한 제도에는 공공부조의 대상과 급여, 공공부조의 운영과 재정 등이 있다.

▨ 공공부조의 대상과 급여

공공부조를 받기 위해서는 빈곤상태에 있어야 하며 공공부조에서는 대상자에게 현금과 기타 급여를 제공한다. 공공부조의 급여를 기본적인 형태로 구분할 경우 근로부조 급여는 현금급여와 현물급여로 구분할 수 있다. 여기에 바우처 증서를 추가할 수 있다. 이러한 각각의 급여는 다음과 같은 특징을 가지고 있다.

첫째, 현금급여는 아무 물품을 어느 곳에나 바로 구입할 수 있어 선택의 폭이 넓다는 장점이 있지만 대상자가 현금급여를 원래 목적과는 다른 용도에 사용할 수 있다는 단점이 있다.

둘째, 현물급여는 연료나 음식 등으로 주는 것을 말하며 공공부조를 현물급여로 제공하는 것은 현금급여로 제공하는 것보다 오명을 더 줄 수 있다.

셋째, 어느 경우에는 공공부조를 현물급여와 현금급여의 중간에 위치한 형태로 제공할 수 있지만 이것은 어떤 가치를 가지는 바우처를 제공하는 방식으로 진행된다.

▨ 공공부조의 운영과 재정

공공부조는 사회보험과는 다르게 고용주나 근로자가 공공부조에 대한 비용을 직접적으로 부담하지 않는다. 공공부조의 대표적인 제도가 국민기초생활보장제도다.

우리나라의 경우 1961년에 제정된 '생활보호법'에 따라 공공부조제도인 생활보호제도가 등장하였고 빈곤층은 이 제도를 통해서 국가로부터 원조를 받았다. 그러다가 빈곤층의 생활이 최저 수준을 유지하도록 해 주기 위해서 1999년 9월에 '국민기초생활보장법'이 제정됨에 따라 2000년 10월부터 국민기초생활보장제도는 우리나라의 공공부조 제도가 되었다. 또한 부양의무자가 없거나 부양의무자가 있어도 부양 능력이 없거나 부양을 받을 수 없는 사람으로서 소득으로 인정되는 액수가 최저생계비 이하인 사람은 '국민기초생활보장법'을 통해 급여를 받을 수 있는 자격을 가진다.

2) 빈곤문제의 유형

빈곤문제의 유형을 다음 세 가지로 설명하고 있다. 여기에는 절대적 빈곤, 상대적 빈곤, 주관적 빈곤이 포함된다.

(1) 절대적 빈곤

절대적 빈곤은 자원과 생활양식에 기초한 것이 아니라 소득과 신체적 효율성의 유지라는 관점에서 규정되어 왔다. 또한 인간의 육체적 재생산을 가능하게 하는 기본적 필요를 기준으로 빈곤을 다루고자 하는 방식을 '절대적 빈곤'이라 한다. 이는 생물학적 유기체로서 인간이 생활하는 데 충족되어져야 하는 필수 항목인 의·식·주·의료 및 기타 항목이 결핍되어 개인 및 가족이 최소한의 건강하고 문화적인 생활을 영위하지 못하고 있는 상태를 말한다. 이를 통해 가난한 사람들과 가난하지 않은 사람들을 절대적인 기준에 의거해 분류한다.

1995년 코펜하겐에서 열린 세계 정상회의 결과 발표된 유엔선언에 의하면 기본적인 인간 욕구의 심각한 박탈상태를 '절대빈곤'이라고 하였다. 이러한 욕구에는 음식, 안전한 식수, 위생시설, 건강, 주택, 교육, 정보 등이 포함된다. 이처럼 절대빈곤은 기본적인 욕구, 먹고 자고 입는 것을 해결하지 못하는 것을 말하는데 이 중에서도 생존을 위해 가장 절실히 필요한 욕구는 먹는 것이다.

그렇기 때문에 주로 먹는 것을 해결하는 비용과 관련하여 정의를 하는 경향이 많다. 특히 절대적 빈곤의 가장 큰 특징은 국민 최소한의 삶을 특정 기준으로 선을 긋는다는 점이다. 이러한 절대빈곤을 설정하는 방식에는 전물량 방식과 반물량 방식이 있다.

① 전물량 방식

전물량 방식은 생활에 필요한 전 소비물자를 모두 물량의 방식으로 표시하여 그 필요한 물자의 구입 가격을 합산하는 방식이다. 이는 1991년 라운트리(Rowntree)에 의해 개발된 것으로 '예산기준방식'이라고도 한다. 이는 기본적인 생활에 필요한 식비와 그 외의 기본욕구비를 하나하나 계산하는 방식이다. 라운트리가 제안한 전물량 방식은 우리나라에서도 2015년까지 빈곤선을 추정하는 데 이용했던 방식이다. 하지만 매년 이 조사를 수행하는 것은 많은 비용이 소요되므로 3~5년 단위로 기준연도를 설정하여 조사하고 나머지 연도는 물가변동분을 감안하여 조정하였다.

② 반물량 방식

반물량 방식은 엥겔방식이라고도 한다. 왜냐하면 이는 빈곤선을 추정하기 위하여 엥겔지수를 이용하기 때문이다. 이 방식은 일반적인 저소득 가구의 총 지출 비용 중에서 식비가 차지하는 비율이 약 ⅓이라는 것을 이용한다. 최소한의 인간적인 건강상태를 유지할 수 있는 식비에 엥겔계수의 역수 3을 곱한 것을 최저생계비로 추정한다.

또한 소득규모가 낮을수록 비탄력적인 식료품에 대한 지출비중이 상대적으로 높아지는 반면 주택이나 사치품 및 문화상품에 대한 지출은 낮아진다. 그러므로 비탄력적인 저소득층의 식료품비를 기준으로 빈곤선을 정하는 것이 가능하다. 이론적으로 결정하기 쉬운 식료품비에 대해서만 물량 방식을 사용하고 다른 부문 즉 주거, 광열, 피복, 오락비 등은 엥겔지수에 의해 산출한다.

(2) 상대적 빈곤

상대적 빈곤은 한 사회의 소득수준으로 볼 때 상대적으로 소득이 낮은 상태를 의미하며 다른 인구집단과 비교하여 특정 인구집단이 결핍을 겪는 것을 말한다. 빈곤은 대부분의 사회구성원이 누리고 있는 생활수준에 비해 박탈의 상태에 처해 있는 경우를 말하는데 의식주의 기본욕구가 충족되었더라도 빈곤층으로 정의될 수 있다는 특징이 있다. 또한 다른 사람들과의 상대적 차이나 박탈감을 감안하지 못하는 절대 빈곤에 비해 상대적 빈곤의 개념은 한 국가의 평균적 소득수준을 감안한다. 이러한 문제점들은 상당히 개선되며 결국 빈곤은 불평등과 밀접한 관련을 가지게 된다. 또한 상대적 빈곤은 자원이나 생활양식에 따른 상대적 관점으로서 불평등과 불균등한 배분의 결과인 상대적 박탈로 규정한다. 즉 절대적 빈곤을 기아와 같은 상태로 의미한다면, 상대적 빈곤은 이러한 것이 해결된 상황에서의 불평등을 의미한다.

따라서 상대적 빈곤 개념은 '대다수가 누리는 생활형태'를 측정하기가 거의 불가능하고 그 수준의 어느 정도를 빈곤선으로 결정하느냐 하는 것이 인위적일 수밖에 없기 때문에 등장한 것이라고 볼 수 있다. 상대적 박탈을 중심으로 한 상대적 빈곤이라는 개념은 빈곤개념에 대한 전환적 의미를 부여할 수 있었지만 '상대적'이라는 의미에서 저소득층의 생활수준 향상이나 정책적 노력의 효과에 관계없이 빈곤이 규정된다는 점이 단점으로 작용하였다.

여기에서 빈민의 규모는 제시하지만 빈민의 삶의 질에 대한 정보를 제공하지 못하는 한계가 있었다. 이러한 한계로 인해 빈곤해결을 위해 상대적 빈곤선을 적용할 경우 소득 불평등의 개념을 받아들이고 평균소득의 일정 비율을 빈곤선으로 정하는 것이 바람직한 것으로 본다.

이렇듯 상대적 빈곤은 사회구성원들의 전반적인 생활수준을 주요한 빈곤의 수준으로 삼고 있기 때문에 상대적 박탈과 불평등의 개념으로 여긴다. 즉 사회 변화의 수준을 빈곤선 측정에 반영할 수 있기 때문에 절대적 빈곤의 기준보다는 사회의 변화를 더 잘 담아낸다고 평가할 수 있다.

(3) 주관적 빈곤

주관적 빈곤이란 객관적 기준이 없이 주관적 판단에 근거해 정의되어지는 빈곤을 말한다. 다시말해 자신이 가지고 있는 것이 충분하지 않다고 느끼는 것을 말한다. 또한 자신이 처한 상황에서 자신의 빈곤 여부를 가장 잘 평가할 수 있는 것은 바로 자기 자신이라는 전제에서 출발하여 사람들의 주관적 평가에 기초하여 빈곤 여부를 결정한다. 이러한 주관적 빈곤은 사람마다 서로 다른 정의를 내리기 때문에 객관적으로 일치되는 정의를 내리기란 쉽지 않다.

여기에는 가족이 어떤 지역사회에서 그럭적럭 살아가는 데 필요한 최소비용이 얼만인가를 조사한 결과의 대표적인 두 가지 형태가 있다. 이를 설명하는 방식에는 델릭(H. Deleeck)방식과 라이덴(Leyden) 방식이 있다.

① 델릭(H. Deleeck)방식

델릭 방식은 최소비용에 대해 응답한 금액들을 평균하여 빈곤선으로 규정하고 빈곤선 이하의 소득자를 빈민으로 산출하는 방식을 말한다.

② 라이덴(Leyden) 방식

라이덴 방식은 사람들이 살아가는 데 소요되는 최소 소득을 묻고 이를 바탕으로 그들이 판단한 최소 소득과 그들의 실제소득과의 관계를 분석하여 실제소득과 그럭저럭 살아가는 데 소요되는 최소 소득이 일치하는 점을 빈곤선으로 결정하는 방식이다.

따라서 절대적 빈곤선과 상대적 빈곤선의 두 가지 방식은 누가 빈곤 여부를 결정하는가의 문제를 간과하고 있다. 여기에는 전문가의 판단보다 사회의 지배적인 의견을 빈곤선 설정에 이용하는 장점이 있지만 질문의 종류와 방법론의 차이에 따라 빈곤선 결정의 변동이 가능하고 적은 표본을 사용한 추정치의 표준오차가 발생될 가능성이 있다는 평가를 받고 있다.

3) 빈곤문제의 현황

빈곤문제의 현황은 크게 두 가지로 나뉘어져 있다. 여기에는 빈곤 및 중간계층 분포율인 상대적 빈곤율과 인구 유형별 빈곤율로 설명하고 있다. 먼저 상대적 빈곤율은 세금과 이전소득을 모두 감안한 처분가능 소득이 중위소득의 50%를 밑도는 계층이 전체 인구에서 차지하는 비율을 말한다. 인구 유형별 빈곤율은 노인층과 더불어 1인 가구의 빈곤율도 높은 것으로 드러났으며 한국보건사회연구원은 인구 유형별 빈곤율은 노인, 1인가구, 여성가구주가구, 한부모가구 순으로 빈곤율이 높은 것으로 나타났다고 보고했다. 더불어 이들 집단의 특성에 맞는 맞춤형 빈곤환화 정책이 요구된다고 설명했다(한국보건사회연구원, 2023).

(1) 빈곤 및 중간계층 분포율(상대적 빈곤율)

우리나라의 경우 1990년대 전반기에는 빈곤율이 크게 낮아진 것으로 보고되고 있다. 이 시기에 빈곤율이 낮아진 주요 이유는 경제가 빠르게 성장하였기 때문이다. 하지만 1990년대 이후 빈곤율이 크게 높아졌는데 이렇게 빈곤율이 높아진 이유는 소득에 대한 불평등이 심해지고 경제성장이 더디었기 때문이다(구인회, 2004).

OECD 자료를 살펴보면 2021년 기준 한국의 상대적 빈곤율이 15.1%로 나타났다. 미국의 경우 한국과 마찬가지로 15.1%로 같았고 영국은 11.7%, 스웨덴 9.2%, 핀란드 6.7% 등에 비해서는 한국이 높은 걸로 나타났다. 이 중 눈에 띄는 것은 한국의 노인 빈곤율이 OECD 회원국 중 가장 높은 것으로 나타났다는 것이다. 66살 노인 기준 10명 중 4명이 빈곤 상태인 것으로 확인되었다. 이는 한국의 노인 연금이 빈약한 이유 때문이기도 하며 연금 시스템이 아직은 성숙 중에 있으나 국민연금 가입률 등이 낮았던 것도 이유로 꼽고 있다. 또한 초고령 노인의 연금 수급액이 매우 적은 것 또한 노인빈곤의 이유가 되고 있다.

한국보건사회연구원(2022)에서 조사한 우리나라 빈곤실태를 살펴보면 지난(2016~2020년) 5년간 빈곤 및 중간계층 분포를 통해 다음과 같은 현황을 알 수 있었다. 먼저 2020년 소득별 빈곤율은 시장소득 기준 빈곤율이 전년 대비 소폭 증가하였으나 경상소득, 가처분소득 기준 빈곤율은 전년 대비 감소한 모습을 보이고 있다. 시장소득 기준은 2020년 상대적 빈곤율은 21.5%로, 2019년 21.4%보다 0.1%p 증가하였다. 가처분소득 기준 2020년 상대적 빈곤율은 15.3%로, 2019년 대비 1.0%p 감소하고 있다.

| 표 8-1 | 상대적 빈곤율(중위 50% 기준) (단위: %)

구분	2016년	2017년	2018년	2019년	2020년
시장소득	20.7	20.8	21.0	21.4	21.5
경상소득	17.9	17.5	16.9	17.0	16.2
가처분소득	17.6	17.3	16.7	16.3	15.3

소비지출	10.8	10.4	10.3	10.0	8.9
가계지출	13.1	12.6	12.4	12.6	12.0

출처: 한국보건사회연구원(2022)

(2) 인구 유형별 빈곤율

지금 우리나라의 노인 빈곤율은 타 빈곤율보다 앞서고 있다. 이는 2020년 시장소득 중위 50% 기준으로 상대적 빈곤율을 조사한 바 76세 이상에서 69.1%로 가장 높게 나타났다. 66~75세 53.7%, 51~65세 19.0% 순으로 중고령층 연령대의 빈곤율이 높게 나타남을 알 수 있다. 반면 18세 미만은 12.9%, 41~50세는 12.6%, 18~25세는 11.6%, 26~40세는 10.8%로 나타났다.

또한 가처분소득 중위(2020년 기준) 50% 기준 상대적 빈곤율은 76세 이상이 52.0%, 66~75세는 31.5%, 51~65세는 12.9%, 41~50세는 10.5%, 18세 미만은 9.8%, 18~25세는 9.0%, 26~40세는 8.4%로 나타남을 알 수 있었다.

인구 유형별 빈곤율의 종류에는 노인 빈곤율을 포함한 다음과 같이 여러 형태로 나타나고 있다.

① 노인 빈곤율

노인 빈곤율의 시장소득 기준, 가처분소득 기준 빈곤율은 58.8%, 39.0%로, 전년 대비 각각 1.0%p, 2.4%p 감소하였다. 여성 노인 빈곤율은 시장소득 기준 62.2%, 가처분소득 기준 43.9%, 남성 노인 빈곤율은 시장소득 기준 54.3%, 가처분소득 기준 32.7%로 나타났다.

② 아동 빈곤율

아동 빈곤율의 시장소득 기준, 가처분소득 기준 빈곤율은 10.6%, 8.2%로, 전년 대비 각각 0.3%p, 0.7%p 감소한 것으로 드러났다.

③ 장애인 빈곤율

장애인 빈곤율의 경우 시장소득 기준, 가처분소득 기준 빈곤율이 54.8%, 39.5%로, 전년 대비 각각 1.2%p, 2.5%p 감소하였다.

④ 청년 빈곤율

청년 빈곤율은 시장소득 기준, 가처분소득 기준 10.6%, 8.2%로, 전년 대비 각각 0.3%p, 0.7%p 감소하였다. 여성 청년 빈곤율은 시장소득 기준 10.1%, 가처분소득 기준 7.9%이고, 남성 청년 빈곤율은 시장소득 기준 11.1%, 가처분소득 기준 8.6%로 나타남을 알 수 있었다.

⑤ 취업자 빈곤율

취업자 빈곤율에 있어서는 시장소득 기준 15.2%로 전년 대비 0.8%p로 증가하는 빈곤율로 나타났고 가처분소득의 경우 10.3%로 전년 대비 0.5%p 감소하였다. 여성 취업자 빈곤율은 시장소득 기준 17.0%, 가처분소득 기준 11.6%이고, 남성 취업자 빈곤율은 시장소득 기준 13.8%, 가처분소득 기준 9.3%로 나타났다.

⑥ 여성가구주가구 빈곤율

여성가구주가구 빈곤율의 경우 시장소득 기준 42.1%로 전년 대비 1.9%p 감소하였으며 가처분소득 기준 32.6%로 전년 대비 3.3%p 감소하였다.

⑦ 한부모가구 빈곤율

한부모가구 빈곤율의 시장소득 기준 빈곤율은 40.5%로, 2019년 44.9%에서 4.4%p 감소하였으며 가처분소득 기준 빈곤율도 30.1%에서 22.4%(7.7%p 감소)로 감소하였다.

⑧ 1인가구의 빈곤율

1인가구의 빈곤율은 시장소득 기준 55.9%로 전년 대비 3.7%p 감소하였고 가처분소득 기준 47.2%로 전년 대비 4.6%p 감소하였다.

| 표 8-2 | 인구 유형별 상대적 빈곤율(중위 50% 기준) (단위: %)

구분		2016년	2017년	2018년	2019년	2020년
노인	시장소득	58.7	58.4	59.9	59.8	58.8
	가처분소득	43.6	42.3	42.0	41.4	39.0
아동	시장소득	15.5	14.5	13.1	12.1	12.9
	가처분소득	15.2	14.2	12.3	10.6	9.8

청년	시장소득	11.0	11.4	10.6	10.9	10.6
	가처분소득	10.4	10.6	9.5	8.9	8.2
장애인	시장소득	49.7	51.8	54.6	56.0	54.8
	가처분소득	40.6	40.3	41.5	42.0	39.5
취업자	시장소득	14.0	14.1	14.3	14.4	15.2
	가처분소득	12.0	11.8	11.4	10.8	10.3
여성가구주 가구	시장소득	43.6	43.3	43.4	44.0	42.1
	가처분소득	37.9	37.1	36.7	35.9	32.6
한부모가구	시장소득	48.2	48.6	49.1	44.9	40.5
	가처분소득	42.3	38.7	38.6	30.1	22.4
1인가구	시장소득	58.8	58.5	58.9	59.6	55.9
	가처분소득	54.0	52.1	52.7	51.8	47.2

출처: 한국보건사회연구원(2022)

2. 빈곤문제의 원인과 대책

1) 빈곤문제의 원인

산업구조가 고도화되고 소비를 중심으로 일상생활이 재편되는 현실에서의 빈곤원인에 대해서는 생산부문 못지않게 소비부문을 중요시해야 한다. 즉 소비활동, 소비양식, 가족관계, 일상적인 생활과정, 집합적 소비수단 등을 포괄적으로 분석하면서 빈곤의 발생 구조를 종합적으로 밝혀내야 한다. 이와 같은 방법을 강조하는 것은 빈곤에 대한 현상적 특성 뿐만 아니라 빈곤이 발생하는 원인으로 사회구조적 힘이 작용하는 영역까지 파악해야 되기 때문이다. 이러한 빈곤문제의 원인에는 크게 개인·제도적 원인과 사회구조적인 원인을 들고 있다.

(1) 개인·제도적 원인

빈곤의 원인이 무엇인가에 대해서는 정확한 해답을 얻기가 어렵지만 일반적으로 빈곤원인론에 대한 포괄적인 설명은 미시적 차원과 거시적 차원으로 구분한다. 미시적 차원에서의 설명은 빈곤의 원인을 한 명의 개인이 사회에 대한 적응의 실패로 인해 빈곤한 상태에 이른다는 것이다.

거시적 차원에서의 빈곤원인은 제도적인 실패, 사회체계의 결함으로 인하여 한 개인이 빈곤하게 된 원인을 찾는 것이다. 이러한 문제의 원인을, 사회를 구성하는 기본 단위인 한 개인에게서 찾을지 아니면 그 사회에서 만들어진 제도의 문제에서 찾을지는 제도적 관점에서 찾느냐에 따라 문제를 해결하는 관점도 달라진다.

개인적 차원에서의 빈곤원인에 대한 접근은 한 명의 개인의 동기부족, 게으름, 음주, 도박 등과 같은 개인이 사회적으로 제대로 기능하지 못하기 때문이다. 이러한 문제행동을 수정하게 된다면 아마 빈곤하지 않을 것이다. 이를 토대로 이들이 가진 문제를 심리 및 정서적으로 치료해 주고 개입해 준다면 치료적 관점의 모델이 주요한 문제해결의 방안으로 받아들여진다. 반면 제도적 관점에서 빈곤의 원인을 찾게 되면 빈곤은 사회문제의 근원이 자본주의적 생산양식 그 자체에 있다고 본다. 왜냐하면 사회제도적 차원에서 빈자들을 위한 다양한 정책들을 통해 사회적 재분배 정책들을 도입하면 빈곤 문제가 완화될 수 있기 때문이다.

(2) 사회구조적 원인

빈곤에 관한 연구를 거듭해 온 학자들은 저마다 그 원인을 다르게 분석하고 있다. 선진국의 경우 빈곤을 실제적으로 경제영역 밖에 있다고 보는 것이 공통된 견해이다. 그렇지만 우리나라의 경우 빈곤을 국민성이나 개인의 심적 태도, 정신적 빈곤 등에 기인하다고 보고 있다. 이러한 빈곤의 원인을 개인적 차원에서는 음주, 질병, 부상, 직장 내 불안 등으로 정의하고 있다.

그래서 빈곤의 원인을 제도적 관점 또는 사회구조적인 접근 방법을 중심으로 살펴보아야 한다. 이는 현대사회를 살고 있는 대부분의 사람이 빈곤과 불평등이 개인의 노력으로 극복될 수 있는 것이 아님을 인식하고 있기 때문이다. 현재 우리 사회의 분배구조 자체가 개인이 어떠한 노력을 하더라도 빈곤의 상태를 벗어나기 힘든 사회구조를 갖고 있다. 이러한 사회구조적인 원인을 부의 양극화, 산업구조의 변화, 교육 불평등 등의 관점에서 설명하고 있다.

① 부의 양극화

현재 우리사회는 부모의 계층이 자식에게 그대로 이전되는 빈곤의 대물림 현상이 고착화 되고 있다. 부모의 소득은 자식의 계층에도 영향을 미친다는 것은 이미 거스르기 어려운 명제가 되었다. 이러한 부의 대물림 현상을 이제는 당연하게 받아들여지고 있을 정도다. 더욱이 지식정보화 사회에서는 결국 지식이 돈으로 이어지기 때문에 특히 부모의 교육수준이 자녀의 교육수준으로 이어지고, 자녀의 높은 교육 수준이 결국 더욱 큰 양극화를 양산할 가능성이 높다.

② 산업구조의 변화

지금 우리사회가 마주하고 있는 4차 산업혁명, 즉 그중에서도 인공지능의 발전으로 인한 사회변화가 빠르게 진행되고 있다. 이러한 변화의 물결은 기대소득의 분배상태, 소득세의 재분배효과 등을 악화하여 양극화를 더욱 심화시킬 수 있으며 노동시장 축소, 문화적 소외, 사회적 배제라는 어두운 미래와의 공존을 예상하게 한다.

또한 한 사회구조의 변화와 더불어 새롭게 등장하는 가족의 형태, 인공지능 등의 기술발전을 통한 제조업계에서의 일자리가 없어진다는 점과 고용유발률이 낮은 직종의 급증 등과 같이 노동에서 인간의 역할이 주변화될 가능성이 있다. 이는 인간의 존재 자체와 그 의미로 이해해 오던 우리가 한번도 의문을 제기해 본 적이 없는 노동하는 인간이라는 '인간 존재론' 자체에 대한 큰 도전이 된다. 이것이 산업구조의 변화로 인한 또 다른 빈곤문제의 원인이 되기도 한다.

③ 교육 불평등

자본주의 사회에서는 교육의 성취가 사회경제적 지위에 상당한 영향을 미친다. 즉 가정의 사회경제적 배경이 교육성취에 중요한 요인으로 작용하고 있다. 그래서 교육기회가 지속적으로 확대되어 오고 있지만 사회계층에 따라 교육은 상당히 불평등하게 분배되고 있다. 그 결과 다른 요인들과 더불어 세대내·세대간 사회이동은 상당히 제약되고 있다.

2) 빈곤문제의 대책

빈곤에 대한 대책 및 해결방안은 하나의 정책만으로 해결되는 것은 아니다. 빈곤문제를 분석하고 제반 사회정책들의 상호 관련성을 고려해서 적절한 정책을 수립해야 한다. 그런 다음 여러 대안을 선별하여 체계적으로 접근해야 한다. 그 이유는 빈곤문제의 원인을 일원적으로 규정하고 대응할 수 없기 때문이다. 따라서 빈곤문제를 퇴치하거나 완화하기 위한 방안을 다음과 같이 설명한다.

(1) 빈곤의 원인론에 대한 재해석

빈곤의 원인을 개인적인 관점에서만 찾기에 우리 사회는 너무 빠르게 변화하고 있다. 산업구조의 변화 등을 통해 인간이 열심히 일하고 싶지만 일자리를 찾지 못하는 사례들이 향후 더욱 증가할 가능성이 많다. 이러한 상황들을 고려해 볼 때 개인의 노력만으로 빈곤문제를 해결하기에는 역부족임에 틀림이 없다. 이런 생각들을 많은 사람들이 인식할 수 있게, 또한 빈곤의 원인론에 열린 의식들이 사회적으로 전파될 필요가 있다.

(2) 제도적 관점·다양한 정책을 통한 빈곤완화

현실적인 수준의 기초생활보장제도에서 말하는 최저보장수준이 과연 최저생계를 책임질만한 수준인지 논의가 필요하다. 물론 지속적인 최저생계비의 인상이 실시되고는 있지만 이는 물가인상률을 반영한 것이다. 이는 최소한의 문화적 생활을 영위해 나가는 것에 비해 턱없이 부족한 수준이기 때문에 이에 대한 현실적인 조치가 필요하다.

(3) 적절한 공공부조 급여의 제공

공공부조는 사회보장의 여러 프로그램들 중에서도 빈곤층에게 소득을 보장해 주는 제도다. 그러므로 빈곤문제를 해결하기 위해서는 공공부조의 급여를 적절하게 제공할 필요가 있다. 무엇보다 헌법에 명시된 '모든 국민은 인간다운 생활을 할 권리가 있다'고 한만큼 모든 빈곤층에게 기본적인 적절한 수준의 급여를 제공할 필요가 있다.

(4) 빈곤층 고용을 위한 장기 전략의 수립

실업이 빈곤을 유발하는 가장 큰 요인들 가운데 하나이다. 유럽에서는 여러 인구층 중에서 빈곤을 겪을 가능성이 가장 큰 집단은 장기적으로 실업 상태에 있는 층이라고 분석한 바 있다. 그러므로 국가의 전반적인 복지 체계를 설계할 경우 빈곤층이 꾸준히 일을 할 수 있는 토대를 갖추는 데 장기적인 관심을 가질 필요가 있다.

(5) 빈곤층의 고용과 관련된 방안

빈곤층이 자본주의 체제에서 노동시장에 참여하기 위해서는 노동시장에서 필요한 기술을 가지고 있어야 한다. 이것은 자본주의의 생산 과정에 통합되는 일이기도 하다. 이러한 빈곤층의 고용 기회를 늘리기 위해서는 빈곤층에게 사업장에서 사용할 수 있는 기술을 배우는 프로그램을 많이 제공할 필요가 있다.

(6) 빈곤층의 근로의욕과 관련된 방안

빈곤층의 근로의욕을 증진하기 위해서는 빈곤층의 근로에 대해 추가로 보상하고 빈곤층의 인격을 존중하게 대할 필요가 있다. 또한 빈곤층에 일을 한 것에 대한 추가 혜택을 줄 경우 빈곤층은 더 열심히 일을 하려고 한다. 그러므로 빈곤층의 근로의욕을 키우기 위해 국가나 기관은 빈곤층이 일해서 얻은 소득에 비례해 세금과 관련된 혜택을 주거나 금전으로 추가로 보상해 줄 필요가 있다. 특히 빈곤층이 자신의 능력에 대해 긍정적으로 인식할 경우 빈곤층은 고용과 관련된 교육이나 훈련에 더 참여할 가능성이 크다. 따라서 빈곤층이 자신의 능력을 긍정적으로 인식하게 하는 프로그램을 자주 실시 할 필요가 있다.

(7) 빈곤층에 대한 부정적 인식과 관련된 방안

빈곤층에 대한 부정적 인식과 관련하여 이들을 인격적으로 대하고, 행정적 절차에 있어 이들의 정서적 측면 또한 고려할 필요가 있다. 빈곤층은 자신의 열악한 상황으로 인해 자신을 가치 있는 존재로 생각하지 않는 경우가 많다. 따라서 물질적 빈곤을 줄이는 것 못지않게 빈곤층의 인격을 존중하며 대하는 것도 매우 중요하다고 할 수 있다.

이러한 빈곤층을 대상으로 활동하는 기관 및 전문가의 경우 빈곤층을 인격적으로 대해야 한다. 또한 빈곤층을 위한 복지 제도에서도 마찬가지로 제공하는 급여의 양도 중요하지만, 빈곤층을 위한 복지 제도를 설계하고 운영하는 방식도 중요하다.

(8) 보편적이고 종합적인 가족정책의 필요성

한 사회에서 가족은 두말할 나위 없이 중요하다. 그렇듯이 가족의 건강, 양육, 교육 등과 관련된 문제에 대해 보편적이고 종합적인 대응책은 한 사회에서 발생할 수 있는 빈곤문제의 많은 부분을 예방하는 효과와 함께 해결책으로 기능하게 된다.

(9) 적극적 노동시장 정책의 운영

최근 지속적인 고용창출의 일환으로 사회적 일자리에 대한 관심 또한 크다고 할 수 있다. 이를 통해 청년층의 노동시장 진입을 용이하게 하고 노령층의 노동시장 잔류가 가능할 수 있게 된다. 하지만 실제 창출되는 일자리는 좋은 일자리가 아닌 경우도 많으며 근로자의 가치에 비추어 적성, 비전, 조직문화가 어울리는 좋은 일자리를 창출하는 것도 중요한 문제다. 이러한 적극적 노동시장 정책의 노력이 노동시장의 반응을 독려

하며 함께 진행되어야 한다.

3. 빈곤과 사회문제

오늘날의 사회에서는 빈곤이 겉으로 두드러지게 보이지 않는 경우가 많음에도 불구하고 빈곤은 엄연한 현실로 계속 존재해 오고 있다. 이렇게 빈곤문제는 동서고금의 전 인류사회가 가지고 있는 가장 심각한 문제라 해도 과언이 아니다. 그러면서도 빈곤문제는 사회와 시대에 따라 이해와 개념도 다르고 원인 또한 다양하기 때문에 많은 연구와 제도의 개선에도 불구하고 좀처럼 그 해결의 실마리를 찾지 못하고 있는 과제이기도 하다. 이러한 빈곤은 인간이 살아온 역사에서 어떤 것을 가지는 것에 관심을 가진 이후부터 항상 존재해 왔다.

우리는 흔히 경제가 발전하면 빈곤문제는 자동적으로 해결될 것으로 생각하고 있다. 그렇지만 이러한 시각이 있음에도 불구하고 선진 서구사회나 한국사회가 경험해 온 바로는 경제문제와 복지문제의 순환전 등식이 반드시 성립되는 것은 아니라는 사실이다. 즉 경제발전으로 인한 혜택이 오히려 빈익빈 부익부를 조장하는 결과를 가져올 수 있다는 주장이 설득력을 더하고 있는 현실이다. 물론 경제발전은 풍부한 자원을 제공해줌에 틀림이 없으며 절대적 빈곤을 해소하는 데 상당한 도움이 된다. 다시 말해 경제성장에 못지않게 분배를 공평하게 할 수 있는 방안이 마련될 때 빈곤문제의 해결은 가능할 것이지만 현실은 그렇지 못하다는 데에 문제의 심각성이 있다. 빈곤에 대한 판단과 기준이 다를지라도 빈곤문제만큼 어려운 사회문제도 없을 것이다.

특히 빈곤문제는 한 사회의 구조적인 문제로 나타나는 상호관계의 결과가 되며 이로 인해 파생되는 다양한 상황은 개인과 집단구성원 전체에 불편한 영향을 준다. 이는 인간 삶의 대부분에 작용을 하고 있으며 모든 사회에서 빈곤에 관심을 두는 이유는 무엇보다 빈곤이 다양한 문제를 유발하는 원인으로 작용하기 때문이다. 동시에 어떤 문제의 결과로도 나타나지만 이는 매우 복잡한 사회문제가 되며 이에 대한 대응과정에서 사회 전체가 유기적으로 작동한다고 해도 그 해결이 쉽지 않을 수 있다.

오늘날 빈곤과 관련된 사회문제를 살펴 보면 정신건강문제, 알코올문제, 실업문제, 가정폭력문제 등과 관련되어 있으며 이밖에도 특정한 사회문제 때문에 겪는 어려움은 빈곤 상태에 있을 때 더 커지는 경우가 많다(노병일, 2022). 그래서 빈곤은 해당하는 개인과 가족에게 매우 부정적으로 영향을 미치고 있다. 이는 빈곤층의 고용과 관련된 문제, 빈곤층의 근로의욕과 관련된 문제, 빈곤층에 대한 부정적 인식과 관련된 문제를 들 수 있으며 특정한 집단의 빈곤과 성별에 따른 빈곤도 중요한 사회문제가 되고 있다. 특정한 집단의 빈곤에는 아동빈곤, 노인빈곤, 장애인빈곤이 있으며, 성별에 따른 빈곤에는 여성빈곤을 들 수 있다.

쟁점 나누기(Debate)

❖ 현재 우리사회가 직면하고 있는 근로빈곤율의 증가 문제를 해결하기 위한 정책 방안 마련이 시급히 요구된다. 이러한 문제를 해결하기 위해 실직자에 대한 실업급여 지출확대 및 취업자에 대한 각종 고용지원 강화가 중요하다고 볼 수 있다. 아울러 이를 보조할 수 있는 각종 현금 및 현물급여 확대정책을 강화한다면 도움이 될 수 있는가?

현금 및 현물급여 지원은 도움이 된다
VS 현금 및 현물급여 지원은 도움 되지 않는다

현금 및 현물급여 지원은 도움이 된다	현금 및 현물급여 지원은 도움되지 않는다

9장

환경문제

환경문제는 현시점에서 인류의 존망을 가장 크게 위협하는 문제이며 자연이 더 이상 스스로 정화할 수 없는 임계점에 도달하여 생기는 각종 문제점을 이르는 말이다. 세계적으로 환경문제에 대한 위기의식을 본격적으로 공유하게 된 것은 1990년대 이후로 이전까지는 글로벌한 환경문제에 대한 인식이 희박한 편이었다. 실제로 우리나라에서도 1990년대에 환경보호캠페인이 많이 만들어졌다. 21세기에 들어서는 환경오염의 완화 및 이에 대한 해결을 위한 많은 노력이 쏟아지고 있다.

그래서 이 장에서는 이러한 환경문제를 이해하고자 한다. 나아가 환경문제를 일으키는 원인은 무엇인지, 환경문제를 통해 살펴본 사회문제는 어떠한 것이 있는지, 환경문제에 대한 해결방안은 또 어떤 것이 있는지 살펴보고자 한다. 또한 환경문제를 보는 시각에서 한국이 당면하고 있는 중요한 환경문제 및 이에 대한 대응방안을 함께 살펴본다.

1. 환경문제에 대한 이해

1) 환경문제의 정의

환경문제는 한국사회에서 사회안전을 위협하는 불안요소들 중 범죄문제 및 빈곤문제와 함께 매우 중요한 사회문제다. 이처럼 과거에 비해 사람들이 인식하는 환경문제의 중요성은 점점 높아지고 있다. 이러한 인식의 이면에는 현대사회의 구성원들이 과거에 비해 훨씬 환경적 위협에 의해 무기력한 존재가 되어가고 있기 때문이다. 또한 위험에 있어서도 과거의 위험은 어느 정도 예측이 가능하고 대비가 된 위험이었지만 현대의 위험사회(risk society)는 위험이 인간의 주변에 편재하지만 그것을 알아채기 어렵다. 지금 사회는 특정 국가에서 발생한 환경문제가 더 이상 특정 국가만의 문제가 아니라 국경을 초월하여 영향을 주는 전 지구적 문제가 되고 있다. 이는 인간이 21세기를 인간답게 살아가기 위해서 시급히 관심을 기울이고 대책을 마련해야 할 분야가 되었다.

근대부터 시작된 산업화 및 인간의 활동과 비례하여 폐기물의 대량 발생, 자원고갈, 유해화학물질 등에 따른 자연생태계의 파괴, 성층권의 오존층 파괴, 지구온난화 등이 속도와 규모 면에서 빠르게 진행되고 있다. 그 폐해가 새로운 형태의 위협으로 발생하고 있어 대책 마련이 시급이 요구되는 실정이다(박철현, 2018). 따라서 급속한 도시화와 경제성장은 대기오염과 수질오염, 토양오염 등 많은 환경문제를 발생시키고 있다. 인구, 국민소득, 에너지와 같은 항목은 총괄적인 환경오염 인자이며 산업생산, 자동차 운행, 축산물 사육량, 물 이용량 등은 보다 구체적이고 직접적인 환경오염 인자이다. 이에 환경오염은 지역적이기보다는 광역적으로, 부분적이라기보다는 종합적으로, 그리고 피상적이기보다는 현실적으로 나타나고 있다. 나아가 과거의 환경문제는 어느 한 국가의 영역내에서 나타나고 해결이 가능하였지만 현대의 환경문제는 국가의 영역을 넘어 전 지구적인 문제로 영향을 미치고 있는 실정이다. 이처럼 환경문제는 예전에 비해 부지불식간에 우리 인간들의 주변에 맴도는 위험을 증가시키고 있으며 과거에 비해 한 국가의 영역 내에 일어나는 것이 아니라 전 지구적인 재앙으로 나타나고 있다.

일반적으로 환경문제라고 하면 환경이 오염됨으로써 각종 인적, 물적 피해가 발생하는 문제라고 할 수 있다. 학술적으로는 자연의 상태인 자연환경과 사람의 일상생활과 밀접한 관계가 있는 재산의 보호 및 동식물의 생육에 필요한 생활환경을 말한다. 즉 우리 인간이 호흡하는 공기, 마시는 물, 먹을 것을 얻는 땅, 우리가 생활하는 산과 강, 바당, 호수, 나무, 꽃, 바위 등을 포함하며 생활하는 공간과 교통수단 등 다양한 것들 역시 환경에 포함이 된다.

따라서 환경문제란 바로 인간의 생존과 삶의 질에 부정적인 방향으로 환경에 영향을 미치는 모든 문제라고 할 수 있다. 다시 말해 환경이 쇠퇴 또는 악화되는 것을 말한다. 종전에는 환경문제의 개념이 공해라는 말과 동일시되어 왔으나 이는 자연환경의 오염을 가리키는 한정적인 용어로 환경문제 전반을 포함하는 데는 적합하지 못하다. 최근에는 공해라는 말 대신에 환경문제라는 말이 일반화되고 있다. 이밖에도 환경파괴,

환경위기, 환경스트레스 등의 용어도 사용되고 있다.

2) 환경문제의 유형 및 현황

20세기 후반부터 폭발적으로 증가한 세계 인구와 산업혁명 이후의 경제성장에 결부된 에너지사용의 지속적인 증가와 함께 과도한 개발과 자연자원의 무절제한 이용은 환경오염과 지구생태계의 자정과 치유능력의 초과를 초래하여 인류를 포함하는 지구의 모든 구성원들의 생존을 위협하는 단계에 있다. 이러한 환경 문제유발의 근본적인 원인은 산업혁명 이후의 여러 인위적 요인에 기인하고 있다. 이를 토대로 현재까지 밝혀진 환경문제의 유형에는 오존층 파괴, 지구온난화, 생물종의 감소 및 멸종, 산성비, 수자원 부족 등을 들 수 있다. 이와 더불어 살펴 본 환경문제의 현황 및 유형은 다음과 같다.

(1) 오존층 파괴

냉장고의 냉매, 반도체 등 전자제품의 세척제로 사용하기 시작한 프레온가스와 소화제로 사용된 할론 등이 대기로 방출됨으로써 유해한 자외선을 흡수하는 역할을 하는 오존층을 파괴하게 되었다. 최근 오존층 파괴물질의 사용량이 급격히 증가하여 오존량은 지난 10년동안 1~3% 정도 감소하였고, 남극에서는 정상상태의 40% 정도에 불과하다는 오존층 파괴현상이 보고되고 있다.

(2) 지구온난화

지구온난화 현상은 주로 석탄, 석유등 연료의 연소에서 다량으로 배출되는 이산화탄소가 크게 기여하는 것으로 알려져 있다. 산업혁명 이후 이산화탄소 대기중 농도가 연평균 0.5%씩 증가함에 따라 지구의 평균온도는 지난 100년간 지역에 따라 0.3~0.6도 상승 하였다. 지구온난화로 인해 해수면의 상승, 지구생태계의 파괴, 기상이변, 사막화, 한발 등 심각한 피해가 속출하고 산업·경제에도 큰 영향을 미치고 있다.

(3) 생물종의 감소 및 멸종

환경오염과 생태계 파괴로 인해 생물종의 서식환경이 극도로 악화되어 궁극적으로는 생물종의 감소 및 멸종에 이르게 된다. 연간 2만 5,000~5만 개의 종이 멸종되어 가고 있으며 현재와 같은 속도가 계속될 경우 향후 지구상에 존재하는 것으로 추정되는 생물종 중 10~20%가 멸종할 것으로 추정되고 있다. 생물종이 멸종되면 자연생태계 의

균형이 파괴되고 유용한 생물자원의 수가 감소되어 생태계의 먹이사슬이 파괴됨으로써 환경파괴가 가속화된다.

(4) 산성비

최근 들어 공업화가 전세계적으로 확산하면서 배출되는 황산화물과 질소산화물은 지역적 대기오염과 함께 대기 중의 습기와 화학반응을 일으켜 산성비의 월경성 오염을 초래한다. 산성비는 토양, 하천 및 호소의 산성화를 촉진하고 산림 및 농작물의 황폐화를 촉진하여 생태계에 심각한 악영향을 초래한다.

(5) 수자원부족

현재 세계 인구의 약 ⅓이 물부족국가에 살고 있으며 2025년까지 세계인구의 ⅔가 물부족 상태에 놓이게 될 것으로 예측하고 있다. 물부족과 이로 인한 수질오염은 광범위한 공중보건문제, 경제 및 농업개발의 제한, 자연생태계에 유해한 영향을 주어 궁극적으로 지구적 식량공급을 위협할 수도 있다.

그러므로 21세기는 새로운 물 분쟁의 시대를 초래하게 될 것이며 이러한 지구환경문제는 대기, 해양, 생태계, 독성 및 유해물질 등 광범위한 분야에 걸쳐 있다. 자국의 환경문제가 타국에도 영향을 초래할 수 있음에 따라 지구환경보전은 국경을 초월한 전지구적 차원의 공동노력이 절실히 요구된다.

2. 환경문제의 원인과 대책

1) 환경문제의 원인

환경문제는 인간이 저지른 사고에 의해 발생하기도 하고 인간이 직접 만들기도 한다. 이러한 환경문제의 원인은 매우 다양하며 크게는 자연환경오염, 폐기물오염, 대기오염, 수질오염, 토양오염, 식생오염 등으로 구분된다. 이 밖에도 환경문제가 다양한 만큼 그 원인 역시 다양하며 인구의 증가, 풍요한 사회, 기술의 발전, 경제성장, 문화적 가치 등을 들 수 있다.

인간이 자연을 수단화하고 도구화하는 과정에서 발생한 대기오염, 수질오염, 토양오염 등의 환경오염은 아름다운 자연의 고유한 가치를 훼손하고 인간 삶의 가능성을 축소시켰다. 자연환경이 점차로 황폐해지고 이에 따라 인간은 자연의 아름다움이 부여하는 고유하고 독특한 삶의 가치를 경험할 기회를 점차로 잃어버린다. 자연이 파괴되는 그만큼 인간은 자연의 아름다움이 부여하는 '좋은 삶'의 계기들을 상실하게 되는 것이다(진미령, 2023).

(1) 자연환경오염

자연환경 오염은 자연경관의 오염과 훼손을 말한다. 광산개발, 석유시추, 벌목, 고속도로 건설, 송유관 설치, 과도한 가축방목 등의 요인에 의해 야기된다. 이는 인구 증가 및 산업화, 도시화에 따른 산림 면적의 감소와 이로인한 야생동물과 식물 서식지의 훼손 등을 의미하기도 한다.

우리나라는 산지와 농지 면적은 계속 감소하지만 도시화 비율은 여전히 증가하고 있다. 관광시설이나 레저시설, 전원주택, 종교시설 등이 도처에 늘어나고 있으며 이에 따라 국토보전이 국민적 과제로 대두하고 있다. 또한 야생동식물의 종도 계속 줄어들고 있다. 기후변화에 따른 생물종 감소도 문제인데 국토의 난개발로 더욱 심화하고 있다. 더불어 자연환경 오염의 원인 중의 하나가 무분별한 개발도 이에 포함된다. 고밀도 일변도의 개발관행과 준농림지의 무분별한 개발로 대도시는 물론 농촌지역의 환경마저 악화하고 하천변, 연안지역도 훼손되고 있는 실정이다.

(2) 폐기물오염

폐기물 오염은 방사능물질폐기물, 생활폐기물, 독성물질폐기물 등으로 인한 오염을 의미한다. 폐기물은 인간 활동의 필연적인 결과물로서 경제발전 단계와 보는 시각에 따라 달라질 수 있다. 지금은 골치 아픈 문제로 간주되고 있는 음식물 쓰레기가 과거에는 가축의 사료나 농업용 퇴비로 유용하게 활용되었고 반대로 현재는 폐기물로 취급되는 물질이라 할지라도 앞으로 재활용 기술의 발전에 따라 소중한 자원으로 이용될 수도 있는 것이다.

(3) 대기오염

대기오염은 일반적으로 인간의 활동이나 자연적 현상으로 인해 특정물질이 대기중으로 유입되어 유해한 농도로 머물면서 이로 인하여 인간의 쾌적한 삶이나, 건강, 복지 또는 환경에 해를 끼치는 현상을 말한다. 즉 특정 물질의 성분이 인간 또는 기타 생물학적 재산에 영향을 미치기에 충분한 공기오염 물질이 발생하는 현상을 대기오염 이라 한다. 이러한 대기오염은 일반적으로 인간의 생활이나 산업 활동으로 인해 특정 물질이 대기 중으로 유입되어 충분한 시간 동안 위험한 농도를 나타내어 인간의 생활을 비롯하여 건강 및 복지 환경을 위협하게 된다.

2015년 12월 NASA에서 전 세계의 대기오염 위성지도를 공개한 결과 한국과 중국이 최악인 것으로 드러났다. 또한 한국은 국토 면적에 비해 가장 높은 오염도를 가지고 있었으며 알러지, 천식, 기관지염, 폐기종 등의 질병들은 대기오염과 밀접한 관련을 가지고 있다. 그래서 오늘날 가장 큰 환경문제 중 하나를 야외 대기오염이라고 하는 것도 과언이 아니다.

세계보건기구(WHO) 연구에 따르면 매년 세계적으로 약 420만~700만 명이 대기오염으로 사망하고 10명 중 9명은 높은 수준의 오염물질을 함유한 공기를 마시고 있다고 하였다. 이와 더불어 유니세프(UNICEF)는 아프리카의 경우 야외 대기오염으로 인해 사망한 사람은 1990년 16만 4,000명에서 2017년에는 25만 8,000명으로 증가했다고 하였다. 이러한 대기오염의 주요원인은 대부분 산업 과정에서 배출되는 오염물질과 자동차 매연, 바이오매스(biomass) 연소 등에서 비롯되며, 먼지폭풍(dust storm)으로 인한 열악한 공기질도 포함된다.

(4) 수질오염

수질오염은 강과 바다의 오염을 말한다. 강, 하천, 호수 같은 담수 환경 및 하구, 연안 같은 해수 환경에서, 수중 유기 오염물질이 자연정화 용량을 초과하는 양이 유입되면, 악취, 부패 등의 현상이 발생한다. 특히 공업폐수는 유기 오염물질 외에 중금속, 산·염기를 포함할 수 있다. 중금속이 유입되면 먹이망에 들어와 생물 농축·증폭되어 생태계 건강도가 떨어지고 인간 건강에 위협을 줄 수 있다. 또한 지구 표면의 3분의 2는 바다, 강, 호수 등의 물로 덮여 있지만 직접 이용할 수 있는 담수량은 그다지 많지 않다. 지구의 물 중에서 직접 음용으로 사용하지 않는 바닷물이 97%를 차지하고 나머지 담수는 3% 미만으로 활용가능하다.

또한 매년 전 세계적으로 사용하는 엄청난 양의 오수와 폐수가 강, 호수, 바다로 방류되고 있으며 이러한 오·폐수는 그 규모가 방대하여 많은 수자원이 오염되고 있는 실정이다. 반면 담수오염은 전 세계 담수자원의 총량을 감소하여 전 세계 10억 명 이상의 사람들이 깨끗한 물을 공급받지 못하고 있다. 이는 인구수의 지속적인 증가와 산업 및 농업 생산의 급속한 발전으로 인해 전 세계적으로 필요한 물 소비량이 계속 증가할 것이며 결국 대부분의 국가는 담수 자원 부족에 직면하는 상황에 놓여 있다.

(5) 토양오염

인구의 급속한 증가와 산업의 급속한 발전으로 인해 투기된 고형폐기물이 지속적으로 토양표면에 쌓이고 유해폐수가 지속적으로 토양에 스며들며, 대기 중의 유해가스와 부유먼지도 지속적으로 낙하하고 있다. 산성비 역시 토양을 오염하여 토양의 정상적인 기능을 방해하고 작물의 수확량과 품질을 저하하며 식품, 채소, 과일 등을 통해 간접적으로 인체에 영향을 미치고 있다.

또한 농약과 화학비료의 과도한 사용으로 토양의 유기물 함량이 감소하고 토양 다짐 현상이 나타나 토양 오염의 원인 중 하나이기도 하다. 이러한 토양은 인류의 생존기반으로 식생 자원의 근원으로 매우 중요한 자연자원이 된다. 또한 토양의 사막화나 토양 침식, 가뭄 및 홍수 등의 재해는 종 멸종이나 생물다양성 감소 등과 같은 일련의 환경변화를 일으켜 인간의 생존을 지속적으로 위협하고 있다.

(6) 식생오염

인간의 경제활동으로 인한 산림 벌채, 초원 개간, 습지 건조로 생물 다양성이 크게 파괴되고 많은 종이 멸종되고 있다. 현재 세계각지 갈라파고스 코끼리를 비롯하여 거북이나 고릴라, 동북호랑이, 텐진원숭이, 흰코뿔소 등 수많은 종의 동물들이 터전을 잃고 사라지는 실정이다. 지구온난화가 지금처럼 방치되면 바다 생물 종(種)이 앞으로 300년 안에 과거 5차례 대멸종 때처럼 사라지는 심각한 위기에 처할 것이다. 이러한 자연 환경에 대한 자연 생태계에서 가장 큰 유기물 보유자이자 생산자인 초목은 무엇보다 중요하다.

이와 더불어 인위적인 식생 파괴는 식생 감소로 직결되며 이는 자연생태계와 기후불균형의 중요한 원인이 되고 있다. 식생 감소에 따른 농경지 및 초지의 황폐화 경향은 더욱 심화하고 있으며 간접적으로 홍수, 허리케인, 폭우로 인한 산사태 등 이상기후의 증가와 각종 자연재해의 빈번한 발생으로 이어지고 있다.

이밖에도 환경을 오염하고 문제를 일으키고 있는 공장과 자동차에서 나오는 배기가스 또한 공해의 주범이 될 만큼 심각한 사태를 예고하고 있다. 이에 무분별한 쓰레기 투기등은 토양오염의 원인 되며, 이러한 토양오염이 강이나 하천으로 흘러 들어간다면 수질오염으로 이어질 수 있다. 유조선의 해난사고나 해저유전의 유출로 인한 기름유출은 해양 수질오염의 큰 원인이 되며 이로 인한 해양 생태계가 파괴되고 물고기, 조개 등 양식업에도 큰 피해를 주게 된다.

특히 우리가 일상에서 사용하는 화장지, 종이 등을 만들기 위해 상당한 나무가 벌목되어 제품으로 생산이 되기도 한다. 이러한 벌목이 산사태를 불러 일으키고, 이것이 나아가 대기오염과 온난화의 문제가 되며 결국엔 생태계 파괴로 이어진다. 이밖에도 음식물 쓰레기를 포함한 다양한 환경문제의 원인이 많지만 자연생태를 위하고, 우리 자신들을 위해서라도 환경문제의 원인을 잘 파악하여 그 심각성을 정확히 알아야 한다.

2) 환경문제의 대책

인간은 생태계의 한 개체로서 환경오염을 일으키는 동시에 환경문제를 책임지고 해결해야 하는 존재이다. 하지만 대다수 사람들은 환경문제에 대한 관심이 미약하며 때론 외면하고 익숙한 생활 속에서 의식하지 못하는 사이에 환경을 파괴하고 있다. 이는 개인의 작은 행동으로 인해 돌아오는 결과에 대한 심각성을 인지하지 못하기 때문이다. 따라서 환경문제의 인식변화를 위해 국가와 환경단체들은 여러 방법을 통해 개인들에게 인식변화를 위한 메시지를 전달하고 있으며 이를 통해 큰 파급효과를 얻고 있다(최민경, 2020). 이렇게 현대사회가 발전함에 따라 인간은 편리하게 자연을 개발하고 이용할 수 있게 되었지만 인간 중심의 무분별한 활동으로 인하여 환경은 점차 오염되고 파괴되어 왔다.

지금 우리사회는 환경교육의 필요성에 대한 공감이 확산하고 있고 실제 학교와 사회에서 환경에 대한 지식뿐만 아니라 자연 체험, 그리고 문제해결을 위한 프로그램이 다양한 형태로 실현되고 있다. 하지만 환경교육이 다양하게 전개됨에도 불구하고 환경문제는 심각해지고 있으며 적극적인 방안을 강구할 수 있는 실천이 더욱 시급한 실정이다(이승은, 2020). 특히 환경문제는 그 현상과 특성이 매우 복잡하고 다양한 만큼 이를 해결하기 위한 대책들도 상당히 다양함을 알 수 있다.

결국 환경문제는 우리나라 환경문제와 직결되어 지구환경과 지역환경보전을 동시에 추구하는 win-win 전략이 필요함을 인식해야 한다. 환경문제에 있어 국제적인 추세와는 달리 우리나라의 상황은 여러 가지로 미흡한 것은 사실이다. 이러한 인식을 바탕으로 국가 및 지구차원의 환경문제 해결을 위한 대책방안은 다음과 같다.

- 환경자원에 대한 올바른 가치평가가 우선되어야 한다. 이와 함께 환경문제에 관련된 시장실패를 보정하는 정책과제를 제시하며 환경자원에 대한 적절한 가치평가를 전제로 하는 환경보전의 정책수단들이 확립되어야 한다.
- 환경기술 개발에 대한 적극적인 투자유인책의 실시와 함께 환경산업의 육성이 촉진되어야 한다. 이러한 경우에는 기술혁신 능력의 차이가 유일한 국제경쟁력

의 결정요인이 될 수 있다.

- 환경규제 및 기준강화와 관련된 국제적 논의동향을 신속히 파악하고 이를 지속적으로 보완해 나갈 수 있는 제도적 장치를 마련해야 할 것이다. 자연자원이 빈곤한 우리나라는 대외시장의 적극적 개척과 확보로 국가 경쟁력을 향상시킬 수 있다.
- 기후변화 협약에 대한 앞으로의 국가 대응자세의 전환이 필요하다. 21세기는 지구의 한정된 자원 속에서 기후변화에 대한 세계적 노력의 향방이 세계 에너지 수요의 증가와 구조변화에 큰 영향을 미칠 것으로 예상된다.
- 지구환경 문제에 대한 공동노력의 필요성을 감안하여 국제사회의 해결 노력에 적극적으로 동참하는 것이 중요하다(현대경제연구원, 2024).

3. 환경문제와 사회문제

환경문제가 사회문제로 인식되는 이유는 매우 다양하다고 볼 수 있다. 먼저, 환경문제는 다른 여느 사회문제 못지않게 특정 사회에서 발생하는 사회적인 문제라고 할 수 있다. 즉 환경문제는 개인적 또는 자연적이 아니라는 의미이다. 또한 환경문제는 사회 내적 관계에 의해 발생한 문제이며 이는 삶의 질에 영향을 미친다는 것이다. 둘째, 환경문제는 사회로부터 사회문제로 이미 평가받고 있다는 점이다. 이는 객관적 조건만 존재하는 것이 아니라 도덕적 평가도 아울러 갖고 있다는 점이다. 즉 환경문제는 생존에 위협이 되고 나아가서 삶의 질을 저해하는 주요한 사회문제의 하나로 평가받는 문제다. 셋째, 사회문제를 연구하거나 사회문제에 특별한 관심을 갖는 사람들뿐만 아니라 일반 사람들이 사회문제로서의 환경문제에 관심을 갖는다는 점이다.

즉 학자, 정치인, 기자뿐만 아니라 일반 사람들이 주요한 사회문제로 인식하고 환경문제로 피해를 입고 있다고 생각하는 점을 지적할 수 있다. 넷째, 환경문제로 인해 직접 고통받지 않는 사람들도 환경문제로부터 영향을 받고 있다. 환경문제의 직접 피해자는 물론 관련이 없는 사람들조차 환경오염의 영향을 벗어나기가 쉽지 않다. 다섯째, 환경문제를 해결하거나 예방하기 위한 특별한 조치들이 강구되고 있다. 이러한 조치들은 환경오염을 방지하기 위한 제반조치, 환경오염에 대한 처벌, 환경예산의 증액, 환경교육, 민간차원의 환경운동 등 다양한 활동 등이 포함된다.

이러한 점에 비추어 볼 때 환경문제는 여느 다른 사회문제 못지않게 사회문제로서의 특성을 골고루 갖추고 있는 중요한 사회문제임이 틀림없다.

쟁점 나누기(Debate)

❖ 최근 문화적 소비는 환경친화적인 반면 물질적 소비는 환경파괴적인 성향이 강하다고 한다. 그렇다면 결과적으로 환경을 파괴하는 원인을 자본주의의 기제로 지목하고 있다. 나아가 풍요한 소비자이며 자본주의 체제의 본원적인 욕구가 환경을 파괴하고 있는 것이 맞는가?

자본주의가 환경을 파괴한다
VS 자본주의가 환경을 파괴하는 것이 아니다

자본주의가 환경을 파괴한다	자본주의가 환경을 파괴하는 것이 아니다

10장

인구문제

우리 사회의 주된 인구문제로 지적되는 저출산과 인구 고령화 현상으로 한국은 2019년 마이너스 인구성장을 시작하였고 2020년 인구의 데드크로스를 맞이하였다. 이미 유소년층 인구보다 노년 인구의 비중이 더 높으며 2065년에는 노년 인구가 청장년층 인구마저 추월할 것으로 예상된다. 당장 2025년에는 합계출산율 0.65명을 기록할 전망이고 우리 사회는 초고령사회에 진입할 예정이다. 이러한 인구문제는 사회 구성원의 삶의 질에 부정적 영향을 미치게 되며 다양한 사회문제를 야기한다. 이 장에서는 인구문제에 대한 이해를 바탕으로 초저출산과 초고령화로 인해 앞으로 우리 사회의 모습이 어떻게 변화할지 살펴보고 인구감소의 원인과 그 대책에 대해 알아보고자 한다.

1. 인구문제에 대한 이해

1) 인구문제의 정의

인구란 어떤 주어진 지역의 어떤 한 시점에서의 사람의 수로 정의할 수 있다. 일반적으로 인구는 일정 범주에 속하는 'population'의 개념으로 '수(數)'로써 이해되며 유럽 등의 국가에서는 인구문제의 접근에 있어 인구집단의 통계학적 특성을 의미하는 'demographic'의 개념을 사용하고 있다. 단순히 수(數)로 대변되는 인구 현상 자체에만 관심을 두는 것이 아니라 인구와 사회 간의 상호관계를 인정하고 인구변동과 사회변동을 함께 살펴보는 것이다.

인구 현상이란 인구집단의 수가 나타내는 상태 또는 특성을 의미하며 이를 정확히 파악하기 위해서는 인구와 관련된 사회 현상을 함께 이해하는 것이 무엇보다 중요하다. '생태계 모형'에 따르면 전체 사회는 인구, 사회조직, 환경, 기술의 요소들이 생태학적인 균형을 이루고 있는 하나의 체계다(권태환 외, 2002). 이러한 접근에 의하면 한 요소의 변화는 생태학적 균형을 깨뜨리는 결과를 가져오고 다른 요소들의 변화를 통해 다시 균형의 상태로 돌아간다고 본다. 즉 인구 현상을 인구 자체만의 특정 양상으로 이해하기보다 생태계를 구성하는 각 요소들 간의 상호관계로 인해 끊임없이 균형의 상태를 유지하는 과정에서 나타난 변화의 결과로 이해한다(그림 10-1).

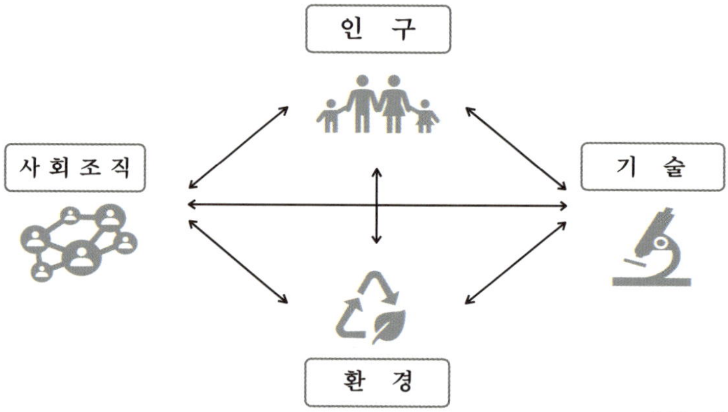

출처: 권태환 외(2002)

| 그림 10-1 | 생태계 모형

따라서 사회적 맥락에서 인구 현상을 파악하고 인구문제 역시 이와 같은 관점으로 접근해야 한다. 우리가 가지는 인구에 관한 관심은 그 크기에 기초하고 있으나 인구 현상의 충분한 이해를 위해서는 인구 현상이 어떻게 구성되어 있으며 왜 일어났는가? 와 같이 인구집단이 처한 사회 상황을 함께 이해하여야 한다. 인구를 이해하는 키워드는 출생, 사망, 이동 이 세 가지다. 그리고 인구문제는 인구변동의 구성요소라 할 수 있는 출생, 사망, 이동의 차이로 나타나는 인구의 양과 질을 둘러싼 부정적 상황을 의미한다.

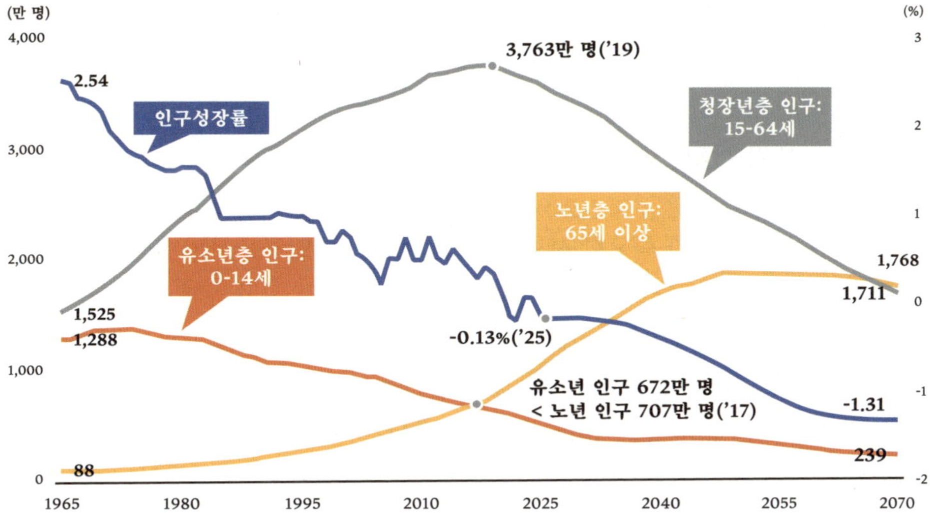

출처: 통계청 장래인구추계(2023.12.)

| 그림 10-2 | 인구구조의 불균형

최근 우리 사회의 주된 문제로 지적되는 '저출산으로 인한 고령화' 현상은 출생률 감소와 함께 나타난 연령 구성의 불균형에 기인한 것이다. | 그림 10-2 |에서 나타나는 바와 같이 한국의 경우 저출산으로 인해 인구성장률은 꾸준히 떨어져 마이너스 인구성장을 보이고 있으며 유소년층과 청장년층의 인구도 감소하고 있다. 15~64세의 청장년층 인구는 2019년을 정점으로 급격한 감소세를 보이고 15세 미만의 유소년층 인구는 2017년을 기점으로 65세 이상의 노년 인구보다 적은 비중을 차지하게 되었다. 반면에 노년층의 인구는 지속적으로 증가하여 2065년 이후 청장년층 인구를 추월할 것으로 예상된다. 이와 같은 인구의 고령화는 경제성장률 둔화, 부양부담 증가, 노인문제 증가, 세대 간 갈등 심화 등 사회에 다양한 문제를 야기하게 된다.

이처럼 인구문제란 개체 간의 불균형으로 이해되며 깨어진 균형으로 인해 다양한 사회문제가 파생된다. 인구과잉, 인구절벽이라 불리는 생산가능인구의 급격한 감소, 저출산, 인구 고령화, 성비 불균형 등은 모두 인구문제에 포함되며 이러한 인구문제로 인해 식량자원의 부족, 잠재성장률 하락, 국민연금 기금소진, 결혼대란 등의 문제가 발생할 수 있다. 인구구조의 왜곡으로 인한 양적, 질적 측면에서의 문제는 사회 구성원의 삶의 질에 부정적 영향을 미치게 되며 깨어진 생태계가 균형을 이룰 수 있도록 변화하는 과정에서 사회적 비용이 발생하게 된다. 한편 청년실업의 증가, 주택문제, 양육비 부담, 여성문제, 가족문제 등의 사회문제가 저출산, 인구 고령화 등과 같은 인구문제를 가져오기도 한다. 즉 인구학적 현상들은 우리 생활에 깊은 영향을 주고 있으며 인구문제는 다른 사회문제의 원인이자 결과라 할 수 있다.

2) 인구문제와 사회

인구 현상은 그 자체가 중요한 사회 현상 중 하나이며 인구문제는 사회의 제반 현상들과 밀접한 관계를 유지하거나 상호작용하며 나타나는 결과다. 앞서 제시한 예시들에서 알 수 있듯이 인구학적 결과는 사회적 결과를 낳고 한편으로는 사회적 요인에 의해 인구학적 결과가 나타날 수 있다. 따라서 인구문제를 이해하고 해결하기 위한 노력에 있어 인구 현상만을 파악하는 것이 아니라 인구변동의 사회적 원인과 결과를 다각적으로 살펴보는 것이 중요하다.

실제로 우리는 인구 현상을 통해 그 사회를 이해할 수 있으며 다양한 사회 현상과 인구가 밀접한 관계에 있음을 짐작할 수 있다. 예를 들어 선진국에서는 저출산과 인구의 고령화를 심각한 인구문제로 받아들이고 이들 국가에서는 출산을 장려하거나 노인문제를 해결하기 위한 노력에 집중하고 있다. 반면에 개발도상국에서는 빈곤과 식량, 보건 등의 문제에 따른 높은 사망률을 심각한 인구문제로 받아들여 당장 사망과 직결되는 질병이나 영양에 대해 높은 관심을 갖고 영양실조나 감염성 질병에 대한 악순환을 끊기 위해 노력하고 있다(그림 10-3).

전 세계 5세 미만 아동 사망자 수

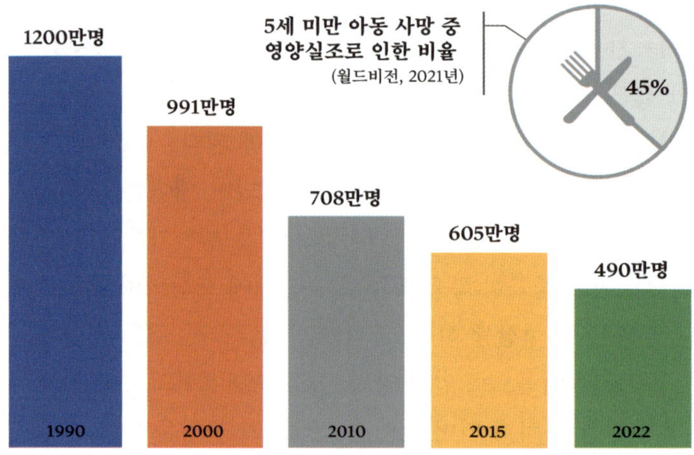

출처: UN IGME Levels & Trends in Child Mortality(2024)

고령화 → 초고령화 소요연수

출처: UN World Population Prospects 2022(2022)

| 그림 10-3 | 인구문제의 차별성

한편 동일한 인구 현상이라 하더라도 그 사회의 주어진 특성에 따라 사람들에게 어떻게 인식되고 사람들의 생활과 환경에 어떠한 영향을 주는지는 달리 해석된다. 인구의 규모에 대한 관심도 사회에 따라 달리 나타나는데 유럽의 근대화 과정에서 인구가 많다는 것은 발전의 긍정적 요인으로 받아들여졌지만 최근 개발도상국에서의 많은 인구는 발전을 저해하는 과잉 상태로 이해되기도 하는 것이 한 예다. 즉 적정인구의 개념이 시대와 사회적 상황에 따라 다르게 인식되는 것이다(이용균, 2018). 인간다운 삶의 관점에서 사회발전을 최대화할 수 있는 적당한 인구 규모를 적정인구라 할 수 있으며 인구문제는 이러한 적정인구에 대한 관심을 토대로 하고 있다. 따라서 우리 사회에서는 적정인구의 개념을 바탕으로 인구성장을 다루고 그 사회의 발전 상태, 인구변동의 사회경제적 중요성, 삶의 질 등을 고려하여 인구문제가 논의되고 있다.

2. 인구문제를 바라보는 관점

1) 세계인구의 흐름

오늘날 세계에는 81억 명이 넘는 인구가 살고 있으며 대륙별로는 아메리카에 10.5억 명, 유럽에 7.4억 명, 오세아니아에 4.6억 명, 아프리카에 14.9억 명, 아시아에 47.8억 명으로 세계인구의 절반 이상이 아시아에 살고 있다. 국가별 인구 순위는 인도, 중국, 미국, 인도네시아, 파키스탄, 나이지리아, 브라질 등의 순이며 이 가운데 한국은 5,100만 명이 넘는 수로 29위를 차지하고 있다(2024년 기준). 미래의 세계인구는 어떤 모습일까?

2050년이 되면 아메리카와 유럽, 오세아니아의 인구는 거의 증가하지 않고 아시아에서는 지금('24)보다 5억 명, 아프리카에서는 지금('24)보다 10억 명 정도 늘어날 것으로 예상된다. 이와 같은 인구성장은 과거 유럽과 아메리카에서 나타냈던 인구변천의 모습으로 아시아 역시 비슷한 성장을 이뤘고 아프리카에서도 이러한 현상이 나타나게 된다는 것을 의미한다. 이후 2100년이 되면 아메리카에서도, 유럽에서도, 오세아니아에서도, 아시아에서도 더 이상의 인구증가는 없지만 아프리카에서는 10억 명 또는 20억 명이 증가할 것으로 예측된다. 즉 세계인구의 80% 이상이 아프리카와 아시아에서 살게 되는 것이다.

이상의 인구성장을 토대로 세계인구의 변화를 살펴보면 현재('24)의 인구에서 2050년에는 97억 명, 2100년에는 103억 명으로 약 20억 명 이상의 인구가 증가할 것으로 보인다(그림 10-4). 21세기가 끝나면 전 세계적으로 진행되어 왔던 인구변천은 끝나고 인구성장률이 '0'에 가까워져 세계인구는 사실상 정점에 다다를 것으로 예상된다. 인구학자들은 2085년이 되면 인구가 더는 증가하지 않을 것으로 예측하고 있으며 전 세계적인 합계출산율 수준을 고려해 봤을 때 충분히 가능한 시나리오라 할 수 있다.

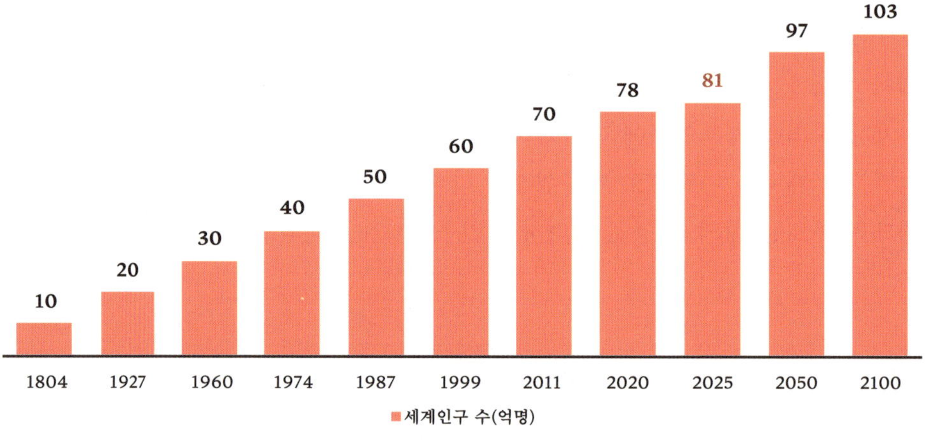

출처: UN World Population Prospects 2022(2022)

| 그림 10-4 | 세계인구의 변화

이와 같은 세계인구의 통계적 추정이 이루어지기 시작한 것은 18세기 말 미국과 19세기 초 영국, 프랑스 등에서 이루어진 공식적인 센서스(인구조사)로부터 출발한다. 이후 1950년대부터 세계 대부분의 국가에서 센서스를 진행하게 되면서 인구 현상에 관한 정확한 파악과 예측이 가능하게 되었다(한국인구학회, 2016). 인구문제에 대한 현대적인 관

심도 18세기 말 영국의 경제학자 맬서스(T. Malthus)로부터 시작되었다.

이 시기는 산업혁명 이후 세계인구가 급격히 증가하기 시작한 때로 맬서스는 그의 저서 『인구론』(1798)을 통해 인구증가의 심각성을 강조하였다. 그는 인간의 무한한 생식력과 토지의 유한한 생산력 간의 불일치를 근거로 인구 억제의 필요성을 주장하였다. 이후 인구문제에 대한 맬서스적 관심은 자원의 한계성에 비추어 적정인구의 유지를 위해 인구억제가 필요하다고 주장하는 고전경제학파의 관점으로 이어졌다. 다른 한편으로는 과잉인구란 자본가의 이익 극대화에 따른 의도적인 결과, 즉 자본주의 사회의 구조적 모순이라는 측면에서 인구문제를 이해하려는 사회주의경제학파의 관점이 제시되었다.

19세기 말, 20세기 초로 이어져 오면서 인간의 번식력, 임금 상승, 자본주의 결함 등으로 과잉인구가 나타날 것이라는 서구 사상가들의 생각과는 달리 산업혁명 이후 경제성장을 보였던 서구의 많은 사회에서는 인구성장률의 둔화를 경험하기 시작했다. 이러한 결과에 따라 인구증가 문제를 논의함에 있어 빈곤, 생산성, 분배의 관점으로 이해하기보다는 사회 변화의 중요한 지표로 인식하기 시작하였고 이에 사회변동과 인구변동 간에 밀접한 관계가 있다는 인구변천이론이 등장하였다. 인구변천이론은 산업화와 더불어 나타나는 인구성장 과정을 설명하며 초기 산업사회에서는 고출생률과 사망률의 감소로 인구의 급속한 증가가 이루어지는 반면에 고도의 산업화가 이루어진 사회에서는 저출생률과 저사망률을 특징으로 인구의 변천을 끝내고 인구가 안정화되는 단계에 진입함을 강조한다. 이러한 관점에서의 인구문제는 출생과 사망 수준의 차이에 기인한 것으로 파악된다.

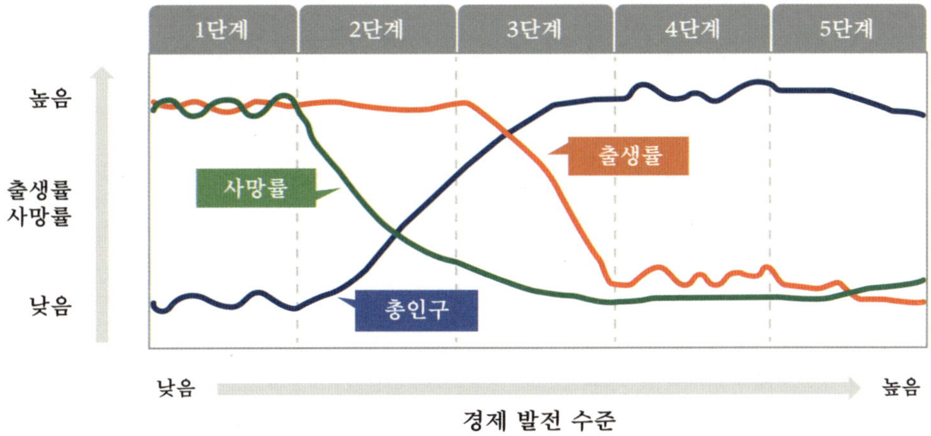

출처: PRB(2004)

| 그림 10-5 | 인구변천단계

한편 최근 세계 여러 나라에서 경험하는 인구문제에는 저출산, 고령화, 인구감소 등이 있다. 고도의 산업화로 완숙의 단계에 접어든 사회에서는 인구의 안정을 기대할 수 있을 것으로 믿었으나 몇몇 국가들의 경우 여기서 더 나아가 초저출산과 고령사회로의 진전으로 출산율보다 사망률이 더 높은 인구구조의 변화로 이어지게 되었다. | 그림 10-5 |와 같이 기존의 인구변천이론을 수정한 2차 인구변천을 통해 인구 현상을 설명하고자 하는 입장도 제기되고 있지만 보다 적합한 이해를 도울 수 있고 앞으로의 인구 현상을 예측하고 통제하는데 유리한 새로운 접근과 관점이 요구되고 있다.

2) 인구폭발과 인구절벽

세계인구는 여전히 증가하고 있으며 특정 지역에서 두드러진 인구의 증가가 나타나고 있다. 앞서 살펴본 바와 같이 현재는 아시아에 가장 많은 인구가 살고 있으나 미래에는 아프리카와 아시아에 세계인구가 집중될 것으로 예상된다(그림 10-6). 인구는 지속적으로 증가하겠지만 그 속도는 점차 둔해지고 특정 지역의 증가만이 세계인구의 증가에 영향을 미칠 것으로 보인다. 그곳이 남아시아와 아프리카 지역이다.

(단위: 억 명)

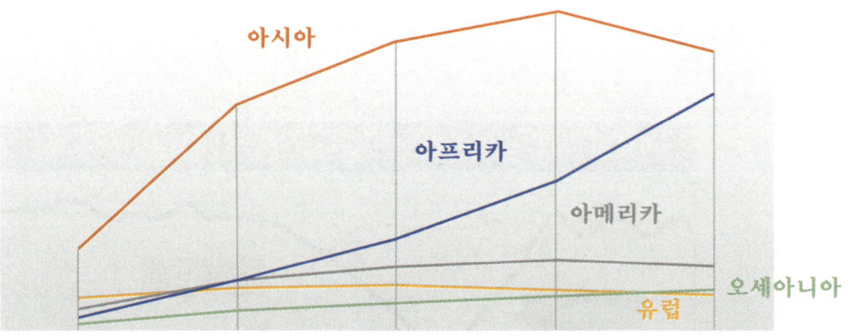

	1950	2000	2025	2050	2100
아프리카	2.2	8.1	15.2	24.8	39.2
아시아	13.5	37.3	48.1	52.9	46.4
아메리카	3.3	8.3	10.5	11.6	10.9
유럽	5.4	7.2	7.4	7.0	5.8
오세아니아	1.2	2.1	4.6	5.7	6.8

출처: UN World Population Prospects 2022(2022)

| 그림 10-6 | 대륙별 인구의 변화

2100년까지 약 20억 명 이상의 인구가 증가할 것으로 예상되는 지금, 세계에서 일어나고 있는 가장 큰 변화는 바로 출산율의 저하다. 주어진 사회의 출산 수준을 보여주는 가장 대표적인 지표로 합계출산율을 들 수 있으며 합계출산율이란 여성 한 명이 평생 출산할 평균 자녀의 수를 의미한다. 또한 한 사회가 현재의 인구 규모를 유지하는 데 필요한 출산력의 수준을 인구대체수준이라 하는데 합계출산율이 2.1명일 때 인구대체수준에 있다고 한다. 그리고 합계출산율이 이러한 인구대체수준에 미치지 못할 경우 저출산사회로 정의내리며 합계출산율이 1.3명 아래로 떨어지면 초저출산사회로 분류한다.

현재 전 세계의 합계출산율은 평균 2.31명으로 한 가정에 자녀가 두 명인 것은 이제 일반적인 수준이라 할 수 있다. 물론 아프리카 대륙의 경우 여전히 높은 출산율을 보이고 있으나 2077년 합계출산율 2.10명을 기록한 뒤 저출산사회로 진입할 것으로 예상된다. 전 세계의 합계출산율 역시 2055년에 평균 2.10명을 기록한 뒤 지속하여 떨어질 것으로 예상된다. 즉 세계적으로 출산율의 양상이 다양해졌으나 결국 저출산으로 이어질 것으로 관측되고 있다(그림 10-7).

(단위: 명)

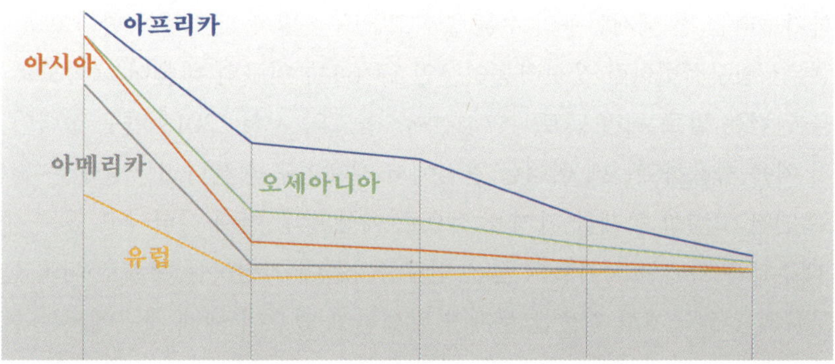

	1950	2000	2025	2050	2100
아프리카	6.41	4.00	3.69	2.61	1.92
아시아	5.96	2.18	2.07	1.82	1.69
아메리카	5.05	1.75	1.71	1.66	1.65
유럽	3.06	1.56	1.57	1.62	1.64
오세아니아	6.00	2.72	2.57	2.14	1.82

출처: UN World Population Prospects 2022(2022)

| 그림 10-7 | 대륙별 합계출산율의 변화

이처럼 인구증가와 더불어 나타나는 저출산 현상은 세계적인 흐름이다. 따라서 세계를 하나의 사회로 봤을 때 인구의 지나친 증가와 여전히 많은 인구를 문제로 보는 시각이 있는가 하면 한편으로는 저출산을 세계인구의 문제로 보고 인구의 급속한 감소에 따른 인구의 고령화를 우려하기도 한다. 한 사회가 유지되기 위해서는 인구의 재생산이 꼭 필요하며 재생산 기능에 문제가 생긴다면 우리 사회는 위협받는다. 예를 들어 지나치게 많은 인구의 재생산은 식량, 주택, 일자리의 부족을 가져오거나 교육, 보건 서비스의 기회를 제공하는 데 있어 어려움을 겪는 등 다양한 사회문제를 가져오게 된다. 반면에 지나치게 적은 인구의 재생산은 인구감소로 인한 지역소멸, 노동 인구 감소, 성장 잠재력의 하락, 부양 부담 증가 등의 문제를 가져올 수 있다. 따라서 일정한 수준의 인구가 안정적으로 유지되는 것이 필요하다.

이러한 점에서 미래의 인구를 예측하고 인구문제를 예상하는 데 있어 크게 인구폭발과 인구절벽이라는 두 가지의 관점으로 나누어 볼 수 있다. 세계인구를 인구폭발의 관점에서 본다면 제2차 세계대전 이후 나타난 세계적 규모의 급격한 인구증가는 미래 인구의 폭발을 가져오고 이로 인하여 당장 식량문제를 일으키고 환경과 자원 문제 등에 심각한 악영향을 미칠 것으로 예상된다. 따라서 이러한 관점에서는 특정 국가에서 인구가 감소하더라도 여전히 세계인구는 지나치게 많은 수준이기 때문에 저출산을 우려하기보다는 전 세계인구의 수를 줄이고 인구폭발에 대비해야 한다고 본다.

한편 인구절벽이란 생산가능인구인 15~64세 인구의 비율이 급속도로 줄어드는 현상을 일컫는 말로 해리 덴트(Dent, Harry S.)가 그의 저서 『2018 인구 절벽이 온다』(2015)에서 처음 사용하였는데 이러한 관점에서 세계인구를 본다면 저출산은 젊은 인구의 감소로 인한 고령화 문제를 가져올 것으로 예상된다. 현재 나타나고 있는 세계인구 증가의 대부분은 가난한 국가들의 높은 인구증가율에 기인하는 것으로 이미 한국을 포함한 대부분의 선진국에서 저출산 문제가 발생하고 있으며 세계 곳곳에서는 한국처럼 이미 인구감소가 시작되었거나 인구감소가 예상되는 국가들이 늘어나고 있다는 것이다. 이러한 점에서 현재의 인구증가를 아동의 증가가 아니라 성인의 증가로 볼 수 있으며 세계적인 인구성장은 지속되겠지만 이는 인구의 고령화가 진행되는 것으로 해석된다. 단순히 인구가 나타내는 수의 문제가 아니라 인구구조에 있어 65세 이상의 노인인구 비중이 높아지는 것이 더 큰 문제이며 그 속도가 가파르다는 것이 문제라고 지적한다. 따라서 이러한 관점에서는 저출산을 넘어서 인구구조의 고령화로 세계 경제에 심각한 문제가 발생할 것이기 때문에 저출산 문제를 해결하는 데 관심을 가져야 한다고 본다.

3. 인구문제의 현황

1) 한국의 인구 변화

저출산이라는 세계적 흐름에 앞장서 있는 나라가 바로 한국이다. 우리 사회는 이미 오래전부터 저출산 문제에 직면해 있었고 현재는 초저출산사회[2)]로 분류되며 2025년에는 초고령사회[3)]에 진입할 것으로 예상된다. 한국은 2017년 이후 소위 말하는 인구절벽의 시대로 접어들었고 2020년 인구의 데드크로스를 맞이하여 출생아보다 사망자가 많은 인구의 자연감소가 진행 중이다.

보다 구체적으로 한국의 인구 변화를 살펴보며 우리 사회의 인구문제에 대해 알아보자. 2024년을 기준으로 한국의 총인구는 5,175만 명이며 자연증가율은 -2.5‰로 추정된다. 최근의 출생과 사망을 기준으로 본다면 2070년에는 총인구가 3,718만 명으로 감소하고 자연증가율은 -14.7‰까지 떨어질 것으로 예상된다. 지금의 예상대로 초저출산이 이어진다면 우리 사회의 지속가능성은 희박하며 '지구상에서 가장 먼저 소멸하는 국가'라는 오명을 씻기 어렵게 된다(그림 10-8).

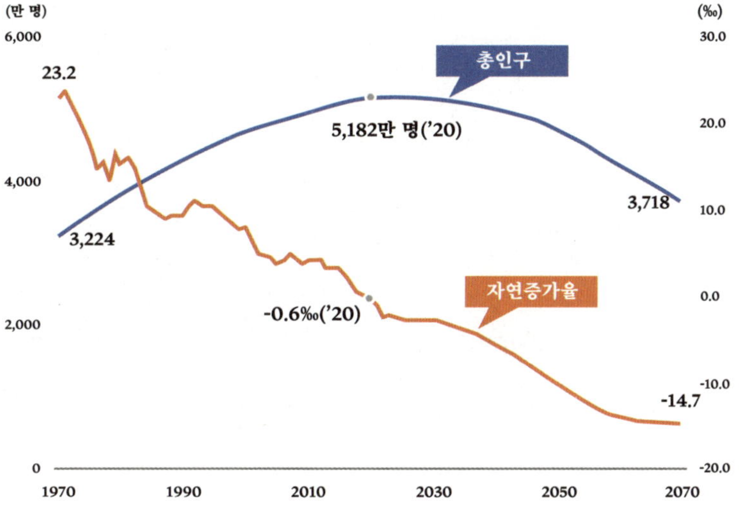

출처: 통계청 장래인구추계(2023.12.)

주: 자연증가율=조출생률-조사망률, 2023년 이후는 추정치임.

| 그림 10-8 | 총인구와 인구성장률의 변화

---

2) 합계출산율이 인구대체수준인 2.1명 미만이면 저출산사회, 1.3명 미만이면 초저출산사회로 분류한다.

3) 만 65세 이상 노인인구가 전체 인구의 7% 이상을 차지하면 고령화사회, 14% 이상을 차지하면 고령사회, 20% 이상을 차지하면 초고령사회로 분류한다.

실제로 1960년의 합계출산율은 6.0명이었으나 국가 차원의 가족계획사업으로 1983년에는 합계출산율이 2.06명까지 떨어져 저출산사회로 빠르게 진입하였다. 이후 얼마 지나지 않은 2002년, 합계출산율은 1.18명을 기록하며 우리 사회는 초저출산사회에 들어섰다. 한 해 동안 100만 명 이상의 아이가 태어나던 사회에서 25만 명을 밑도는 수의 아이가 태어나는 초저출산사회로 변화했다. 2023년을 기준으로 현재의 합계출산율은 0.72명이며 2024년의 합계출산율 잠정치는 0.68명이다. 부부 한 쌍이 1명의 자녀도 낳지 않는 것이 일반적인 사회가 되었다.

통계청의 장래인구추계에 따르면 2025년에 합계출산율 0.65명을 기록하고 이때를 기점으로 반등하여 2049년까지 합계출산율이 1.08명의 수준까지 올라 이후에 유지될 것으로 예상된다. 하지만 통계청의 장래인구추계 자료에서는 이미 합계출산율의 저점을 계속해서 수정하고 있어 이러한 장래를 낙관하기는 어려운 실정이다(그림 10-9).

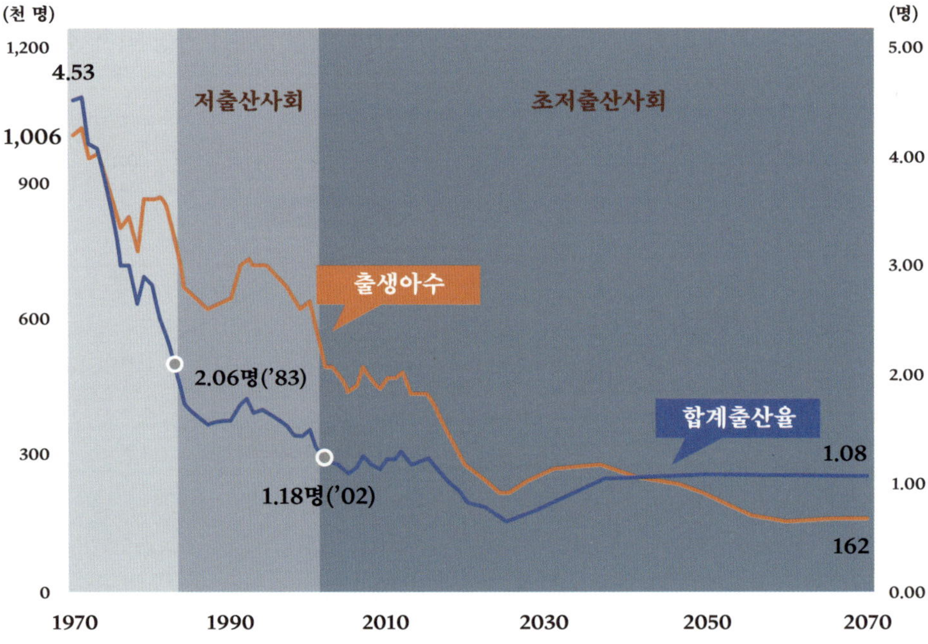

출처: 통계청 장래인구추계(2023.12.)

| 그림 10-9 | 출생아수와 합계출산율의 변화

통상 한 세대와 다음 세대 간의 간격은 평균재생산기간을 의미하는데 대략 25~30년 정도에 해당한다. 오늘날의 인구는 한 세대 이전의 인구에 의해 정해진 결과이며 현재의 인구로 30년 후의 미래는 정해진다. 지금의 인구가 만들어낼 미래 인구를 예상해

본다면 인구의 감소와 고령화는 이미 정해져 있는 것이다. 한국의 인구문제는 비단 저출산만의 문제가 아니라 저출산으로 인해 인구가 감소하고 이 과정에서 발생하는 인구구조의 왜곡이 더 큰 문제다. 즉 저출산의 심화는 고령화의 확대를 가져오게 되며 이는 우리 사회의 다양한 부분에서 문제를 가져오게 된다.

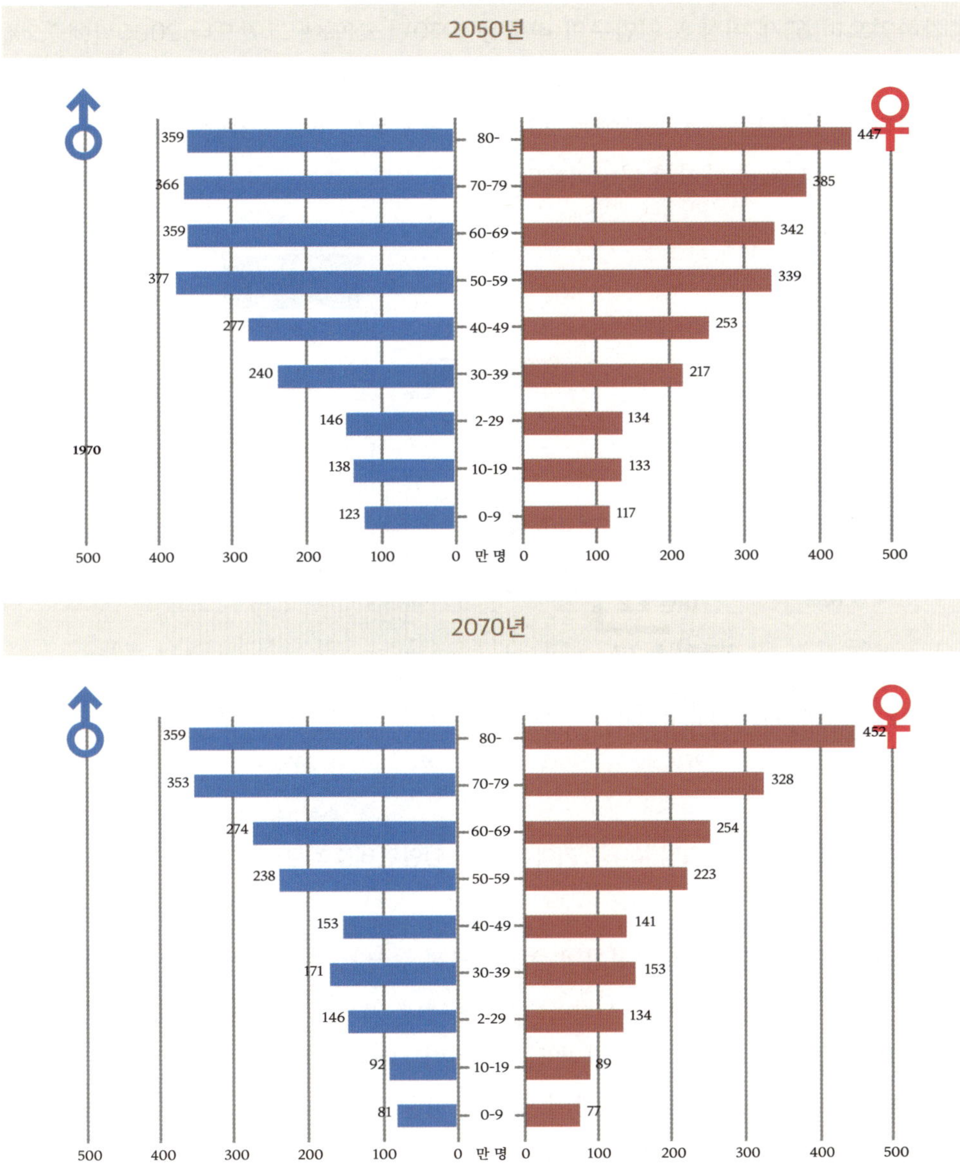

출처: 통계청 장래인구추계(2023.12.)

| 그림 10-10 | 2050년과 2070년의 인구피라미드

2) 초저출산과 초고령사회

인구피라미드에서도 알 수 있듯이 저출산과 함께 평균수명이 증가하면서 우리 사회는 늙어가고 있다(그림 10-10). 그리고 한국의 고령화는 전 세계적으로 유례없이 빠르게 진행되고 있다. 1970년 62.3세였던 한국의 평균수명은 현재(2024년 기준) 84.3세까지 증가하였으며 65세 이상 노인인구의 비중은 1970년 3.1%에 그쳤으나 2000년에 7.2%로 고령화사회에 진입하였고 18년 뒤인 2018년에 14.3%를 기록하며 고령사회로 진입하였다. 당장 내년인 2025년에는 20.3%로 초고령사회에 진입할 것으로 예상되며 2070년에는 47.5%를 차지할 전망이다(그림 10-11).

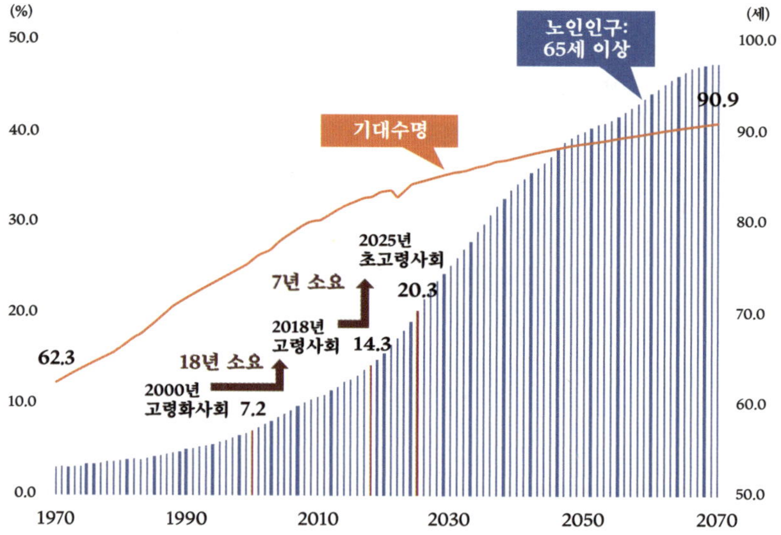

출처: 통계청 장래인구추계(2023.12.)

| 그림 10-11 | 기대수명과 노인인구 비중의 변화

이처럼 한국은 이미 고령사회이며 초고령사회를 목전에 두고 있다. 고령화사회에서 초고령사회로의 이행에 소요된 시간은 단 25년이다. 프랑스가 150년 이상에 걸쳐 인구의 고령화가 진행된 것에 비춰본다면 극단적이다. 저출산·고령화 현상, 정확히는 초저출산·초고령화 현상은 이미 진행 중에 있으며 피할 수 없는 당면 과제다. 초저출산·초고령화로 인해 펼쳐질 우리 사회의 모습은 어떠할까?

개인은 소비 단위이며 시장은 인구에 의해 움직인다. 세대의 크기는 곧 그 사회의 경제 규모를 결정지으며 일반적으로 소비의 정점에 이르는 나이를 25~45세로 본다(제임스 량, 2019). 사회가 저출산 그리고 고령화를 경험하게 되면 대체로 시장은 위축되고 경제성장이 느려지게 된다. 한국의 경우 인구는 줄어들고 인구의 연령구조는 균형을 잃어가고 있다. 그리고 저출산과 고령화의 속도가 남다르게 나타나고 있어 인구 위기에 따른 경제 위기를 맞이할 가능성이 크게 높아졌다.

인구의 증가를 통해 내수시장이 함께 성장할 수 있다고 하지만 한국에서는 이제 그러한 성장을 기대하기 어렵다. 2020년부터 인구는 줄어들기 시작했고 통계청의 장래인구추계에서 확인된 바와 같이 앞으로 인구가 늘어날 가능성은 희박하기 때문이다. 초저출산·초고령화로 인해 전반적인 경제 규모가 축소되고 생산성, 노동시장의 위축은 물론 각종 사회제도에 부정적인 결과가 나타날 것으로 보인다. 가족이 변화하고 소비주체가 변화하면서 시장은 변화를 겪을 수밖에 없다. 특히나 젊은 인구가 줄어들고 초고령사회로 전환한다는 것은 성장의 위기로 받아들일 수 있다. 우리 사회에서 세금을 낼 사람들이 점점 사라져 국가의 수입은 줄고 사회적 부양의 증대로 인해 개인의 지출은 늘어날 것으로 예상된다(조영태, 2016).

뿐만 아니라 이와 같은 고령자에 대한 부양 부담과 함께 세대 간의 경쟁 심화로 세대 갈등이 사회문제로 대두될 것이다. 저출산으로 인구가 감소한다고 해서 우리 사회의 경쟁을 덜어주지는 않는다. 오히려 고령화로 인해 젊은 층은 노인인구를 부양함과 동시에 노인인구와 일자리 경쟁을 해야 하는 처지에 놓이게 된다. 인구가 감소하면서 소비시장이 위축되고 그 결과 생산시장의 축소를 가져왔다. 이는 일자리의 감소를 의미하며 고령화의 지속은 젊은 인구의 역량 발휘가 노인인구로 인해 차단될 가능성을 높이게 된다(제임스 량, 2019). 만약 젊은이들이 더 이상 설 자리가 없다고 느끼게 된다면 이는 사회적 부양에 대한 부담과 함께 세대 간의 갈등을 부추기는 요인으로 작용할 것이다. 그리고 이러한 노동시장의 불균형은 노동생산성을 떨어뜨리는 결과를 가져오고 결국 사회는 성장동력을 잃고 멈추게 될 것이다.

4. 인구감소의 원인과 대책

1) 결혼 기피 현상

국가적 위기를 가져올 저출산의 원인으로 만혼과 비혼을 들 수 있다. 우리 사회에서 결혼이 필수가 아닌 선택이 된지는 이미 오래된 일이고 한때 “결혼은 미친 짓이다”라는 말까지 유행하기도 했다. 결혼에 대한 인식과 가치관이 변화하기 시작하면서 점차 혼인건수는 줄어들고 초혼연령은 높아지고 있다. 현재(2023년 기준) 한국의 조혼인율[4]은 3.8(‰)이고 남성의 초혼연령은 34.0세, 여성은 31.5세로 나타난다.

조혼인율을 통해 혼인건수를 살펴보면 1990년대에는 인구 천 명당 9~10쌍이 결혼하였으나 2000년대에 들어와 6~7쌍으로 줄어들었고 최근에 와서는 4쌍이 채 되지 않는 것으로 확인된다. 평균초혼연령에 있어서도 1990년의 초혼연령은 남성이 27.8세, 여성은 24.8세였으나 2003년에 처음으로 남성의 초혼연령이 30세를 넘어섰고 남녀의 초혼연령은 각각 30.1세, 27.3세를 기록하였다. 그리고 2016년에 들어와 남녀 모두 초혼연령이 30세를 넘어서 남성은 32.8세, 여성은 30.1세까지 초혼연령이 상승하였다.

결혼이 선택이라고는 하지만 정말 원해서 결혼하지 않는 것일까? 정말 늦게 결혼하고 싶었던 것일까? 혼인에 대한 우리 사회의 뉘앙스는 과거와 많이 다르다. 이는 사실이다. 하지만 자신의 의지대로 선택한 결과가 맞을까? 어쩌면 상황이 여의치 않아 결혼의 권리를 포기하거나 결혼을 잠시 미뤄둔 것은 아닐지 생각해보아야 한다.

1960년 이후 우리 사회는 비약적으로 발전하고 성장했다. 경제개발계획과 함께 한 자릿수를 벗어나지 못하던 경제성장률은 10%를 뛰어넘었고 농업 후진국이었던 한국은 선진국의 대열에 진입하였다. 단기간의 고도성장을 이루어냈지만 그 끝에 외환위기를 맞이하였다. 'IMF 사태'라고 불리던 1997년 외환위기의 후폭풍으로 기업은 부도 처리되고 한국 경제는 무너졌다. 이것이 당시 청년들의 결혼을 지연시키고 결혼과 출산 자체를 줄어들게 한 원인 중 하나다.

이 당시 사회에 첫 진입을 시작하던 연령대는 최종학력에 따라 차이가 있긴 하지만 20~26세 정도였다. 그리고 5년 뒤인 2002년에 결혼과 출산의 핵심 인구가 되었다. 아마도 이들이 사회에 진입하던 시기 나타난 경제 불황은 결혼적령기의 결혼을 지연하게 했을 것이다(전영수, 2018). 2001년 한국은 IMF에서 빌린 돈을 모두 갚고 외환위기에서 벗어났지만 악화된 시장 상황에 취업의 문턱은 높아졌고 이는 현재 나타나고 있는 일자리 위기의 시작이 되었다. 그리고 우리 사회는 초저출산사회로 진입하였다.

한국이 외환위기를 빠른 속도로 극복했다고는 하지만 이는 전체 국가 차원의 이야기다. 세대별로 본다면 청년들은 그 전 세대와는 다른 시작을 경험했고 그래서 미래에 대한 기대보다는 언제 어떻게 될지도 모른다는 불안을 안게 되었다. 이처럼 확신이 들지 않는 미래는 청년들의 선택을 미루게 하고 결혼과 출산에 대한 동기를 약화시켰다.

4) 인구 1,000명당 혼인건수로 1년간 발생한 총 혼인건수를 당해 연도의 연앙인구로 나눈 수치이며 1,000분비로 나타낸다.

그렇게 결혼을 선택하지 않는 세대를 만들었다.

일각에서는 외환위기 시절보다 현재가 더 어렵다는 말이 나오고 있으며 한국의 경제성장률이 1%대로 추락할 수 있다는 경고가 연일 이어지고 있다. 높아진 인력시장의 장벽으로 사회로의 진입은 점점 늦어지고 원하는 결과를 얻기란 쉽지 않다. 치솟는 물가와 달리 오르지 않는 급여, 대학 등록금부터 취업에서 결혼에 이르는 일련의 과정에서 발생하는 비용에 대한 부담 등을 생각해보면 지금의 젊은이들이 결혼을 기피하는 것은 어찌 보면 당연한 결과일지도 모른다.

2) 자발적 무자녀와 비자발적 무자녀

결혼은 여전히 우리 사회에서 정상적이고 지속적인 성관계와 더불어 임신에의 노출을 의미한다. 때문에 저출산의 주요 원인으로 미혼과 만혼이 손꼽힌다. 대부분의 사회에서 혼인력과 출산력의 상관관계는 유의미하며 한국은 더욱 그러하다. 하지만 현대에 와서 혼인력이 출산력에 미치는 영향력은 점차 감소하는 추세다.

부부가 아이를 낳는 것이 당연한 시절은 지나갔다. 아이를 임신하고 출산하는 데는 많은 결심이 필요하다. '제 밥그릇은 제가 가지고 태어난다'는 말은 정말 옛말이 되었다. 한 아이를 양육하고 교육하는 데 드는 비용은 감당 못할 수준이다. 실제로 중국 인구·공공정책 연구기관인 위와(育娲)인구연구소의 『중국 양육비용 보고서』(2023)에 따르면 한국에서 한 자녀를 성인이 될 때까지 기르는 데는 약 3억 6,500만 원이 드는 것으로 나타났으며 이는 세계 최고 수준이라 한다(育娲人口, 2023).

결정적으로 가족은 핵가족화되고 맞벌이가 당연해진 우리 사회에서 부모가 퇴근해 집으로 돌아올 때까지 아이는 함께 사회생활을 해야 한다. 자연스레 어린 시절부터 사교육에 노출될 수밖에 없다. 물론 부모의 열성적인 교육관에 따른 결과일 수도 있지만 어쩔 수 없는 선택인 경우도 많다. 그러다 보니 맞벌이를 하지 않는 가정에 있는 아이들도 혹시나 뒤처질까 염려되어 이른 시기에 교육을 위해 사회로 내보내지는 경우가 늘어난다. 비교하지 않으려 해도 자신도 모르게 옆집 아이와 비교하게 된다. 혹시나 사회에서 도태될까 봐 걱정하게 된다. 그것도 자신들 때문에, 경제적으로 뒷받침해주지 못하는 현실 때문에, 좋은 부모가 되어야 한다는 부담감 중에는 부모의 경제력도 포함되어 있다.

뿐만 아니라 맞벌이가 당연한 사회에서 임신과 출산으로 인해 더 이상 일할 수 없을지도 모른다는 위기의식이 자녀 출산을 결심하는 데 부담으로 작용하게 된다. 통계청의 지역별고용조사에 따르면 2023년을 기준으로 경력단절여성은 134만 9,000명에 이르는 것으로 나타났고 여성가족부의 '경력단절여성등의경제활동실태조사'에서도 '결혼이나 임신을 하면 직장을 계속 다니기 어렵다'고 응답한 여성(만 25~54세)이 전체의 59.1%, '여성들이 아이를 키우며 직장생활 할 수 없다'고 여기는 여성이 58.5%에 달했다. 일·가정 양립의 어려움을 호소하고 국가 차원에서 가족친화적 분위기 마련을 위한 정책을 다각적으로 펼치고 있으나 여전히 우리 사회에서 임신과 출산 이후 안정적인 경제활동을 기대하기란 어려운 실정이다.

최근 국민권익위원회는 출산·양육 지원금으로 1억 원을 지급하는 방안을 검토하고 있다고 한다. 저출산과 경제적 요인 간의 상관관계를 유의미하게 해석한 결과로 보인다. 임신과 출산 그리고 양육에는 돈이 필요하다. 하지만 돈이 전부는 아니다. 국가에서 발 벗고 도와준다고는 하지만 좋은 부모가 되어야 한다는 부담감은 국가에서도 덜어주기 쉽지 않다. 아이를 낳기만 하면 끝이 아니다. 적어도 성인이 될 때까지 보살펴야 하는데 '과연 나는 그럴 자질이 있는가?'에 대해 많은 젊은이들이 고민하고 있다. 살아온 과정을 돌이켜보니 사는 것이 쉽지 않았고 지금의 처지 역시 나아 보이지 않는다. 그러한 세상에 아이를 믿고 내던질 수도 그렇다고 자신이 잘 돌볼 자신도 없다. 젊은이들에게는 태어날 2세가 힘들지 않고 살아갈 수 있는 사회라는 믿음이 필요하다. 맘충, 노키즈존 등과 같은 단어들로 부모와 아이를 외면하기보다는 배려 가득한 시선이 우리 사회에는 필요하다. 양심과 도덕심이 높은 사회인 만큼 그래서 자신에게도 엄격한 편이다. 따라서 사회를 통해 함께 키울 수 있다는 심리적 여유를 주어야 한다.

한편 출산의 가능성이 있음에도 불구하고 자발적으로 자녀를 가지지 않겠다고 결정한 자발적 무자녀 가족이 있는가 하면 불임 등과 같은 생물학적 능력의 부재로 자녀를 가지지 못하는 비자발적 무자녀 가족 역시 증가 추세다. 결혼이 늦어진 만큼 생물학적 능력 즉 가임기는 줄어들었고 자연스레 출산력도 감소하게 되었다. 하지만 정부가 두 자녀 혹은 다자녀에 집중할 때 그리고 자발적 무자녀 가족의 마음을 돌리려 노력하는 동안 불임이나 난임으로 어려움을 겪는 비자발적 무자녀 가족은 상대적으로 외면받고 있었다.

건강보험심사평가원의 불임과 난임 시술 진료현황 분석에 따르면 불임 환자 수가 2018년 22만 명에서 2022년 23만 명으로 4.7% 증가하였고 난임 시술 환자는 2018년 12만 명에서 2022년 14만 명으로 16.0% 증가했다. 이들의 1인당 진료비는 불임 환자는 약 102만 원, 난임 시술 환자는 약 184만 원으로 2018년에 비해 각각 87.7%, 44.8% 증가한 것으로 나타났다. 이같이 늘어난 불임 및 난임 시술 환자에 대한 치료 및 예방 정책은 출산율을 높이는 데 유의미한 영향을 미칠 것으로 기대된다.

3) 저성장 시대의 생활전략

한국은 치열한 경쟁사회다. 덕분에 눈부신 성장을 이룰 수 있었지만 그에 따른 부작용도 상당하다. 사회가 고도성장에서 저성장으로 돌아섰으나 여전히 경쟁은 치열하다. 경쟁이 치열해질수록 실패하는 사람은 늘어나고 개인의 노력과 경쟁을 통한 성장과 성공 간의 상관관계는 점차 약해진다. 사회에 대한 책임감을 기대하기에는 청년의 삶이 녹록지 않다. 저출산에서 벗어나기 위해서는 무엇보다 초산연령을 낮추고 출생아수를 늘리는 것이 필요하다. 하지만 과도한 경쟁 속에서 청년들은 결혼을 미루고 출산을 거부한다. 이들에게 있어 결혼과 출산은 합리적이지 못한 선택지다.

『인구학』의 저자 맬서스는 인구란 자연법칙에 의해 그 수가 조절된다고 보았다. 인간이 살아가는 환경이 일정 수준 이상으로 나빠지면 자연스레 인구수가 조절된다고 보는 관점이다. 맬서스는 나빠진 환경을 과잉인구로 보았고 지금 우리에게 나쁜 환경은 치열한 경쟁체제다. 맬서스가 주장한 자연법칙이 가난과 악덕이었다면 한국 사회의 자연법칙은 번식을 멈추고 자신에게 투자하는 것이다.

지금의 청년들은 저성장 시대임에도 불구하고 여전히 치열한 경쟁으로 인해 자신의 목표를 달성하기 어렵고 잦은 실패와 좌절을 경험한다. 이러한 환경에서 N포 세대의 등장은 어색함이 없다. 대부분 불안한 미래에 투자하기보다 본능을 억제하고 지금의 가치에 투자하여 행복을 찾기로 전략을 변경했다. 이 과정에서 이성관계에 소극적인 '초식남'과 '철벽녀'가 등장했다. 어찌 보면 나빠진 환경에 적응한 결과로 N포 세대의 포기는 서글픈 포기다. 결혼과 출산이라도 포기해야 안정된 삶을 살 수 있다고 생각하는 것이다. 한국의 젊은이들은 결혼과 임신, 출산, 양육이 주는 기쁨을 누릴 여유가 없다.

이러한 점에서 저출산은 지각된 환경에 대한 적응의 결과다. 이제는 경쟁을 통해서 성장할 수 있고 부와 지위를 보장받을 수 있다는 사고방식에서 벗어나야 한다. 더불어 잘 사는 사회에 익숙해져야 한다. 따라서 당장 아이를 낳고 말고가 아니라 지금의 청년들이 잘 살 수 있는 환경이 필요하다. 결혼과 출산에 대한 장려보다는 인구와 사회 간의 상호관계를 인정하고 출산 장려를 위한 복지가 아니라 청년의 미래에 대한 투자가 이루어져야 한다. 즉 저출산으로 인해 사회가 심각한 곤란에 빠지니 청년들의 노력으로 극복해야 된다는 논리가 아니라 왜 우리 사회에 초저출산이라는 결과가 나타나게 되었는지 살펴보고 그 문제를 해결해야 한다.

만혼과 비혼, 저출산의 모든 것이 경제적인 이유는 아니다. 잘 알고 있다시피 경제적으로 준비가 되더라도 결혼하지 않고 아이 낳지 않는 것이 현실이다. 이들이 말하는 불안한 미래에는 사회적 경험에 따른 심리적 체감이 작용한다. 저출산을 주도한 것으로 의심받는 세대는 IMF 외환위기로부터 시작해 많은 대형사고를 경험하였다. 경쟁에 시달리느라 마음을 돌보지 못한 채 끊임없이 사회의 어두운 단면을 마주하며 성장했다.

막연한 불안감에 우리 사회의 미래를 마냥 어둡게 그리고 있는 것은 아닐까? 젊은 세대들을 향한 희망의 메시지가 필요하다. 미래의 삶에 대해 행복을 기대할 수 있는 사회를 마련하는 것이 무엇보다 중요하다. 긍정적인 사회적 경험을 통해 사회의 새로운 모습을 마주할 수 있도록 해야 할 것이다. 편중된 부의 우위를 차지하고 있는 이들의 용기로 청년들이 자신의 미래를 진정으로 선택할 수 있도록 해야 한다.

쟁점 나누기(Debate)

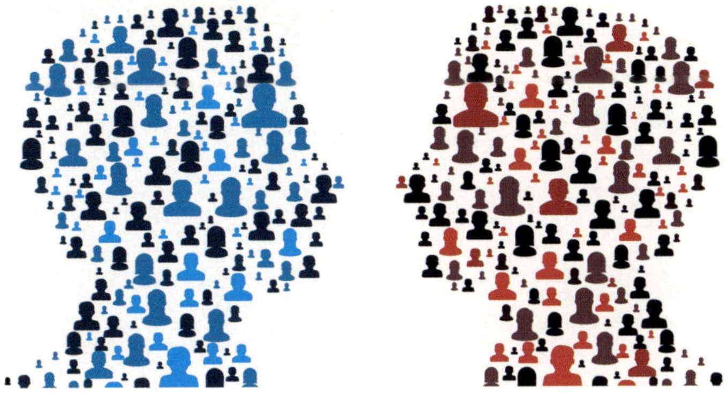

✣ 국민권익위원회는 2024년 정부가 제안한 '출산·양육 지원금 1억원 지급'에 대한 설문조사를 실시한바 있다. 실제로 정부의 파격적인 현금지원이 저출산 문제를 해결하는 데 효과적이라 생각하는가?

현금지원은 도움이 된다 VS 현금지원은 도움되지 않는다

현금지원은 도움이 된다	현금지원은 도움되지 않는다

11장

지역소멸문제

지구에서 가장 먼저 사라질 나라 한국, 그 가운데에서 가장 먼저 사라질 지역은 어디일까? 한국에는 이미 초고령사회를 살고 소멸고위험에 있는 지역이 존재한다. 인구감소 시대의 떠오르는 화두는 '지역소멸'이다. 이러한 지역소멸의 키워드는 '노인'과 '여성'이다. 이 장에서는 노인과 여성을 통해 인구 현상을 진단하고 초고령사회의 소멸 가능성을 살펴보고자 한다. 또한 지역소멸문제에 대한 이해를 바탕으로 한국의 소멸위험성과 지방인구에 대해 전망해보고 청년 인구의 유출 원인과 그에 따른 사회적 결과 그리고 대책에 대해 알아보고자 한다.

1. 지역소멸에 대한 이해

1) 지역소멸이란 무엇인가?

인구감소 시대의 떠오르는 화두는 '지역소멸'이다. 지역소멸은 말 그대로 인구감소로 인해 해당 지역이 사라짐을 의미한다. 한 사회가 유지되기 위해서는 인구의 재생산이 꼭 필요하다. 인구를 재생산하는 기능에 문제가 생긴다면 그 사회는 존폐 위기에 내몰릴 수 있다는 것이 '지역소멸'이라는 단어가 주는 의미다.

지역소멸이라는 개념은 일본의 사회학자 마스다 히로야가 그의 저서 『지방소멸』

(2015)에서 처음 사용하였다. 여기서 제시된 지방소멸위험지수는 한 지역의 만 65세 이상 노인인구에 대한 만 20~39세 여성인구의 비를 나타낸다(표 11-1). 이는 저출산, 고령화, 젊은 세대의 지역 공동체 이탈 등으로 지속적인 인구감소가 나타나 해당 지역이 소멸의 위험에 노출될 가능성을 나타내는 지표다.

일반적으로 만 65세 이상의 노인인구가 만 20~39세의 여성인구에 비해 2배 이상 많은 곳을 인구소멸 위험지역으로 분류한다. 즉 지방소멸위험지수가 0.5 미만이면 소멸위험지역으로 분류되며 약 30년 뒤에는 해당 지역이 사라질 가능성이 높음을 의미한다. 인구의 평균 재생산기간은 대략 25~30년 정도다. 이러한 주기를 고려할 때 현재의 인구 크기나 구성에 변화 없이 소멸위험상태가 유지된다면 해당 지역의 인구 기반은 붕괴되고 사회·경제적 기능은 상실하게 된다.

| 표 11-1 | 지방소멸위험지수(지방소멸위험지수 = 만 20~39세 여성인구 수 / 만 65세 노인인구 수)

소멸위험 수준		소멸위험지수
소멸위험 낮음		1.5 이상
소멸위험 보통		1.0~1.5
소멸주의		0.5~1.0
소멸위험지역	소멸위험	0.2~0.5
	소멸고위험	0.2 미만

출처: 마스다 히로야(2015)

앞서 인구문제를 인구구조의 왜곡에서 비롯된다고 지적한 바와 같이 지역소멸문제 역시 인구의 공간적 분포의 불균형과 더불어 나타나는 인구감소 문제라 할 수 있다. 특정 지역의 인구감소는 인구의 사회적 성장[5]에 의해 주로 영향을 받았으나 최근에는 저출산과 고령화로 인한 자연적 성장에 의해 가속화되고 있는 실정이다. 지역소멸 역시 저출산과 고령화가 가져온 우리 사회의 문제 가운데 하나이며 지역소멸의 위기는 저출산과 고령화로 인한 인구감소와 국가 균형발전의 실패를 의미한다.

지역 불균형은 지역 간에 나타나는 사회적·경제적 격차를 말하며 인구밀도, 산업, 교통, 의료, 교육, 편의시설, 문화시설 등의 항목들이 지역 격차의 지표가 된다. 이는 대부분의 나라에서 겪고 있는 사회문제이며 지역 불균형을 통해 지역 주민 간 불평등, 전반적인 삶의 질 차이 등의 문제가 야기된다. 이러한 점에서 사회·경제·문화의 측면에

5) 인구성장은 출생, 사망, 인구이동 이 세 가지에 의해 결정되며 출생과 사망의 차이로 나타나는 인구성장을 자연적 성장, 이입과 이출의 차이(인구이동)로 나타나는 인구성장을 사회적 성장이라 한다.

있어 보다 우수한 곳으로의 인구이동은 일반적이며 주로 도시와 같이 발전하는 지역으로 이동이 이루어진다.

하지만 적당한 인구밀도를 유지하지 못하고 한쪽으로 치우친 인구이동이 나타난다면 이는 또 다른 사회문제를 가져오게 된다. 과밀(過密) 지역의 경우 주거, 일자리, 환경오염 등의 문제로 골머리를 앓게 되고 과소(過疎) 지역의 경우 인구감소로 인한 지역의 성장둔화를 겪게 된다. 이와 같은 지역 불균형은 현재 나타나고 있는 저출산과 고령화 문제와 함께 지역소멸의 심각성을 부추기고 있다.

인구의 균형은 깨어지고 저출산과 고령화가 전 세계적으로 지속되고 있다. 저소득 지역, 농촌의 인구감소와 고령화를 걱정해왔는데 어느덧 고소득 지역, 도시의 인구감소와 고령화까지 우리 사회의 문제가 되어 이제는 지역소멸문제를 논해야 하는 지경에 이르렀다.

2) 지역소멸의 지표

지역소멸을 이해하기 위한 키워드는 노인과 여성이다. 이는 지역소멸문제가 단순히 인구감소에 기인한 것이기보다는 인구감소와 더불어 나타나는 인구의 고령화가 지역소멸에 지대한 영향을 미치기 때문이다. 물론 노인과 여성이 인구감소와 지역소멸의 원인이라는 의미가 아니다. 노인과 여성을 통해 인구 현상을 진단하고 예상할 수 있다는 것이다.

인구 고령화는 출산율 저하, 평균수명 연장, 젊은 인구의 이출 등에 따른 결과다. 인구감소가 진행되는 지역의 노인인구 비중이 높다는 것은 인구가 감소하는 것에 가속도가 붙는다는 것을 의미한다. 인구 고령화는 전체 인구에서 청장년층과 유소년층 인구의 비중이 줄어들었음을 말하는 지표이며 이는 인구 재생산의 잠재력이 극도로 저하되었다는 것을 나타낸다.

또한 노인인구는 해리 덴트가 말한 소비의 정점을 이끄는 만 15~64세의 생산가능인구와는 달리 소비 둔화를 가져오는 인구집단이다(그림 11-1). 이들이 전체 사회에서 차지하는 비중의 증가는 지역의 활력을 떨어뜨리고 이를 통해 지역의 소멸 가능성을 보다 앞당길 것을 예상케한다. 따라서 지역소멸을 이해함에 있어 노인인구는 중요한 역할을 한다.

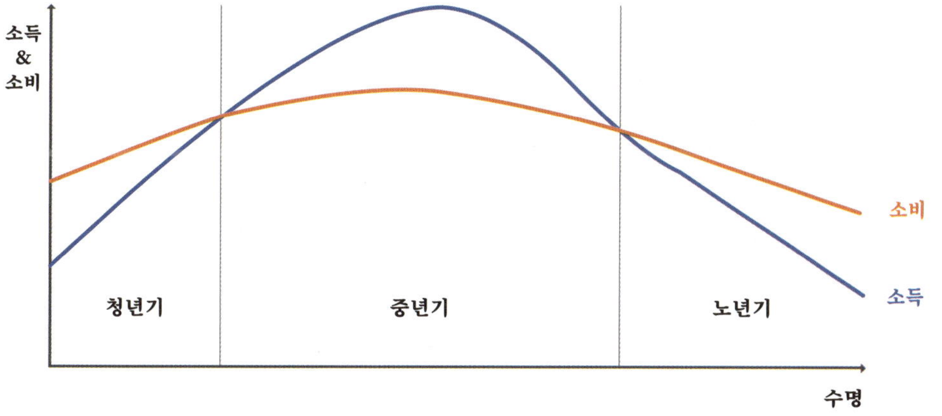

노년기에 접어들게 되면서 소득이 감소하고 소비 역시 둔화된다.
수명 연장에 따라 추가로 소득이 필요하나 노후가 준비되지 않았다면 소비는 더욱 둔화될 것이다.

출처: Modigliani(1966). 평균수명 연장에 맞춰 수정됨.

| 그림 11-1 | 생애주기가설에 따른 소득·소비 곡선

한편 인구의 규모가 줄어들고 고령화가 진행되는 가운데 젊은 여성이 해당 지역에 머무르지 않고 떠난다는 것은 지역의 재생산 가능성 약화로 인해 결국 그 지역은 소멸을 맞이하게 될 것임을 의미한다. 더욱이 여성이 인구의 재생산권을 추구하지 않는다면 그 사회는 저출산사회로 이어질 수 있으며 더 나아가 초저출산과 인구감소를 맞이하게 된다. 따라서 지역소멸을 논의함에 있어 여성인구는 핵심이 된다.

구체적으로 인구의 재생산과 여성의 관계에 대해 살펴보자. 인구의 재생산 수준을 나타내는 출산력은 일차적으로 가임력에 의해 그 한계가 결정된다(그림 11-2). 가임력이란 생물학적으로 임신할 수 있는 능력을 의미하며 이러한 능력을 지닌 인구가 바로 가임기 여성인구[6]다. 물론 여성과 남성의 결합으로 인구의 재생산이 이루어지나 인구학적 관점에서 여성은 인구의 재생산에 직접적인 역할을 하는 인구집단이다.

---

6) 일반적으로 만 15~49세 여성인구를 가임기 여성인구로 분류한다.

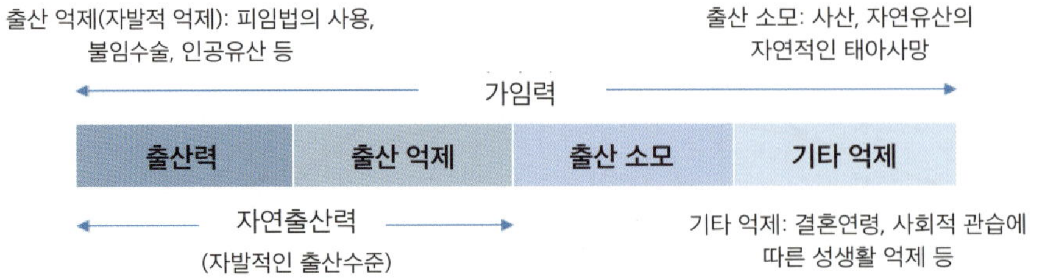

출처: 권태환·김두섭(2002)

| 그림 11-2 | 출산력과 가임력

실제로 인구학에서는 한 세대에 속한 여성이 다음 세대에 속하는 여성을 몇 명 낳는가를 의미하는 총재생산율을 통해 두 세대 사이의 상대적인 인구의 크기를 알아본다(그림 11-3). 이때 여성의 사망 가능성을 고려하여 순재생산율을 지표로 활용하기도 하는데 순재생산율이 '1'이라는 것은 그 사회의 합계출산율이 인구대체수준인 2.1명에 도달했음을 의미한다. 이처럼 인구에 있어 여성은 중요한 의미를 담고 있다.

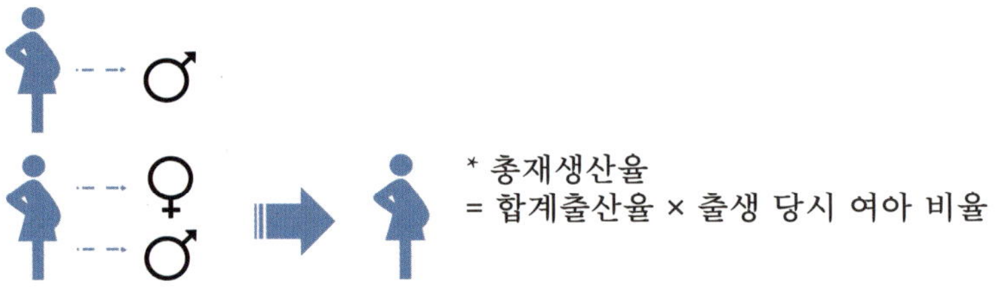

| 그림 11-3 | 인구의 재생산

이러한 측면에서 지역소멸의 지표로 통상 노인인구에 대한 여성인구의 비를 통한 '지방소멸위험지수'를 활용하는 것이다. 한국의 경우 「지방자치분권 및 지역균형발전에 관한 특별법」에 따라 인구감소지역이라는 단어를 사용하여 인구감소로 인해 지역소멸이 우려되는 지역을 5년 단위로 지정하고 있다. 2021년 최초로 인구감소지역 지정이 이루어졌으며 그 결과 89곳의 지역이 인구감소지역으로 지정되었다(그림 11-4).

인구감소지역 지정에 있어 연평균인구증감률, 인구밀도, 청년순이동률, 주간인구, 고령화 비율, 유소년 비율, 조출생률, 재정자립도 이상의 8개 지표를 인구감소지수의 지표로 활용하고 있다. 인구감소지역으로 지정된 지역 가운데 전라남도와 경상북도가 각각 16곳으로 가장 많았고 다음으로 강원특별자치도 12곳, 경상남도 11곳, 전북특별자치도 10곳, 충청남도 9곳, 충청북도 6곳, 부산광역시 3곳, 경기도·인천광역시·대구광역시에서 각각 2곳이 지정되었다.

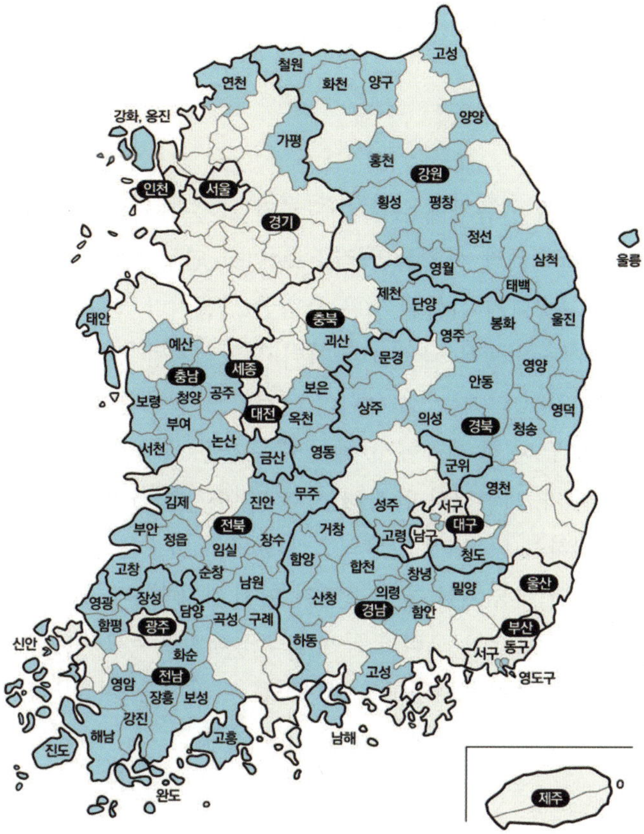

부산(3)	동구 서구 영도구
대구(3)	남구 서구 군위군
인천(2)	강화군 옹진군
경기(2)	가평군 연천군
강원(12)	고성군 삼척시 양구군 양양군 영월군 정선군 철원군 태백시 평창군 홍천군 화천군 횡성군
충북(6)	괴산군 단양군 보은군 영동군 옥천군 제천시
충남(9)	공주시 금산군 논산시 보령시 부여군 서천군 예산군 청양군 태안군
전북(10)	고창군 김제시 남원시 무주군 부안군 순창군 임실군 장수군 정읍시 진안군
전남(16)	강진군 고흥군 곡성군 구례군 담양군 보성군 신안군 영광군 영암군 완도군 장성군 장흥군 진도군 함평군 해남군 화순군
경북(15)	고령군 문경시 봉화군 상주시 성주군 안동시 영덕군 영양군 영주시 영천시 울릉군 울진군 의성군 청도군 청송군
경남(11)	거창군 고성군 남해군 밀양시 산청군 의령군 창녕군 하동군 함안군 함양군 합천군

출처: 행정안전부 누리집(2021)

| 그림 11-4 | 2021년 행정안전부 지정 인구감소지역

2. 한국의 지역소멸 위기

1) 초고령사회의 소멸 가능성

전 세계인구는 끊임없이 증가해 왔으며 당분간 그 증가세는 지속될 전망이다. 그리고 이러한 추세에는 출산율과 사망률의 감소로 인한 인구구조의 왜곡이 포함되어 있다. 이에 세계인구의 고령화가 심화될 것은 분명한 사실이다. 만 65세 이상 노인인구가 전체 인구에서 차지하는 비중은 국가마다 차이가 있겠지만 전 세계 수준에서 본다면 2050년이 되면 16%, 2100년에는 24%에 이를 것으로 예상된다. 그리고 2100년 한국의 노인인구는 44%에 달해 전 세계에서 네 번째로 늙은 국가가 될 것이다(UN, 2022).

지구상의 노인인구가 계속해서 증가하는 한편 아이는 사라지고 있다. UN에 따르면 세계인구에서 차지하는 만 65세 이상의 노인인구의 비중은 점차 증가한 반면 만 15세 미만의 유소년인구의 비중은 점차 감소하여 현재 세계인구의 10.2%가 노인인구, 약 24.7%가 유소년인구다(그림 11-5). 그리고 통계청의 장래인구추계 자료에 따르면 2024년 한국의 노인인구는 19.2%, 유소년인구는 10.6%로 이미 인구감소가 진행 중인 나라답게 유소년인구는 세계 수준의 절반에도 못 미치고 있다.

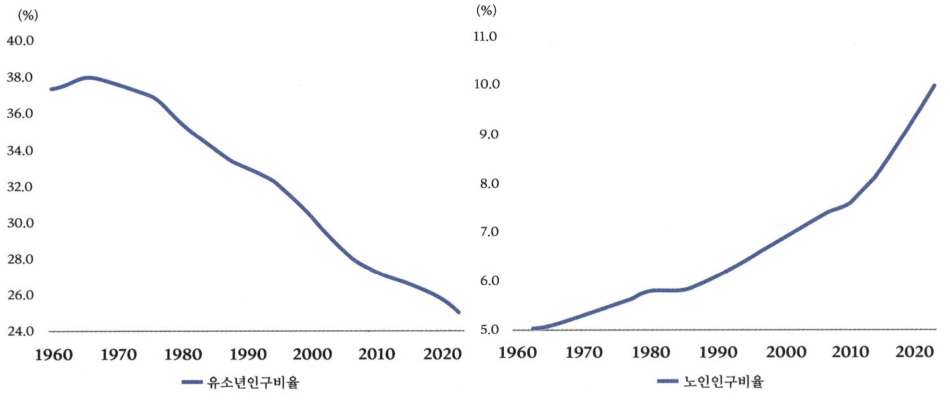

출처: UN World Population Prospects 2022(2022)

| 그림 11-5 | 세계 노인인구와 유소년인구 변화

이러한 세계인구의 고령화는 전체 인구에서 차지하는 만 65세 이상 노인과 만 5세 미만 영유아 사이의 비율 변화를 살펴보면 뚜렷하게 확인할 수 있다. 전 세계적으로 출산율은 떨어지고 인구의 기대수명은 늘어난 결과 2018년 노인인구 수가 처음으로 영

유아인구 수를 밑돌았다(그림 11-6). 전 세계 모든 나라에서 이러한 크로스오버를 목격한 것은 아니지만 이는 일반적인 수준이 되었고 인도, 브라질, 남아프리카공화국 등과 같은 나라들 역시 앞으로 경제 발전과 함께 비슷한 인구 통계를 보일 가능성이 높다.

한국의 경우 보다 앞선 2000년에 이미 노인인구가 7.2%, 영유아인구가 6.9%로 크로스오버가 나타났다. 그리고 2020년 인구의 데드크로스를 맞이했다. 이제 한국은 그 어떤 나라보다 아이는 없고 나이 들었다. 세계에서도 고령화가 심각한 나라가 되었고 어쩌면 사라지게 될 것이라는 세계의 주목을 받고 있다. 한때는 일본이 1위라고 한 적도 있었지만 이제는 우리고 앞으로 변화하지 않을 수도 있다.

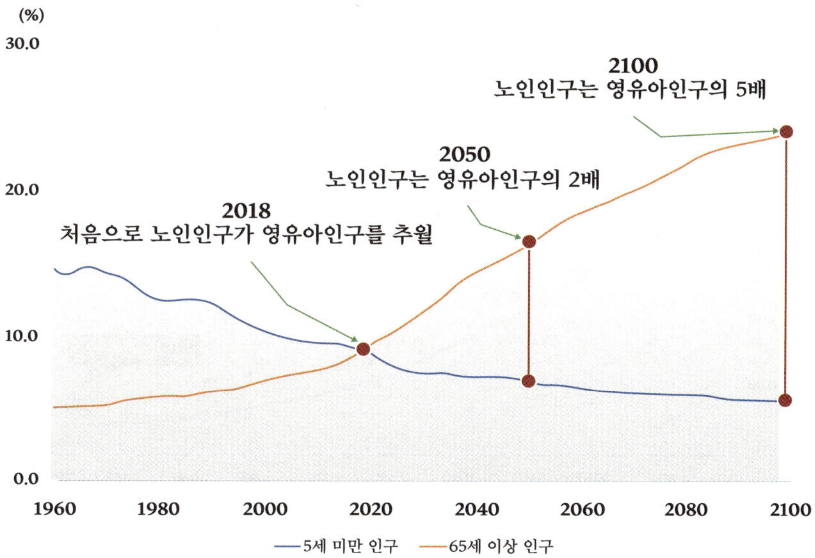

출처: UN World Population Prospects 2022(2022)

| 그림 11-6 | 세계의 인구 고령화

초저출산사회이자 초고령사회로의 진입을 목전에 두고 있는 지금, 현재와 같은 인구 수준이 유지된다면 한국은 지구상에서 사라질지도 모른다. 이는 지난 2006년 유엔 인구포럼에서 이미 예견됐다. 이 자리에서 영국 옥스퍼드 인구문제연구소의 데이비드 콜먼 교수는 저출산으로 인해 2750년에는 대한민국이 지구촌에서 가장 먼저 사라질 것이라 전망하였다. 인류 역사상 가장 빠른 경제성장을 달성했지만 이를 물려줄 다음 세대가 없다는 것은 안타까운 일이다.

앞서 소개한 지방소멸위험지수에 근거하여 한국의 소멸 위험성을 살펴보면 2017년에 지방소멸위험지수 0.97로 이미 소멸주의 단계에 들어섰음을 알 수 있으며 2024년 현재 0.63으로 그 위험성이 높아졌다. 통계청의 장래인구추계 자료에 따르면 2028년 0.49로 소멸위험에 진입하여 2048년 0.20으로 소멸고위험 지역으로 진입할 것으로 예상된다(그림 11-7).

소멸위험지역이라 분류되는 0.5라는 수치는 만 20-39세 여성인구보다 만 65세 이상의 노인인구가 2배 더 많음을 의미하며 0.2 미만은 5배 더 많다는 것으로 매우 심각한 상황이라 할 수 있다. 한국은 이미 소멸 중이다. 실제로 2021년 화성시가 소멸위험지수 1.49로 떨어진 후 한국에서 소멸위험지수가 1.5 이상인 지역은 더 이상 존재하지 않는다[7].

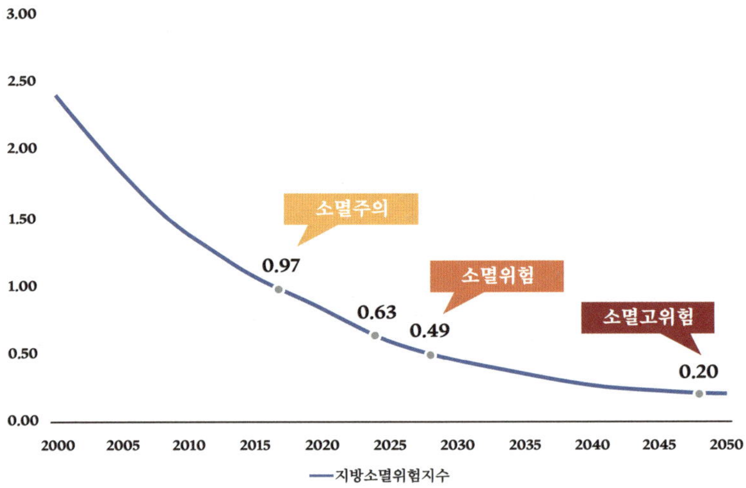

출처: 통계청 장래인구추계(2023.12.)

| 그림 11-7 | 한국의 소멸 위험성

2) 지방인구 전망

지구에서 가장 먼저 사라질 나라 한국, 그 가운데에서 가장 먼저 사라질 지역은 어디일까? 현재 우리 사회는 초고령사회로의 진입을 목전에 두고 있으며 2048년에는 소멸고위험에 진입할 것으로 예상된다. 하지만 이미 초고령사회를 살고 소멸고위험에 있는 지역이 있다.

7) 이는 기초자치단체 기준이며 행정구는 존재한다. 읍면동의 166곳(4.6%)은 '소멸위험 낮음' 지역이다.

한국이 2000년에 고령화사회로 진입할 당시, 고령사회를 지나 초고령사회에 도달한 지역의 수는 94개에 이르렀다. 그리고 2022년에는 기초자치단체의 절반 이상(51.6%)이 초고령사회로 진입하였다. 이처럼 인구 고령화가 빠르게 진행되고 있는 만큼 지역소멸의 우려도 커지고 있다. 특히 군·면 단위의 고령화 수준이 심각하고 같은 시·군 단위라 하더라도 면 단위, 같은 면 단위라도 농촌 지역의 고령화 수준이 훨씬 높다.

출처: 이상호(2024)

| 그림 11-8 | 시도별 및 시군구 소멸 위험성

한국이 소멸주의 단계로 진입한 2017년, 전라남도는 광역자치단체 가운데 처음으로 소멸위험 단계에 진입하였다. 이때 기초자치단체의 85개 지역이 소멸위험지역으로 분류되었고 이 가운데 7개 지역은 소멸고위험에 있었다. 그리고 현재 2024년을 기준으로 소멸위험에 있는 광역시도는 부산, 충북, 충남, 경남, 전북, 강원, 경북, 전남 이상의 8개 지역이며 시군구 가운데 소멸위험지역으로 분류되는 지역은 130개, 이 가운데 57개 지역이 소멸고위험으로 나타났다(그림 11-8).

통계청의 장래인구추계 자료를 바탕으로 향후 지방의 소멸 위험성을 전망[8)]해본다면 앞서 소멸위험 단계에 진입한 8개 시도를 제외하고 대구/울산(2026년), 제주(2027년), 인천(2030년), 광주(2031년), 경기(2032년), 대전(2033년), 서울(2036년), 세종(2039년)의 순으로 소멸위험 단계에 진입하여 2040년 이전에 모든 광역자치단체가 소멸위험지역으로 분류될 것으로 보인다(표 11-2).

| 표 11-2 | 시도별 장래 소멸위험지수

시도	소멸위험 진입(소멸위험지수)	소멸고위험 진입(소멸위험지수)
(전국)	2028년(0.49)	2049년(0.19)
서울	2036년(0.49)	
부산	2024년(0.50)	2046년(0.19)
대구	2026년(0.49)	2045년(0.20)
인천	2030년(0.49)	2049년(0.20)
광주	2031년(0.50)	2051년(0.20)
대전	2033년(0.48)	
울산	2026년(0.49)	2040년(0.20)
세종	2039년(0.50)	
경기	2032년(0.48)	2051년(0.20)
강원	2021년(0.49)	2038년(0.19)
충북	2025년(0.48)	2042년(0.20)
충남	2025년(0.49)	2042년(0.20)
전북	2022년(0.47)	2039년(0.19)
전남	2015년(0.50)	2034년(0.19)
경북	2020년(0.50)	2035년(0.20)
경남	2023년(0.49)	2037년(0.19)
제주	2027년(0.49)	2045년(0.19)

출처: 통계청 장래인구추계(2023.12.)

8) 통계청에서 2023년 12월에 공표한 장래인구추계 자료(2052년까지 조회 가능)를 바탕으로 현 수준의 출산율이 지속된다는 가정하에 소멸위험 시군구를 전망했다.

또한 2034년 전라남도가 소멸고위험 단계로 진입하는 것을 시작으로 약 15년 내에 경북, 경남, 강원, 전북, 울산, 충북, 충남, 제주, 대구, 부산, 인천, 광주, 경기 등의 지역이 차례로 소멸고위험 단계에 진입할 것으로 전망된다. 서울, 대전, 세종의 경우 2052년[9]의 소멸위험지수가 각각 0.27, 0.22, 0.26으로 나타나 해당 지역들 역시 소멸 위험성이 점차 커질 것을 짐작할 수 있다.

한편 감사원(2021)의 보고[10]에 따르면 2047년에는 전국의 시군구 100%(229곳)가 소멸위험 단계에 접어들고 이 가운데 소멸고위험 지역이 68.6%(157곳)에 이를 것으로 예상되었다. 그리고 약 20년 뒤 2067년에는 소멸고위험 지역이 전체의 94.3%를 차지해 전국의 대부분 지역이 소멸고위험에 처하는 것으로 예측하였다(그림 11-9).

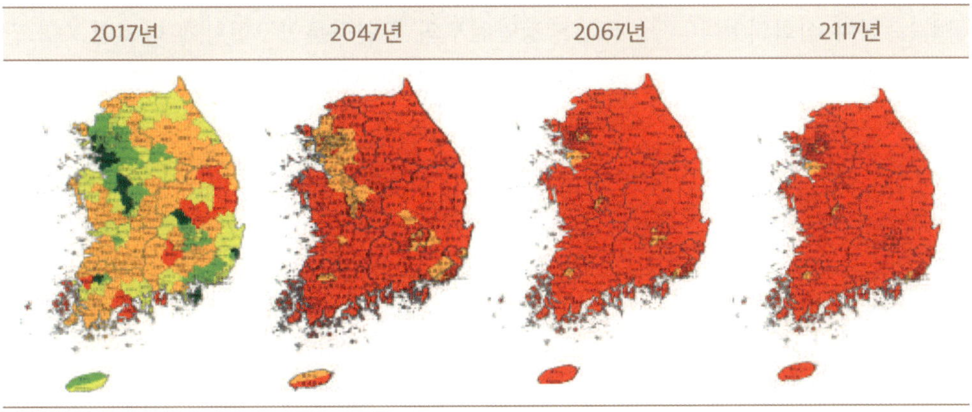

출처: 감사원(2021)

| 그림 11-9 | 소멸위험지역 전망

이상의 내용에서 알 수 있듯이 한국은 심각한 고령화로 미래를 앞당겨 살고 있는 지역들이 나타나고 있으며 어쩌면 소멸은 시작되었는지도 모른다. 그리고 지금의 인구 수준이 지속된다면 해당 지역들의 소멸은 더 빠르게 진행될 것이다.

9) 현 시점(2024년)에서 조회가 가능한 장래인구추계 자료는 2052년까지다.

10) 고용정보원과 함께 통계청의 장래인구추계 자료를 바탕으로 합계출산율 0.98명(2018년)이 지속된다는 가정하에 소멸위험 시군구를 전망했다.

3. 청년 인구의 유출

1) 인구 유출의 원인

지역소멸은 고령화와 밀접하며 지역의 불균형 발전에 따른 인구 양극화로 더욱 가중된다. 한 국가 내에서도 지역마다 인구의 분포적 특성은 달리 나타난다. 도시 지역인지 농촌 지역인지, 그 지역이 중심부인지 주변부인지에 따라서 인구의 구성은 달라진다. 일반적으로 농촌 지역 그리고 주변부의 인구는 젊은 인구의 유출과 저출산 등으로 고령화가 특징적이다. 특히 한국은 수도권으로의 인구집중이 뚜렷하다 못해 심각한 수준이다.

2019년 처음으로 수도권 인구가 비수도권 인구를 추월한 이래로 두 권역의 인구 양극화는 점차 심화되었다(그림 11-10). 행정안전부의 주민등록인구현황에 따르면 수도권 인구는 전체 인구의 50.7%를 차지하고 통계청의 경제활동인구조사에 따르면 수도권 취업자 수는 전체 취업자의 51.0%로 나타났다(2023년 기준). 대한민국 인구의 과반이 서울을 비롯한 수도권에 살고 있으며 수도권에서 경제활동을 하는 취업자도 절반이 넘는 것이다.

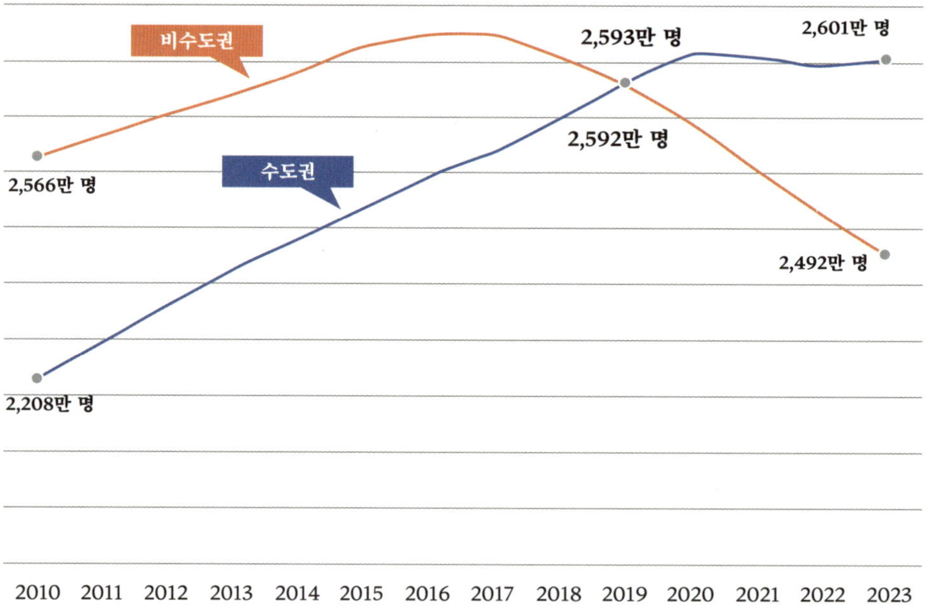

출처: 행정안전부 주민등록인구현황(2023)

| 그림 11-10 | 수도권 인구 과밀화

일례로 서울에 위치하고 있는 한 대단지 아파트의 주민 수는 약 3만 명으로 이는 2023년 기준으로 경북 영양(1만 5,661명), 전북 장수(2만 983명), 강원 양구(2만 1,056명) 등 한 지자체 인구를 훨씬 뛰어넘는 수준이다. 이러한 현실은 수도권 인구집중과 지역소멸문제를 직관적으로 보여준다.

이와 같은 수도권 인구 과밀화는 사회적 성장(인구이동)에 따른 결과로 한국의 경우 만 15~34세 청년층의 수도권 유입이 가장 큰 요인으로 작용한 것으로 분석된다. 실제로 2015년부터 2021년까지 수도권 인구의 순유입을 살펴보면 수도권으로 유입된 인구의 78.5%가 만 15~34세의 청년층이었다(한국은행, 2024). 이는 동일 기간 비수도권의 청년인구가 수도권으로 유출되었음을 나타낸다.

보다 구체적으로 지역의 소멸위험 수준에 따른 인구 순유입률(2018~2022년)을 보면 소멸위험에 해당하는 지역은 -2.1%, 소멸고위험에 해당하는 지역은 -2.3%로 나타나 소멸위험이 보통인 지역의 인구 순유입률이 5.8%를 기록한 것에 비해 인구 유출이 심각한 것을 알 수 있다(이상호 외, 2023).

여기에 만 20~39세 청년인구의 순유입률의 경우 소멸위험이 보통인 지역이 12.3%로 나타난 반면에 소멸위험 단계에 있는 지역은 -12.7%, 소멸고위험에 있는 지역은 -27.3%를 나타내 역시나 지역소멸은 저출산과 인구 고령화의 결과이자, 이러한 청년인구의 유출[11]로 그 위험성이 가중됨을 확인할 수 있다.

이처럼 인구감소로 인한 지역소멸에 대한 부담은 지역별로 차별화되어 나타나고 있다. 왜 청년들은 지방을 떠나는 것일까? 청년인구 유출에는 지역의 균형 개발이 이루어지지 않은 탓이 크다. 국토의 10% 남짓한 수도권에 절반이 넘는 인구가 집중되고 100대 기업의 본사는 86%가 수도권에 있으며 GDP의 52.8%가 수도권에서 창출되고 있다(통계청, 2022).

임금 및 고용률, 성장률, 문화·의료 서비스 등의 지역 간 격차는 청년층 이동의 주된 요인이 된다. 감사원(2021)의 설문조사 결과에서도 지역의 청년인구가 유출되는 원인으로 '양질의 일자리 부족'이 가장 큰 요인으로 인식되었고, 다음으로 '자녀 교육 환경', '문화시설 부족', '의료시설 부족', '불편한 교통망' 등의 순으로 나타났다.

실제로 수도권과 비수도권 일자리의 양적·질적 격차가 확인되고 있으며 이러한 일자리의 양극화가 확대될 것으로 전망된다. 소멸위험지역의 일자리 특성을 살펴보면 청년과 여성을 중심으로 일자리 기회가 열악하며 취업자 가운데 상용직 비중, 고학력·고

---

11) 이상호 외(2023)에 따르면 청년인구 순유입률(2018~2022년)에 있어 경남 하동군은 -42.0%, 충북 영동군은 -40.1% 등으로 나타나 일부 소멸위험지역의 경우 청년인구 유출률이 40%를 넘기도 함을 알 수 있다.

숙련 취업자 비중 등에서 전반적인 일자리 질의 저하가 뚜렷하게 나타난다. 이러한 일자리의 질 격차는 임금 격차로 이어져 지역 간 기대소득 차이를 가져온다(표 11-3).

| 표 11-3 | 소멸위험지역의 일자리 특성(2022년)

	소멸위험 보통	소멸주의	소멸위험	소멸고위험
임금근로자 비중(%)	83.8	80	70.8	51.0
상용직 비중(%)	80.4	80.1	78.5	77.3
고학력 취업자 비중(%)	60.3	63.1	50.2	36.6
전문직 비중(%)	27.3	27.1	16.9	9.5
평균임금(만원)	316	311	275	249

출처: 이상호 외(2023)

낙후된 주거 인프라와 생활환경, 낮은 기대소득 등을 고려한다면 청년들이 지방을 떠나 수도권으로 이동하는 것은 어쩌면 당연한 결과다. 그리고 청년이 떠나고 노인만 남은 지방에서 사회적 인프라와 서비스를 유지·확대하기란 쉽지 않다. 결국 지방은 더욱 외면받고 지방의 청년들은 수도권으로 이동하는 악순환이 반복되는 것이다.

2) 인구 유출에 따른 사회적 결과

우리는 지역소멸의 키워드로 노인과 여성을 보았다. 이는 저출산에 따른 인구 고령화로 인구가 감소하는 것에 대한 설명이다. 하지만 지역소멸의 궁극적 원인은 인구이동으로 인한 인구감소다. 특히 청년들의 이동이 지역의 인구를 감소하고 소멸에 이르게 한다. 저출산·고령화가 하나의 흐름이 된 시점에서 청년인구의 유출이 이대로 이어진다면 인구 재생은 불가능에 가깝게 된다.

지방인구의 감소, 더 나아가 지역소멸은 경제·사회·문화 등 우리 생활 전반에 부정적인 영향을 미치게 된다. 일반적으로 인구가 감소하고 고령화가 심화하면 지역 내 소비감소, 노동생산성의 저하를 유발한다. 이는 지역경제의 성장잠재력 약화와 경제성장 둔화로 이어지고, 결국 지역산업의 쇠퇴와 투자유인 감소로 지역의 재정건전성 악화라는 결론에 이르게 된다(Liu et al., 2016).

인구는 곧 국력이라는 말을 들어본 적이 있는가? 물론 이는 적정 수의 인구를 의미한다. 성장과 인구는 밀접한 관계에 있다. 지역의 저성장은 자연스럽게 인구감소라는 결과를 낳고 인구감소는 성장의 둔화를 가져온다. 그리고 이러한 성장의 둔화로 또다시 인구감소라는 악순환이 이어진다. 여기서 고령화는 이러한 악순환을 부채질한다.

인구감소로 성장이 둔화하면 소득과 소비의 감소로 직결되고 기업의 실적하락은 고용악화로 이어진다. 그 결과 해당 지역의 인구는 고용불안과 임금하락, 생활수준 저하 등을 경험하게 되고 그렇게 지역을 떠난다. 청년이 떠난 지역사회의 인프라를 유지하기란 쉽지 않고 점차 생활에 밀접한 서비스로부터 소외된다.

일례로 2022년 지방의 생활서비스 격차를 알아보기 위해 쿠팡의 서비스지역을 조사한 결과, 기초자치단체 가운데 새벽배송이 가능한 지역은 106개(46.3%)로 나타났고 수도권과 광역시에 집중되어 있었다. 또한 수도권의 66개 지자체 가운데 55개(83.3%)에서 새벽배송이 가능했지만 강원과 전남은 새벽배송 가능지역이 단 한 곳도 없었고 충북과 전북은 새벽배송 가능지역이 단 한 곳이었다(머니투데이, 2022.03.20.).

이는 인구소멸 위험지역과 쿠팡의 새벽배송 가능지역이 완전히 어긋났음을 보여주었다. 이후 쿠팡이 전국적으로 새벽배송 망을 확대·구축하였으나 제주도보다도 늦게 추가된 곳이 전북과 전남 지역이었다. 기업의 합리적 선택에 따른 결과였지만 이를 통해 소멸위험지역의 거주민들이 소비의 사각지대에 놓일 수 있으며 유통 서비스를 받지 못하는 지방에서는 일부 선진국에서 경험한 '식품 사막'[12] 현상을 겪을 수 있음을 시사했다.

지역의 소멸 위험성이 커질수록 소비 공급망에서 소외되는 현상은 소멸위험지역에 대한 사회적 인프라 및 서비스 투자가 배제될 가능성과 그 심각성을 보여준다. 이러한 사막 현상은 단순히 식품 외에도 일자리, 교육, 의료, 문화, 교통 등 생활 전반에 걸쳐 나타날 수 있다. 결국 인구의 양극화는 지역 간 소득 불균형과 함께 복지 불균형을 가져와 개인 삶의 질의 격차를 확대한다.

한편 지방인구 감소, 청년의 수도권 집중은 저출산의 원인이 된다. 한국의 저출산은 인구밀도가 높은 수도권의 저출산이 주도하고 있다. 여기에는 수도권으로 이동한 청년의 역할이 크다. 현재 청년들은 더 나은 생활, 좋은 교육과 일자리를 찾아 자연스럽게 비수도권에서 수도권으로 떠나고 있다. 이러한 청년의 이동을 보면 인구밀도가 낮은 곳에서 높은 곳으로 이동하는 경향이 있다. 그리고 출산율이 높은 곳에서 낮은 곳으로 이동하고 있다.

생애사 이론(life history theory)에 의하면 인간이 살아가는 방식은 크게 '빠른 생애사 전략'과 '느린 생애사 전략'으로 나뉜다. 이에 따르면 인간은 예측 불가능한 환경에서는 갑작스러운 위험을 감수하고 미래에 투자하기보다 즉각적인 이익을 추구하는 빠른 생애사 전략을 선택하는 반면에 예측 가능한 환경에서는 장기적인 미래의 이익에 우선을

12) 식품 사막(Food Desert)은 식료품, 일용품 상점이 철수하여 시민들이 건강 유지에 필요한 식품을 구하는 것이 어려워진 지역을 의미한다. 1990년대 영국에서 처음 발견되었고 미국, 일본 등에서 2000년대 초중반부터 사회적 문제로 떠올랐다.

두는 느린 생애사 전략을 선택한다(Ellis et al., 2009).

이러한 관점에서 볼 때 높은 인구밀도는 치열한 경쟁과 미래에 대한 불안을 경험하게 하고 자신의 경쟁력 확보를 위해 결혼과 출산을 미루는 결과를 가져와 사회가 저출산을 경험하게 된다(장대익 외, 2020).

즉 과거 사망 가능성이 높은 환경에서 청년들은 빨리 결혼하여 다수의 자녀를 낳는 것으로 위험을 분산하는 빠른 생애사 전략을 택했다면 사망 가능성은 낮아졌지만 높은 인구밀도로 심각한 경쟁에 내몰려있는 지금의 청년들은 결혼과 출산을 미루고 자신의 생존과 성장에 투자하는 느린 생애사 전략을 택하는 것이다.

실제로 인구밀도와 합계출산율 간의 관계를 분석해본 결과 인구밀도와 합계출산율 간에는 부적 상관관계가 있는 것으로 나타났다. 이러한 결과는 이미 다수의 연구에서 경험적으로 규명된 바가 있으며 높은 인구밀도와 함께 인구 양극화가 수반되면 이러한 상관관계는 더욱 강하게 나타난다[13](그림 11-11).

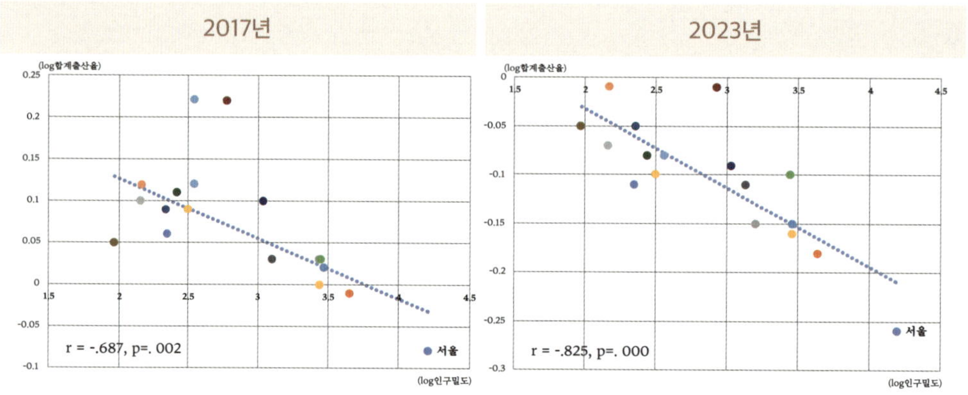

출처: 통계청 인구총조사, 인구동향조사(2023)

| 그림 11-11 | 인구밀도와 합계출산율의 상관관계[14]

인구의 양극화는 앞서 언급한 바와 같이 지역의 불균형을 의미한다. 사회적 인프라와 서비스, 기대소득 등 여러 측면에서 유리한 위치에 있는 수도권은 지방의 청년들을 끌어당기게 되고 청년인구의 흡수로 인구밀도가 높아진 수도권은 경쟁과 불안이 가중

13) 2017년과 2023년 각각의 인구밀도와 합계출산율 간 상관관계를 비교해 보면 2017년(=-.687)에 비해 인구 양극화가 심화된 2023년(=-.825)에 인구밀도와 합계출산율의 부적 상관관계가 더욱 강해졌음을 알 수 있다.

14) 통계청의 자료를 활용하여 2017년, 2023년 인구밀도와 합계출산율 데이터를 얻었고, 인구밀도와 합계출산율 모두 상용로그를 취한 값을 활용하였다. 상관관계분석 결과 통계적으로 유의미한 부적 상관관계가 있는 것으로 나타났다.

된다. 그러다 보니 살아남기 위해 결혼과 출산이 아닌 자신을 위한 교육과 커리어에 더욱 집중하게 된다.

아이러니하게도 청년들이 빠져나간 지역(비수도권)은 출산을 기대하기 어려운 상황인데 청년들이 대거 유입된 지역(수도권) 역시 출산에 손실이 발생하고 있다. 따라서 밀도가 낮은 비수도권에서 밀도가 높은 수도권으로의 청년인구 이동은 국가 전체의 출산율을 떨어뜨리고 인구감소를 심화하는 사회적 파급효과를 초래한다.

4. 미래의 나와 공존하는 사회

1) 청년 인구 유입을 위한 노력

특정 지역의 지속적인 인구 유출은 지역 간 불균형을 확대하는 악순환의 고리를 형성하게 되고 지역의 경쟁력 약화를 초래한다. 이러한 상태가 지속된다면 해당 지역의 소멸이 문제가 아니라 국가 전체의 존망을 위협하게 되고 어쩌면 회복이 어려운 상황에까지 내몰릴 수 있다. 미래의 우리가 사라지지 않기 위해서는 어떻게 해야 할까?

우리는 앞서 이야기한 인구밀도와 합계출산율의 상관관계를 오해해서는 안 된다. 단순히 인구밀도가 높으면 안 된다는 의미가 아니라 인구의 편중이 문제의 핵심이다. 인구밀도가 낮은 지역에서 높은 지역으로의 인구이동이 지금의 초저출산을 가져왔다. 즉 청년의 수도권 집중이 저출산에 영향을 미치고 결국 지역소멸의 위기를 가져온다는 것이다. 따라서 대한민국 전체의 인구밀도를 낮춰 출산율을 회복하는 것이 아니라 수도권에 대한 편중을 낮춰야 한다.

성장을 위한 적정인구가 있다. 일반적으로 경제 발전의 초기에는 많은 수의 인구가 필요하지만 성숙의 단계에 접어든 이후 인구 과밀화는 경제성장에 부정적인 영향을 미친다. '적정'에 대한 명확한 기준은 없지만 적정수준의 인구규모는 국가의 성장과 발전에 중요한 요소다.

한국의 경우에도 산아제한 정책을 경제 정책의 일환으로 활용하던 시절이 있었다. 당시 모든 지역의 출산율은 절대적으로 높은 시기였고 급속한 인구증가는 경제 발전을 가로막는 장애물이었다. 하지만 지금은 상황이 달라졌고 모든 지역의 출산율이 절대적으로 낮아졌다. 와중에 지역 간 격차로 출산율은 더욱 떨어지고 있다. 이제는 인구감소가 경제 발전이 아닌 수축을 가져오는 원인이 되었다. 따라서 인구를 늘려야 한다. 그리고 인구를 분산해야 한다.

그렇다면 청년인구를 끌어당기는 수도권의 매력은 무엇일까? 높은 인구밀도로 경쟁 압박 심화, 주택가격 상승, 대기오염 심화 등 생존이 위협되는 상황임에도 불구하고 왜 사람들은 수도권으로 몰려드는 것일까? 수도권으로 인구만 집중되는 것이 아니라 인프라 및 일자리가 수도권에 집중되어 있다. 일자리가 있는 곳으로 사람들이 몰리고 일자리는 곧 삶의 질을 나타낸다. 즉 삶의 질을 높이는 것이 청년들의 마음을 되돌릴 수 있는 유인책이다.

수십 년 동안의 균형발전 정책에도 수도권으로의 발걸음은 멈추지 않는다. 이는 수도권으로 편중된 인프라와 일자리를 분산하는 데 한계가 있음을 보여주는 결과다. 수도권과 지방 간의 격차로 너도나도 서울로 가야 한다는 막연한 불안감이 청년들에게 있다. 다른 선택의 여지없이 내몰리다시피 수도권으로 갈 수밖에 없는 청년들의 발걸음을 멈춰 세워야 한다. 그러려면 청년들이 자신의 거주지를 선택할 수 있어야 한다.

청년들이 살고 있는 지역에 좋은 일자리가 제공되거나 일자리와 거주지가 달라도 문제없는 환경이 마련되어야 한다. 지역발전은 지역소멸과 관계없이도 고심해야 할 사회문제다. 균형발전을 위한 노력을 지속하면서도 현실적인 한계를 받아들이고 당장에 균형발전이 어렵다면 지역 간 관계를 촘촘하게 이어야 한다.

이를 위해서 출퇴근 시간을 줄일 수 있는 일일생활권 교통망을 확대해야 한다. 인프라를 분산하기 어렵다면, 기업이 지방으로 오지 않는다면 교통망으로 지역을 연결하는 것이 필요하다. 일일생활권 교통망으로 전국을 활보할 수 있도록 한다. 그렇게 된다면 일자리와 거주지가 달라도 자신이 거주하던 곳에 계속 정주하는 선택이 가능하게 된다. 삶의 질을 높이고 이출을 막을 인프라의 핵심은 교통이다. 일은 수도권에서 생활은 지방에서 할 수 있다면 굳이 청년인구가 이주 결심을 할 필요가 없는 것이다.

한편 지방이 사라지지 않기 위해서는 지방의 인구 유출을 방지하는 것과 동시에 인구 유입을 위한 노력을 해야 한다. 이미 인구의 절반 이상이 수도권에 있고 이들을 억지로 지방으로 데려올 수는 없다. 지역의 활성화를 통해 단절되지 않고 교류함으로써 관계가 끊어지지 않게 하는 것이 우선이다. 지방으로 관계인구가 형성되어야 한다.

최근 지역소멸의 위기를 극복할 새로운 키워드로 '관계인구'라는 개념이 부상했다. 관계인구는 타카하시 히로유키의 저서 『도시와 지방을 섞다』(2016)에서 처음 사용되었다. 타카하시는 지역의 인구문제를 다루는데 있어 교류인구는 일회성이 짙고 정주인구는 유인이 어려워 교류인구와 정주인구 사이에 있는 관계인구를 발굴해야 한다고 주장하였다. 이러한 관계인구는 언젠가 지역에 편입되어 정주인구가 될 것이라는 기대를 바탕으로 두고 있다.

지역의 특색을 살려 지방의 매력도를 높이고 마을의 브랜드 가치 창출을 위한 노력을 통해 관계인구를 늘려야 한다. 이는 지역의 청년들에게도 새로운 선택지가 될 수 있다. 이와 더불어 거점도시를 활성화해 연결을 탄탄히 하는 방법으로 청년 인구의 유출을 막고 유입을 기대할 수 있을 것이다.

2) 노인을 위한 마을

청년이 줄고 노인이 늘어난다고 해서 그 자체가 틀린 것은 아니다. 고령화는 세계적인 흐름이다. 대세를 거스를 수 없다면 흐름에 맞춰 새로운 동력을 마련해야 한다. 인구유입을 위한 노력에는 노인인구도 포함된다. 이미 있는 노인들을 복지적인 차원에서 관리하는 것이 아니라 노인이 살기 좋은 마을을 형성해 적극적으로 유인해야 한다.

세계보건기구에서는 인구 고령화에 효과적으로 대응하기 위해 고령친화도시 인증제도를 마련하였다. 고령친화도시란 활동적인 노년 생활을 위한 도시 환경을 의미한다. 이를 위한 8가지 기준을 살펴보면 고령 친화적인 시설, 교통수단의 편의성, 안전한 주거 환경, 여가 및 지역사회 참여, 사회적 존중과 포용, 풍부한 일자리, 다양한 정보 제공, 수준 높은 지역 복지 및 보건 서비스 등이 있다.

단순히 인구의 양에 초점을 두고 인구증가만을 지역소멸문제 해결을 위한 목표로 두어서는 안 된다. 삶의 질 향상을 목표로 두고 다양한 세대를 아우르는, 사회 구성원 모두를 위한 도시가 형성되어야 한다. 모두를 배려하는 도시, 특히 사회의 약자를 배려하는 도시가 지금의 인구문제, 지역소멸문제 해결의 시작이다.

인간은 누구나 노인이 된다. 현재의 노인은 곧 청년의 미래다. 노인이 살기 좋은 사회는 청년들에게 귀감이 되고 과도한 경쟁과 불안을 내려놓고 다시 희망을 꿈꾸게 할 수 있다. 미래가 불안할수록 준비하고 또 준비한다. 지금 우리에게는 지나친 준비, 막연한 준비, 끊임없는 준비가 아니라 기대에 찬 준비, 함께 하는 준비, 구체적인 계획이 가능한 삶이 필요하다.

이제는 증가하는 노인인구에 대한 사회적 부담을 줄이기 위해 노인의 삶의 질을 높이고 웰-다잉(well-dying)할 수 있도록 하는 노인을 위한 도시가 필요하다. 노인도 잘 살 수 있고 즐길 수 있는 권리를 존중해주어야 한다. 미래의 나와 공존할 수 있는 노인에게 상냥한 도시가 지역소멸을 해결할 수 있는 열쇠다.

쟁점 나누기(Debate)

✣ 지역소멸에 대한 위기에 따라 최근 시도 단위의 지역개발 대책으로 행정통합을 추진하는 방안과 메가시티 즉 광역연합에 대한 해법이 제시되고 있다. 무엇이 선행되어야 한다고 생각하는가?

행정통합이 우선이다 VS 광역연합이 우선이다

행정통합이 우선이다	광역연합이 우선이다

12장

중독문제

현대 사회에서 '중독'이라는 용어는 우리에게 매우 익숙한 개념이 되었으며 다양한 경로를 통해 자주 접하게 된다. 이는 어떤 상황에서든 자제하지 못하고, 일상적인 생활을 제대로 영위하지 못하는 병리적인 상태를 의미한다. 과거에는 주로 약물이나 알코올 중독을 설명할 때 이 용어가 사용되었지만 현대에 들어서는 스마트폰, 종교, 인간관계, 쇼핑, 운동, 성중독 등 다양한 형태로 나타나고 있다. 정신적으로 건강하고 자신의 삶을 잘 관리하는 사람들은 특정 대상에 의존하지 않더라도 자신에게 주어진 일을 수행하고, 취미나 여가, 인간관계 등의 균형을 유지할 수 있다. 그러나 중독된 사람들은 삶의 균형이 무너져 스트레스를 해소하기 위한 대상이나 수단을 찾는 경향이 있다. 이러한 문제는 중독자 개인뿐만 아니라 주변 사람들과 더 넓게는 사회 전반에까지 부정적인 영향을 미치며 심각한 사회적 문제를 초래할 수 있다. 이에 본 장에서는 약물중독, 도박중독, 스마트폰중독 등 대표적인 중독문제를 중심으로 살펴보고자 한다.

1. 중독문제에 대한 이해

1) 중독의 개념

'중독(addiction)'이라는 단어는 라틴어에서 유래되었으며 원래 '노예'를 의미한다. 이는 '자신을 특정 습관이나 물질에 얽매이게 하다'는 뜻으로 어떤 일에 반복적으로 몰두하거나 그 일에 항복하는 상태로 정의할 수 있다. 중독은 주로 중독성 물질에 의해 발생하며, 생리적 의존성, 내성, 금단 증상이 동반되며 학업, 심리, 사회, 직업적 기능 손상을 초래할 때 진단된다. 현대에는 단순히 물질이나 약물중독뿐만 아니라 물질이 개입되지 않는 상태에서 특정한 행위에 과도하게 집착하거나 몰두하는 경우도 중독으로 간주된다. 도박, 게임, 인터넷, 스마트폰의 과도한 사용 등도 중독 관련 질환의 범주에 포함되는 것이다. 중독의 핵심은 부적응적 결과를 초래하는 행동에 대한 자기조절력 상실로 볼 수 있으며, 행동에 대한 갈망, 통제력 상실, 부정적인 결과에도 불구하고 그 행동을 지속하는 특징을 보인다.

2) 중독의 유형

중독은 그 대상이나 방식에 따라 여러 가지로 분류할 수 있다. 크게 물질중독과 행위중독으로 나눌 수 있으며, 물질중독에는 알코올중독과 약물중독이 포함된다. 이는 신체적, 심리적으로 실재하는 특정 화학물질에 의존하는 상태를 뜻한다. 행위중독은 다시 두 가지로 나뉘는데 무형의 행위중독과 유형의 행위중독으로 구분된다. 무형의 행위중독은 특정 과정을 즐기는 데 중점을 두며 인간관계, 분노, 연애, 종교 등과 관련된 중독을 예로 들 수 있다. 반면 유형의 행위중독은 도박, 스마트폰 사용, 성, 쇼핑, 운동, 일과 같이 특정 행위 그 자체에 과도하게 몰두하는 중독을 의미한다.

| 표 12-1 | 물질중독과 행위중독의 유형과 내용

구분	중독내용	
물질중독	알코올, 마약, 향정신의약품, 음식 등	
행위중독	무형(과정)	관계, 분노, 연애, 종교 등
	유형(행위)	도박, 일, 스마트폰, 섹스, 쇼핑 등

| 표 12-2 | 물질중독과 행위중독의 속성

구분	속성
물질중독	물질이 외부로부터 인체 속으로 주입되어 흥분을 야기
행위중독	특정 행위나 상황 속에서 엔도르핀과 같은 흥분조장 물질이 인체 내에서 자체 생성되어 작용

3) 중독의 특성

중독은 전 세계적으로 심각한 공중 보건적 문제로 인식되고 있다. 이는 개인의 신체적, 정신적 건강에 중대한 영향을 미친다. 더욱이 약물남용 같은 경우에는 신체적 의존성과 정신적 의존성을 유발한다. 이는 다양한 신경생물학적 기전과 관련이 있다. 따라서 본 장에서는 중독을 일으키는 특성을 갈망, 내성, 금단증상, 자기기만으로 나누어 설명하고자 한다.

(1) 갈망(craving)

'갈망'이란 어떤 것을 매우 강하게 원하고 바라는 상태를 의미한다. 예를 들어, 마약중독자의 경우 마약을 하고자 하는 욕구가 지나치게 강해져 사회적으로 용납되지 않는 행동이나 규범을 무시한 위험한 행동을 하게 될 수 있다. 중독자가 이러한 갈망을 참지 못할 경우, 다시금 중독 물질을 사용하여 재발하게 된다. 중독에서 벗어나기 위한 중요한 길은 이러한 갈망을 극복하는 것이다.

(2) 내성(tolerance)

내성은 원하는 효과를 얻기 위해 더 많은 양의 물질이 필요해지는 상태를 의미하며 자주 사용함에 따라 그 효과가 감소하는 현상을 말한다. 예를 들어 술을 마신 경우 시간이 지날수록 같은 양으로는 예전만큼의 영향을 받지 않게 되고, 더 많은 양의 술을 필요로 하게 된다. 예전에는 소주 한 병으로 잠들었지만 몇 년이 지나면서 두 병을 마셔야 잠이 드는 상황을 말한다. 내성이 증가하면 중독자는 점점 더 많은 양을 사용하게 되고, 이는 중독을 더욱 심화하는 요인이 된다.

(3) 금단증상(abstinence symptom)

금단증상은 지속적으로 사용하던 물질을 중단했을 때 발생하는 불쾌한 증상들을 의미한다. 중독 물질이나 특정 행위를 중단할 경우 발생하는 다양한 신체적, 정신적 불편함을 일컫는다. 예를 들어 마약중독자의 경우 탈진, 두통, 환시, 환각, 수면장애 등의 증상이 나타날 수 있다. 금단증상은 급성과 만성으로 구분되며, 급성은 약물을 중단한 지 약 2주 내에 사라질 수 있지만, 만성 금단증상은 2년 이상 지속될 수도 있다. 중독에서 회복하기 위해서는 이러한 금단증상을 어떻게 관리하고 대처하는지가 매우 중요하다.

(4) 자기기만(self-deception)

자기기만은 중독 상태에 있는 사람이 중독 사실을 인정하지 않고 부인하는 심리적 방어 기제다. 이는 중독자 스스로 중독에 대해 아무 문제가 없다고 믿거나 상황을 축소하려는 경향으로 나타난다. 자기기만 상태에 있는 중독자는 자신뿐만 아니라 주변 사람들까지도 속여 중독 물질을 확보하기 위해 거짓말, 합리화, 사기 등의 방법을 사용하게 된다. 이러한 자기기만은 결과적으로 사회적, 직업적 기능 장애를 야기할 가능성을 높인다. 자기기만은 중독자가 중독 물질을 확보하고자 하는 욕구와 중독에 대한 죄책감으로 인해 발생하는 방어적 행동이다.

2. 약물중독 문제

1) 약물중독의 정의

우리나라에서 아편에 대한 최초의 기록은 광해군 3년인 1611년에 나타나며, 허준의 동의보감 탕액편에 아편의 약효와 제법이 소개되었다. 아편은 담배보다 먼저 사용되었으며, 조선시대에는 마약에 대한 법적인 규제가 없었다. 제1차 세계대전으로 인해 국제적으로 아편과 기타 마약류의 가격이 급등하면서 마약을 구하기 어려워지자, 국내에서도 양귀비 재배가 확산되었고, 일제강점기에는 아편중독자가 증가하는 현상이 나타났다. 특히 모르핀과 헤로인이 치료 목적으로 무분별하게 처방되면서 중독자가 급격히 늘어나게 되었다. 우리나라 정부가 마약류에 대한 체계적인 법규를 갖추고 본격적인 단속을 시작한 것은 광복 이후로, 1957년에 마약법이 제정되었으며, 1970년에는 습관성의약품관리법, 향정신성의약품관리법, 대마관리법이 제정되었다. 1990년대 들어서면서 필로폰중독 문제의 심각성이 부각되었고, 이에 따라 1989년 대검찰청에 마약과가 신설되었다. 2000년에는 기존의 마약법, 대마관리법, 향정신성의약품관리법을 마약류 관리에 관한 법률로 통합하여 제정하였다. 2010년 이후에는 해외 여행객, 조기 유학생, 외국인 근로자의 증가로 인해 해외에서 마약류를 경험하고 국내로 돌아온 사람들이 늘어나면서 마약류 남용이 확산되기 시작했다. 또한 인터넷과 텔레그램을 이용해 마약류 공급자와 쉽게 접촉할 수 있게 되어 마약류 남용자가 급증하였다. 특히, 다크웹을 통한 비대면 거래와 비트코인 같은 가상화폐를 이용한 신종 마약 주문이 활성화되면서 마약류 남용 문제가 더욱 심각해지고 있는 상황이다.

특히 '약물'이라는 용어는 다양한 의미로 사용되며, 사람마다 다르게 이해할 수 있다. '약물'이라는 단어는 drug로 사용되기도 하고 '마약류'라는 의미인 narcotics로 쓰이기도 하며 '물질'을 의미하는 substance라는 용어로도 표현된다. 약물의 종류가 다양한 만큼, 그 개념 또한 다층적이고 명확한 합의가 이루어지지 않았다. 인류의 여러 문화권에서는 약물이 치료제, 마취제, 환각제 또는 기호품으로 생산되고 사용되어 왔다. 약물 관련 용어는 시대적 배경이나 사용자에 따라 그 의미가 달라질 수 있다. 약물남용과 중독의 개념을 잘 이해하기 위해서는 약물 관련 용어인 약물사용, 약물오용, 약물의존 등도 함께 살펴보고자 한다.

(1) 약물사용(drug use)

약물사용이란 의사의 처방 여부와 상관없이 치료 목적으로 사용되며 효과는 있지만 위험성이 적은 약물을 사용했을 때를 의미한다. 이러한 사용은 약물의 효과 외에 사회나 개인에게 큰 해악을 미치지 않는 경우에 해당된다.

(2) 약물오용(drug misuse)

약물오용은 의사나 전문가의 지시를 따르지 않고 약물을 잘못 사용하는 것을 뜻한다. 이는 법으로 금지된 마약류 사용뿐만 아니라, 의학적으로 허용된 약물을 비의학적인 목적으로 사용하는 것까지 포함한다. 오용은 사용량이나 상황에 따라 개인에게나 타인에게 위험을 초래할 수 있다. 처방된 약을 정해진 용량과 용법을 지키지 않고 과도하게 사용한다면, 이는 약물오용에 해당한다. 약물오용은 본래 치료 목적이지만 잘못 사용하면 사회적, 직업적, 신체적 장애를 유발할 수 있다.

(3) 약물의존(drug dependence)

약물의존은 정신적, 신체적으로 약물에 대한 강한 갈망을 느끼는 상태를 의미한다. 약물의존 상태에 있는 사람은 약물 사용을 중단하면 금단증상을 경험하게 된다. 예를 들어 알코올 금단증상으로는 신체적으로 경련, 환청, 불면 등이 나타나며, 심리적으로는 불안감, 초조함, 자기 비하 등이 발생할 수 있다. 다시 약물을 복용하면 이러한 증상이 사라지기도 한다. 또한, 약물의존은 내성과 연결되는데 이는 동일한 효과를 얻기 위해 점점 더 많은 양의 약물이 필요해지는 상태를 말한다.

(4) 약물중독(drug addiction)

약물중독이란 중추신경계에 작용하는 약물을 남용했을 때, 신체적 및 정신적으로 의존 상태에 빠지는 것을 의미한다. 약물중독자는 약물을 끊지 못하고, 약물의 부재 시 심리적으로 참을 수 없는 강한 갈망을 느낀다. 이는 뇌의 쾌락과 관련된 부위에 일시적인 영향을 미치며 시간이 지나면 증상이 사라지기도 하지만 그 순간을 잘 이겨내는 것이 중요하다. 신체적 의존 상태는 반복적인 약물 사용으로 인해 생리적 요구가 발생하고, 약물의 사용을 갑작스럽게 중단하면 금단 증상을 일으킨다. 신체적 의존은 심리적 의존을 유발하며, 이는 약물의 효과를 계속 느끼기 위해 강박적으로 약물을 복용하는 행동으로 이어진다. 이러한 상태를 약물중독이라고 하며 중독자는 강한 욕구에 의해 약물을 얻고 사용하려는 경향을 보인다.

(5) 약물남용(drug abuse)

약물남용은 의사의 처방 없이 개인이 정신적 쾌락이나 환각 등의 목적으로 약물을 사용하는 것을 말한다. 사회적 기준을 어기고 향정신성 약물을 빈번하고 지속적으로 사용하는 것이며 약물오용과 구별된다. 미국의사협회는 약물남용을 "의학적 감독 없이 약물을 자의적으로 복용하는 것"으로 정의하고 있으며, 세계보건기구(WHO)는 "의료 규정을 따르지 않고 약물을 과용하는 것"으로 정의하고 있다. 일반적으로 약물남용은 향정신성 약물의 비의학적 사용으로 행동, 지각, 감정을 인위적으로 바꾸기 위해 불법적이고 비의학적으로 약물을 사용하는 행위다. 이는 알코올부터 시작해 아편, 유사약물에 이르기까지 다양한 행동을 포함한다.

2) 약물중독의 현황

(1) 마약류별 동향

마약류별 동향을 살펴보면 다음과 같다. 여기에는 꾸준히 범죄가 늘어나고 있는 대마 및 마약, 향정신성의약품, 직업별 단속 현황 등이 있다.

① 대마

2023년 대마 관련 사범의 단속 현황을 보면, 2019년부터 대마사범의 검거 인원이 꾸준히 증가하고 있다. 2019년에는 2,629명이 검거되었으나 2023년에는 4,085명으로 증가했다. 이는 5년 사이에 대마사범이 약 1.6배 이상 증가한 수치다. 대마사범의 검거 비율은 전체 마약류 사범 중 14.8%를 차지하며, 대마 관련 범죄가 계속해서 늘어나고 있음을 보여준다.

| 표 12-3 | 국내 대마사범 단속 현황 (단위: 명)

연도	2019	2020	2021	2022	2023
검거인원	2,629	3,212	3,777	3,809	4,085

출처: 대검찰청 마약류 범죄백서(2023)

② 마약

2023년도 대검찰청 『국내 마약류 범죄현황』에 나타난 마약사범의 경우, 2019년 이후에도 지속적인 증가 추세를 보이고 있다. 2019년에는 1,804명이 검거되었고, 2021년에는 코로나19의 영향으로 1,745명까지 감소했지만, 이후 다시 증가하여 2023년에는 3,970명에 이르렀다.

이와 같은 수치는 전체 마약류 사범 중 마약사범이 14.4%를 차지하고 있으며, 이는 향후 마약 관련 범죄가 더욱 증가할 가능성을 시사한다.

| 표 12-4 | 국내 마약사범 단속 현황 (단위: 명)

연도	2019	2020	2021	2022	2023
검거인원	1,804	2,198	1,745	2,551	3,970

출처: 대검찰청 마약류 범죄백서(2023)

③ 향정신성의약품

향정신성의약품 관련 사범은 전체 마약류 범죄에서 가장 큰 비율을 차지하고 있다. 2019년에는 11,611명이었으나, 2023년에는 19,556명으로 급격히 증가하였다. 향정사범은 전체 마약류 사범의 70.8%에 달하며, 이는 국내에서 가장 많이 적발되는 약물 관련 범죄임을 보여준다.

| 표 12-5 | 국내 향정사범 단속 현황 (단위: 명)

연도	2019	2020	2021	2022	2023
검거인원	11,611	12,640	10,631	12,035	19,556

출처: 대검찰청 마약류 범죄백서(2023)

결론적으로 대마, 마약, 향정신성의약품 모두 최근 몇 년간 검거 인원이 증가하고 있으며, 특히 향정사범이 전체 마약류 사범의 대부분을 차지하고 있다. 이와 같은 추세는 국내 마약류 관련 범죄의 심각성을 보여주며, 이에 대한 보다 철저한 단속과 예방 정책이 필요함을 시사한다. 마약류 범죄는 신속한 조기 대응과 체계적인 예방 및 재활 정책이 필수적이다.

④ 직업별 단속 현황

2023년 대검찰청 자료에 따르면, 마약류 사범의 직업별 분포는 다양한 직업군에서 나타나고 있다. 기타 직종에 속한 사범이 11,061명으로 전체의 40.1%를 차지하며 가장 높은 비율을 보였다. 이어서 무직 사범이 7,421명으로 전체 26.9%를 차지하고 있다. 이 외에도 직업 미상이 2,347명으로 8.5%, 회사원이 1,528명으로 5.5%의 비율을 기록하고 있다. 이 통계는 마약류 범죄가 특정 직업군에 국한되지 않고 다양한 계층에서 발생하고 있음을 보여준다.

| 표 12-6 | 2023 마약류 사범 직업별 단속 현황

직업별 \ 마약류		대마	마약	향정	합계	
직업별	합계	4,085	3,970	19,556	27,611	(100)
	무직	771	1,517	5,133	7,421	(26.9)
	농업	31	506	30	567	(2.1)
	도소매업	12	5	58	75	(0.3)
	유흥업	37	2	320	359	(1.3)
	서비스업	90	37	256	383	(1.4)
	금융/증권	12	3	25	40	(0.1)
	부동산업	8	2	31	41	(0.1)
	노동	149	45	866	1,060	(3.8)
	회사원	427	94	1,007	1,528	(5.5)
	공업	46	2	287	335	(1.2)
	건설	19	12	65	96	(0.3)
	의료	8	43	262	313	(1.1)
	운송업	13	32	114	159	(0.6)
	가사	22	163	84	269	(1.0)
	예술	46	6	45	97	(0.4)
	어업	8	4	34	46	(0.2)
	교원(교수)	10	38	19	67	(0.2)
	학생	146	20	1,181	1,347	(4.9)
	직업미상	479	239	1,629	2,347	(8.5)
	기타	1,751	1,200	8,110	11,061	(40.1)

출처: 대검찰청 마약류 범죄백서(2023)

3) 약물중독의 원인과 대책

기본적으로 불법약물 청정국이라 하면 인구 10만명을 기준으로 마약사범이 20명 이하인 경우로 정의된다. 하지만 2023년 9월 기준으로 우리나라는 마약사범이 약 2만 230여 명으로 인구 대비 반올림하여 약 4% 이상 불법약물 청정국이라 불리 수 없는 지경에 이르렀다. 이제는 어린 학생들조차 SNS를 통해 손쉽게 불법약물을 구할 수 있는 상황이다. 무엇보다 가장 큰 원인은 잘못된 미디어의 노출이 아닐까 싶다. 미디어 뿐만 아니라 국내 해외 각종 유명 연예인들의 평소 화면 속 모습을 통해 많은 영향을 미치기도 한다. 이를 예방하기 위한 방법은 여러 가지가 있겠지만 무엇보다 국민의 생명과 안전을 지키기 위해 약물중독에 대한 단속 및 처벌 기준을 강화하고 체계적인 대책 마련이 시급한 실정이다.

(1) 마약류 사범 범죄 원인

2023년 마약류 사범 범죄 원인별 현황에 따르면, 각 마약류에 따라 범죄 발생 원인이 다르게 나타난다. 이를 통해 마약류 관련 범죄가 단일한 원인에 의해 발생하지 않으며, 다양한 요인이 복합적으로 작용하고 있음을 알 수 있다.

| 표 12-7 | 2023 마약류 사범 범죄 원인별 현황

원인 / 마약류	불명	유혹	우연	강압	중독	호기심	영리	치료	기타	합계
대마	5.0%	10.5%	1.7%	0.1%	18.4%	15.6%	4.1%	0.9%	43.6%	(100)
마약	11.0%	2.3%	11.5%	0.0%	3.1%	19.2%	1.4%	1.9%	49.6%	(100)
향정	4.2%	10.0%	0.8%	0.1%	22.0%	8.6%	10.5%	1.2%	42.7%	(100)

출처: 대검찰청 마약류 범죄백서(2023)

아래에서는 각 마약류 종류별로 범죄 원인을 살펴본다.

① 대마 원인 분석

2023년 대마 관련 범죄의 원인은 여러 가지로 나뉘는데 가장 큰 비율을 차지한 원인은 기타(43.6%)다. 이는 대마 범죄를 저지른 이들이 명확한 원인보다는 다양한 이유로 범죄를 저질렀다는 것을 보여준다. 그 외에도 중독이 18.4%로 두 번째로 큰 원인을 차지하고 있으며 이는 대마를 반복적으로 사용하다가 중독 상태에 빠져 범죄를 저지른 사례가 많다는 것을 나타낸다. 또한 호기심으로 인한 대마 사용이 15.6%로 나타나 단순한 호기심에 의해 범죄가 발생하는 경우도 많다는 것을 알 수 있다. 그 외에도 유혹(10.5%)과 영리 목적(4.1%)에 의한 범죄도 상당한 비중을 차지한다.

② 마약 원인 분석

마약류 범죄에서는 기타가 49.6%로 가장 큰 비율을 차지하며, 이는 마약 범죄가 다양한 원인으로 발생할 수 있음을 시사한다. 두 번째로 큰 비율은 호기심(19.2%)으로, 이는 많은 사람들이 단순한 호기심으로 마약에 손을 대고 범죄를 저지른다는 것을 보여준다. 흥미로운 점은 우연에 의한 마약 범죄가 11.5%로 우발적으로 마약을 접하게 되는 경우가 많다는 것이다. 반면 중독에 의한 마약 범죄는 3.1%로 상대적으로 낮으며 유혹(2.3%)과 영리 목적(1.4%)도 비교적 적은 비율을 차지하고 있다. 이는 마약류 범죄가 주로 호기심이나 우연한 기회에 의해 시작되는 경우가 많다는 것을 시사한다.

③ 향정신성의약품 원인 분석

향정신성의약품 범죄에서도 기타 원인이 42.7%로 가장 높은 비율을 차지하고 있다. 이는 이들 범죄도 다양한 원인으로 발생하며, 특정한 하나의 이유로 설명하기 어려움을 나타낸다. 중독에 의한 범죄가 22.0%로 나타나 강한 중독성을 지닌 이들 약물의 특성 때문에 중독 상태에서 범죄를 저지르는 사례가 많다는 것을 보여준다. 또한 호기심(8.6%)에 의한 범죄도 존재하며 영리 목적(10.5%)으로 저지른 범죄가 상대적으로 높은 비율을 차지하고 있다. 유혹도 10.0%로 나타나 유혹에 의해 시작한 원인도 상당수임을 알 수 있다.

따라서 대마, 마약, 향정신성의약품 모두 기타 원인이 가장 큰 비중을 차지하며, 이는 마약류 범죄가 단독적인 원인에 의해 발생하지 않고 여러 요인이 복합적으로 작용한다는 것을 보여준다. 호기심, 중독, 유혹 등이 주요 원인으로 나타났으며, 특히 향정신성의약품의 경우 중독에 의한 범죄가 큰 비중을 차지하고 있다.

이런 데이터를 바탕으로 마약류 범죄 예방을 위한 전략을 세울 수 있을 것이다. 중독의 치료와 예방이 중요한 과제일 뿐만 아니라 호기심이나 유혹에 의해 마약류를 접하게 되는 경우를 막기 위한 사회적 대책도 마련해야 한다. 마약류 범죄의 원인을 다각도로 분석하고 그에 맞춘 맞춤형 예방 정책을 통해 더 효과적인 대응책을 마련할 수 있다.

(2) 약물중독의 기타 원인

약물중독의 원인을 단일한 문제로 규정하는 것은 매우 어려운 일이다. 이는 개인의 신체적 특성과 심리적 의존성, 그리고 문화적·사회적 환경에 따라 각기 다른 반응을 보이기 때문이다. 약물중독은 다양한 요인에 의해 발생하며 여기서는 신체적 의존성과 심리적·사회적 원인으로 나누어 분석해 보고자 한다.

① 신체적 의존성과 심리적 원인

약물 사용을 중단했을 때 나타나는 신체적 금단현상은 콧물, 오한, 불면, 발열 등으로 나타나며, 심리적 금단현상으로는 불안, 망상, 환청, 환각 등이 발생할 수 있다. 이러한 증상은 특히 재범자들에게서 많이 나타나며 약물에 대한 신체적 의존성이 강해질수록 중독으로 이어지게 된다. 중독이 심화할수록 약물 사용을 중단하는 것이 어려워지고, 이는 결국 약물 남용과 범죄 재발로 이어지는 경우가 많다. 약물에 대한 의존성이 생기면, 지속적으로 약물을 찾게 되고 결국 재범뿐만 아니라 더 심각한 범행으로 이어질 수 있다.

심리적 원인으로는 청소년의 경우 부모의 이혼, 한부모 가정, 조부모와 함께 사는 가족 구성, 핵가족화로 인한 인성적 결핍이 주요 원인이 될 수 있다. 또한 친구들의 유혹이나 호기심으로 인해 처음 약물을 접하는 경우도 많다. 성인의 경우 현실에서의 도피, 쾌락 추구, 호기심, 약물에 대한 기대감, 외부 압력 또는 스트레스 해소 방법으로 약물을 사용하는 경향이 있다.

② 사회적 원인

약물중독의 사회적 원인은 개인이 처한 사회적 상황이나 관계 그리고 사회 구조에 따라 크게 달라진다. 또래 집단의 권유나 유혹 그리고 소속된 사회적 환경에 따라 약물중독이 발생할 가능성이 높아진다. 다시 말해, 약물을 사용하는 사람들과 어울리며 그들과 교류할 수 있는 사회적 환경에 속할 경우 중독의 위험이 커진다.

대중매체와 스마트폰의 보급도 중독을 촉진할 수 있는 요인 중 하나다. 인터넷, 다크웹, SNS 등을 통해 약물 관련 정보에 쉽게 접근할 수 있으며, 특히 유명인이나 연예인의 약물 사용 소식이 베르테르 효과를 일으켜 다른 사람들에게 악영향을 미치기도 한다. 이렇게 약물에 대한 정보를 간과하거나 쉽게 접근할 수 있는 환경이 조성되면서 사회적으로 무감각하게 약물을 접하는 사례가 증가하게 된다.

결론적으로 약물중독은 신체적, 심리적, 사회적 원인이 복합적으로 작용하는 문제다. 이를 해결하기 위해서는 개인의 의존성뿐만 아니라 그들이 속한 사회적 환경과 문화적 요인을 고려한 다각적인 접근이 필요하다.

(3) 약물중독의 대책

약물 문제는 과거 우리나라에서 크게 우려하지 않았던 사안이었다. 그러나 최근 들어 다양한 약물의 유입과 외국인 노동자의 증가, 국가의 관광정책 완화 등의 이유로 약물의 유입이 쉬워지고 이를 접할 수 있는 경로도 확대되고 있다. 그 결과 약물중독으로 인한 개인의 신체적·정서적 문제뿐만 아니라 가족과 사회 전반에 걸친 심각한 문제들이 발생하고 있으며 이를 해결하기 위해 국가는 상당한 사회적 비용을 지출하고 있다. 그러나 약물 남용으로 인한 중독문제를 근본적으로 해결하는 것은 쉽지 않은 과제다. 따라서 현실적인 대처 방안을 모색하는 것이 매우 중요하다. 약물중독을 줄이고 사회적 문제로 확산되는 것을 최소화하기 위한 다양한 접근 방법이 필요하다. 이에 대한 대책 방안을 아래와 같이 정리할 수 있다.

① 약물중독자의 조기 발견 및 치료·재활 시스템 도입

약물중독에 빠진 사람들은 조기에 발견하여 치료와 재활을 통해 사회로 복귀할 수 있도록 전문적이고 체계적인 치료 및 재활 시스템이 구축되어야 한다. 약물중독은 단순한 의지로 해결할 수 없는 질병이기 때문에 이를 해결하기 위한 전문적 치료가 필수적이다. 또한 약물중독자들에게는 사회적 기술, 즉 대인관계나 의사소통 능력, 문제 해결 능력 등을 실제적으로 지원하는 프로그램이 필요하다. 더불어 중독자와 함께 생활하는 가족들에게도 지속적인 지지와 보호 서비스가 제공되어야 한다. 이러한 서비스를 제공하기 위해서는 약물중독 관련 전문 인력을 양성하고 이들의 연구 및 조사 활동에 대한 지원이 뒷받침되어야 한다.

우리나라는 과거 규제 중심의 정책을 고수했지만 최근에는 치료와 보호를 병행하는 정책으로 전환되고 있다. 예를 들어 마약류 관리에 관한 법률 제40조는 마약류 중독자에 대한 치료 및 보호 규정을 두고 있어 중독자의 처벌뿐만 아니라 이들의 치료 및 보호를 목적으로 한다.

② 약물중독자에 대한 법적·제도적 개선

약물중독자에 대한 법적·제도적 장치도 개선이 필요하다. 약물을 사용하는 사람을 무조건 범죄자로 간주하지 않고 치료가 필요한 환자로 인식하는 사회적 변화가 이루어져야 한다. 이는 중독자가 자신의 문제를 숨기지 않고 공개적으로 치료를 받을 수 있도록 하는 데 도움이 된다. 단순한 처벌보다는 약물 사용을 억제하고 재범을 줄이기 위한 치료적 접근이 중요하다. 현재 우리나라는 약물 관련 규제법이 분산되어 있어 이를 통합하고 체계적으로 규제하는 방안도 마련할 필요가 있다.

③ 예방 및 사회적 인식 개선

약물중독을 예방하는 것이 무엇보다 중요하다. 사회적으로 약물중독의 위험성을 홍보하고, 새로운 중독자가 나오지 않도록 계몽하는 일이 필요하다. 약물을 접하더라도 적극적인 치료와 재활이 가능하도록 사회적 인식을 변화하는 것도 필수적이다. 이를 위해 대중에게 약물의 위험성을 교육하는 프로그램과 더불어 마약 사용을 유혹받았을 때 이를 단호히 거절할 수 있는 방법을 교육하는 프로그램도 필요하다.

특히 사회적으로 취약한 계층이나 청소년 그리고 유흥업계 종사자 등을 대상으로 한 예방 교육이 강화되어야 한다. 이들에게는 약물 하위문화의 특성과 그 문화에 속한 사람들의 행동 패턴에 대한 교육이 중요하다. 이러한 교육을 통해 이들이 약물 사용의 위험에 쉽게 노출되지 않도록 예방적 개입이 필요하다.

④ 통합적 예방 및 대응 체계 구축

최근 전문가들은 약물중독 문제를 해결하기 위해 보다 통합적인 대응 체계를 강조하고 있다. 예방과 치료, 재활에 이르는 과정이 유기적으로 연결되도록 국가 차원의 통합적 시스템을 구축해야 한다. 이 과정에서 특히 중요시되는 것이 지역사회 기반의 예방프로그램이다. 지역사회 내에서 약물 사용의 위험에 노출된 사람들에게 직접적인 개입을 할 수 있도록 지역 보건소와 학교, 경찰이 협력하는 시스템을 강화해야 한다. 또한 디지털 플랫폼을 활용해 청소년들과 일반 대중이 쉽게 접근할 수 있는 예방 교육 및 상담 시스템을 제공하는 것도 중요하다. 이를 통해 약물에 대한 접근성과 유혹을 줄이고 중독 예방과 치료가 보다 원활하게 이루어질 수 있다.

따라서 약물중독문제는 조기 치료와 예방, 사회적 인식 개선을 통해 해결할 수 있는 복합적인 문제다. 국가와 사회 전반의 다각적인 노력이 필요하며, 이를 위해서는 법적·제도적 변화와 함께 예방 및 치료 시스템의 통합적 접근이 요구된다.

3. 도박중독문제

1) 도박중독의 정의

도박의 사전적 정의는 '돈을 걸고 불확실한 사건이나 게임의 결과에 따라 더 많은 돈을 얻을 수 있다는 기대 하에 행해지는 행위'로 볼 수 있다(한국마사회, 2008). 파스칼은 "도박을 즐기는 사람은 불확실한 것을 얻기 위해 확실한 것을 내기에 거는 것이다"라고 표현한 바 있다. 김교헌(2003)은 도박을 '불확실한 미래의 결과에 기대를 두고 금전이나 가치 있는 소유물을 거는 활동'으로 정의하고 있다.

도박중독이란 도박으로 인해 자신뿐만 아니라 가족, 대인관계에서 재정적, 사회적, 법적 문제가 발생하고 있음에도 불구하고, 도박 행위를 스스로 통제하지 못하는 상태를 의미한다. 이는 자신의 시간과 금전적 자원을 초과하여 소비하고, 그로 인해 생활의 질이 저하되더라도 도박을 멈추지 못하는 현상을 말한다. 병적 도박(pathological gambling)은 도박 충동을 제어하지 못함으로써 개인의 신체적, 경제적, 사회적, 재정적인 문제를 유발하며 더 나아가 가족관계나 직업, 대인관계에서 심각한 어려움을 초래한다.

2) 도박중독의 특성

도박중독에는 다양한 특성이 있겠지만 본 장에서는 무엇보다 통제력 상실, 심리적 의존, 내성, 금단현상의 네 단계로 나누어 설명하고자 한다.

또한 도박중독에 놓여 있는 이들은 감정의 기복이 있기도 하지만 간간이 정상적인 감정상태를 몇 달동안 유지하기도 하며 때로는 비주기적으로 걱정과 우울에 빠지기도 한다. 이러한 생물학적 요인에서는 두뇌반구와 관련된 연구에서 반구 편측성(혹은 반구 특수성)의 성숙 부족이 병적 도박자의 충동조절 문제와 관련이 있다고도 보고하였다(Hare & McPheson, 1984). 이는 개인요인 중 이들의 충동성과 감각추구 성향으로 집약되는 것으로 지연시킬 수 없거나 행동의 장기적 결과를 기대하고 집중할 수 없는 것과 같은 충동성과 흥분이나 각성을 얻기 위한 특성을 나타내 보인다.

① 통제력 상실

도박중독자는 도박행위를 스스로 조절할 수 없는 상태에 이른다. 돈을 따거나 잃는 경험에서 비롯된 심리적 압박으로 인해 중독자는 한탕주의에 빠져 도박을 멈추지 못하고 계속해서 도박을 시도한다.

② 심리적 의존

도박은 중독자에게 행복감을 주거나 불안감을 줄이는 심리적 기능을 가지기 때문에, 그들은 점점 더 도박에 의존하게 된다. 도박이 제공하는 일시적인 안정감이 중독을 심화하는 원인이 된다.

③ 내성

도박중독자는 점점 더 큰 배팅을 해야만 도박에서 동일한 흥분과 만족감을 느끼게 된다. 시간이 지날수록 더 많은 시간을 도박에 할애하며 배팅 금액도 점차 증가하게 된다.

④ 금단현상

도박을 하지 않으면 불안감, 짜증, 신경질적 증상이 나타난다. 도박에 대한 집착으로 인해 다른 활동에 집중하기 어려워지고 이러한 금단 증상은 범죄로 이어질 가능성도 있다.

이와 같이 도박중독은 다양한 신체적, 심리적 특성을 가지며 개인과 사회 모두에 심각한 문제를 초래한다.

DSM-5의 도박장애의 준거

다음 항목 중 4개 이상의 항목에 해당하는 도박행동이 12개월 동안 지속적이고 반복적으로 일어나 사회적·직업적 부적응을 초래할 때 진단된다.

① 돈의 액수가 커질수록 더욱 흥분감을 느끼기 때문에 액수를 계속 늘리면서 도박을 하려는 욕구가 있다.
② 도박행동을 줄이거나 그만두려고 시도할 때 안절부절 못 하거나 신경이 과민해진다.
③ 스스로 도박행동을 조절·감소·중지하려는 노력이 거듭 실패로 돌아간다.
④ 도박에 집착한다.
⑤ 정신적문제(무기력감, 죄책감, 불안감, 우울감 등)에 부딪혔을 때, 그 문제를 탈출하기 위한 수단 혹은 불쾌한 기분을 가라앉히기 위한 수단으로 도박을 한다.
⑥ 도박으로 돈을 잃고 이를 만회하기 위해 다시 도박을 한다.
⑦ 도박에 빠져 있는 정도를 숨기기 위해 주변 사람(가족, 친구, 치료자 등)에게 거짓말을 한다.
⑧ 도박으로 인해 대인관계가 위태로워지거나 직업·교육·진로의 기회를 상실한다.
⑨ 도박으로 인한 절망적 경제 상태에서 벗어나기 위해 타인에게 돈을 빌린다.

도박장애는 양극성장애, 주의력결핍과과잉행동장애, 강박장애, 물질남용과 공존장애를 갖는 경우가 많다.

3) 도박중독의 폐해

사행산업통합감독위원회의 2022년 불법도박 실태조사에 따르면 도박중독자들은 다양한 문제를 겪고 있는 것으로 나타났다. 주요 문제로는 가족 문제, 건강 문제, 경제적 손실, 직장 문제, 학업 문제, 생활 문제, 대인관계 문제가 포함되었다. 특히 경제적 손실이 가장 큰 비중을 차지하였으며 이는 도박으로 인해 재산을 탕진하고 도박 빚으로 인해 심각한 금전적 어려움을 겪는 것이 주요한 원인이다. 도박중독자들은 채무를 갚지 못해 신용불량자가 되거나 파산에 이르게 되고, 실직하거나 비정규직으로 전락하며 노숙을 경험하는 등 사회적 상실을 겪을 가능성이 높다.

경제적 문제는 범죄로도 이어지는데 도박중독자들은 도박 자금을 마련하기 위해 사기, 횡령, 세금 포탈, 절도 등의 범죄를 저지르기도 하며 채권자들에게 고발당해 법적인 처벌을 받는 경우도 발생한다. 금전적인 압박은 해결되지 못한 채 정신 건강 문제로 이어져 도박중독자들은 폭력, 분노, 우울증, 무력감 등을 경험하게 된다. 특히 청소년 도박 문제는 심각하게 간과되고 있는데 경제적 능력이 부족한 청소년들이 도박 문제를 일으킬 가능성이 없다고 생각하는 경향이 있다. 그러나 어린 나이에 도박을 시작할수록 문제성 도박이나 병적 도박으로 발전할 위험이 크다.

① 도박중독의 가족에 미치는 영향

도박중독으로 인한 문제는 도박자 본인뿐만 아니라 가족에게도 큰 영향을 미친다. 불법도박 실태조사에 따르면 도박중독자 가정에서 가장 빈번한 문제는 가족 간 다툼이며 그 외에도 가족폭력, 별거 및 이혼 문제가 두드러지게 나타났다. 도박중독으로 인한 가족 내 의사소통 문제와 자녀 문제는 가정의 안정에 부정적인 영향을 미치며 도박중독자 가족의 경우 비도박자 가족에 비해 이혼율과 가정폭력 발생률이 3배 정도 높았다. 이는 또한 가정 해체와 경제적 빈곤으로 이어지며 자녀들에게도 정서적 문제, 비행 및 사회적 범죄 문제로 확대되는 경향이 확인되었다. 결국 도박은 개인의 경제적 문제를 넘어 가정 파괴의 원인으로 작용한다.

② 도박중독으로 인한 사회적·경제적 비용

도박중독으로 인해 발생하는 사회적 및 경제적 비용은 매우 광범위하다. 여기에는 도박으로 인한 부채 이자비용, 도박 비용, 실직 비용, 범죄 비용, 생계비 지원, 재활 비용 등이 포함된다. 연구에 따르면 한국 사회가 도박중독 문제로 인해 2050년까지 부담

해야 할 사회적 비용이 약 361조 원에 달할 것으로 추정된다(4대 중독 원인 및 중독 해방정책, 2013). 이처럼 도박중독은 단순한 개인의 문제로 끝나지 않고 가정과 사회를 파괴하는 심각한 위협으로 작용하며 나아가 사회 경제적 손실을 초래하게 된다. 도박중독으로 인한 문제는 개인의 정신적·신체적 장애로 이어지며 궁극적으로는 가정과 사회생활의 부적응으로 연결될 수 있다.

결론적으로 도박중독은 개인, 가정, 사회 전반에 걸쳐 심각한 피해를 끼치는 문제로 이를 해결하기 위한 체계적이고 적극적인 대처가 요구된다.

4) 도박중독의 현황

2022년 사행산업통합감독위원회의 자료에 따르면 불법사행산업에 대한 추정 매출액은 102조 7,000억 원에 달하는 엄청난 규모다. 합법적인 사행산업과 불법적인 사행산업의 매출을 합산하면, 2019년 국가 예산의 약 1/6에 해당하는 규모에 도달했으며, 이는 국민 개인에게 큰 재정적 손실과 여러 사회적 폐해를 초래하고 있다.

| 표 12-8 | 연도별 불법도박 매출 규모 추정액 (단위: 원)

연도	2008 (운영자)	2012 (운영자)	2016		2019 (이용자)	2022 (이용자)
			운영자	이용자		
매출액	53조 7,028억	75조 1,474억	83조 7,822억	70조 8,934억	81조 5,474억	102조 7,236억

출처: 보건복지부(2022)

① 성인의 도박중독 실태

사행산업통합감독위원회는 2014년부터 2년마다 성인의 도박중독 실태를 조사하고 있다. 2022년 조사에 따르면, 성인 중 5.5%가 도박중독 위험에 속하는 것으로 나타났다. 이 중 중위험군이 3.4%, 문제성 도박군이 2.1%로, 전체 인구 중 237만 명이 도박중독 중위험 이상의 수준에 이른다고 추정된다. 특히 91만 명은 심각한 문제성 도박 인구로 추정되며, 이는 영국, 호주, 캐나다 등과 비교해 약 3배 높은 수준이다. 성별로는 남성의 도박중독 유병률이 8.5%로, 여성의 2.6%에 비해 3.3배 더 높았다. 연령별로는 50대가 6.6%로 가장 높은 유병률을 기록했고, 이어 60대 이상(5.8%), 40대(5.8%), 30대(4.3%), 20대(4.5%)가 뒤따랐다.

② 청소년도박문제

청소년 도박 실태는 한국도박문제예방치유원에서 2년마다 조사하며 2022년 조사에서 청소년 중 위험군에 속하는 비율은 4.8%로 약 19만 명에 달했다. 특히 남학생이 여학생보다 도박 문제를 겪는 비율이 더 높았다. 재학 중 청소년 중 25.8%가 돈내기 경험을 했으며 주로 PC방이나 오락실에서 도박에 참여하는 비율이 가장 높았다. 반면 학교 밖 청소년의 도박 문제는 더 심각하여 12.6%가 위험군으로 나타났으며 주로 집에서 돈내기 게임에 참여하는 경우가 많았다.

이러한 조사 결과는 도박중독이 청소년과 성인 모두에게 심각한 문제로 대두되고 있으며, 사회적 대응이 필요하다는 것을 시사한다.

5) 도박중독의 원인과 대책

도박중독은 일종의 행동중독으로 도박에 대한 충동을 조절하지 못해 도박 행위를 반복적으로 하게 되는 상태를 의미한다. 이러한 도박중독자는 도박으로 인해 개인적, 사회적, 직업적 문제를 겪게 되며 도박을 중단하려고 해도 쉽게 그만두지 못하는 특징이 있다. 이러한 원인에는 심리적 요인, 생물학적 요인, 생리적 요인, 환경적 요인 등이 있다.

이와 관련한 대책으로는 첫째, 도박중독 예방과 재활을 위한 전문가의 도움을 받는 것이 중요하다. 이를 통해 도박의 원인을 파악하고 그에 대한 올바른 대처 방법을 배울 수가 있기 때문이다. 다음으로 사회에 기여할 수 있는 활동을 통해 자신의 잘못을 속죄하는 과정이 필요하다. 자선활동이나 도박 예방 캠페인 등에 참여하여 자신의 경험을 바탕으로 다른 사람들에게 경각심을 줄 수 있기 때문이다.

(1) 도박중독의 원인

본 장에서는 도박중독의 원인을 크게 사회적 환경적 요인, 심리적 요인, 생물학적 요인으로 나누어 설명하고자 한다.

① 사회적 환경적 원인

도박중독의 주요 원인 중 하나는 사회적 수용성과 접근성이다. 우리 사회에서는 고스톱 같은 놀이가 전통적인 놀이로 인식되며, 이를 통해 도박에 대한 관용적 태도가 형성될 수 있다. 특히 노인들의 치매 예방을 이유로 이러한 도박이 가벼운 여가 활동으로 여겨지기도 한다. 또한 온라인 환경의 발달로 인해 불법 도박 사이트나 스마트폰을 통한 접근성이 높아져 도박중독으로 빠져들 가능성이 더 커지고 있다. 지역 사회 내에서 쉽게 도박 도구를 구입할 수 있고 온라인을 통해 도박에 대한 접근성이 높아지면서 도박문제가 심화되고 있다.

② 심리적 원인

도박중독자들은 잘못된 신념을 가지고 도박을 지속한다. 도박에서 승리할 수 있다는 과장된 믿음이나 큰돈을 쉽게 벌 수 있다는 생각이 그들을 도박에 몰아넣는다. 이러한 잘못된 신념은 도박중독을 강화하며 돈을 잃고도 계속해서 도박을 하게 만든다. 특히 중독자들은 비현실적인 금전적 동기를 가지고 도박을 시작하며 손실을 만회하기 위해 계속해서 더 큰 위험을 감수하게 된다.

③ 생물학적 요인

도박중독은 도파민, 노르에피네프린, 세로토닌과 같은 신경전달물질과 관련이 있다. 이러한 물질들이 도박 충동에 영향을 미친다는 연구 결과가 있으며 특히 세로토닌의 부족은 충동성을 증가하고 노르에피네프린의 활성화는 도박으로 인한 각성과 새로움을 추구하는 경향을 증가한다. 또한 유전적 요인도 도박중독에 영향을 미치는 것으로 보고되고 있다.

(2) 도박중독에 대한 대책

도박중독에 대한 대책으로 예방 및 홍보 강화, 치유 및 재활 서비스 확대, 연구 및 인력양성 등이 있다.

① 예방 및 홍보 강화

도박중독 예방은 성인뿐만 아니라 청소년에게도 매우 중요한 사회적 문제로 부각되고 있다. 학교와 지역사회 중심으로 예방교육이 지속적으로 이루어져야 하며 대중매체를 통한 도박중독의 폐해에 대한 홍보가 필요하다. 이를 통해 도박의 위험성을 알리고 중독에 빠지지 않도록 하는 인식 개선이 필요하다.

② 치유 및 재활 서비스 확대

치유 및 재활 시스템이 확장되어야 하며 도박중독자들을 위한 맞춤형 치유 프로그램과 24시간 헬프라인이 더 적극적으로 운영되어야 한다. 중독 관리 지원센터는 지역사회와 긴밀히 협력하여 조기에 도박중독 문제를 발견하고 정신보건 서비스와 연계된 치료와 재활을 제공해야 한다.

③ 연구 및 인력 양성

도박중독에 대한 연구와 전문 인력 양성이 시급하다. 중독 예방 및 치유와 관련된 연구와 프로그램 개발이 지속적으로 이루어져야 하며 이를 통해 서비스의 질을 향상하고 보다 효율적인 중독 예방 및 치료 정책을 수립할 필요가 있다. 또한 중독 전문가의 교육과 양성으로 다양한 유형의 도박 문제를 다룰 수 있는 인프라가 마련되어야 한다.

따라서 도박중독 문제는 개인의 문제를 넘어 가족, 사회 전체에 심각한 영향을 미치는 만큼, 예방, 치료, 재활, 그리고 연구가 복합적으로 이루어져야 한다.

4. 스마트폰중독문제

1) 스마트폰중독의 정의

스마트폰은 현대 사회에서 중요한 기술적 도구로 자리 잡았으며 은행 업무, 학업, 직장 생활뿐만 아니라 전 세계 사람들과의 소통을 가능하게 한다. 스마트폰은 기존 휴대전화보다 다양한 기능을 갖추고 있으며, 고성능 운영체제(OS), 웹 브라우징 기능, 위치 추적 시스템을 통해 여러 애플리케이션을 사용할 수 있는 복합적인 기기다.

그러나 스마트폰의 이점에도 불구하고 장시간 사용에 따른 의존성이 문제로 떠오르고 있다. 스마트폰을 과도하게 사용하게 되면 통제력을 상실하고 정신적·신체적 문제를 초래할 수 있다. 특히 스마트폰을 손에 들고 있지 않으면 불안감과 초조함을 느끼는 증상이 발생할 수 있으며 이는 중독의 징후로 볼 수 있다. 이러한 스마트폰중독은 특히 청소년과 어린이 사이에서 두드러지며 스마트폰 사용을 중단했을 때 지루함을 느끼거나 집중력이 떨어지는 경향이 있다.

Griffith(1999)에 따르면 스마트폰중독은 특정 행동에 대한 중독으로서 내성이 생기고 스마트폰이 없으면 강박적으로 불안해하며 일상생활에 장애를 겪게 되는 현상으로 설명된다. 한국정보화진흥원에서도 스마트폰을 과다하게 사용하면서 금단 증상과 내성이 발생하고 일상생활에서 문제를 겪는 상태를 스마트폰중독으로 정의하고 있다.

이 중독 현상은 특정 연령층에 국한되지 않고 아동기, 청소년기는 물론 성인에게도 나타난다. 스마트폰중독으로 인해 신체적 건강뿐만 아니라 정신적 건강에도 부정적인 영향을 미치며 이는 결국 사회문제로 확대될 수 있다.

2) 스마트폰중독의 특성

스마트폰중독은 여러 가지 특징을 보이며 인터넷중독대응센터에 따르면 내성, 금단, 일상생활 장애, 가상세계 지향성 등의 특성이 있다. 이러한 특성은 스마트폰중독이 일상생활에 미치는 심각한 영향을 나타내며 개인의 정신 건강 및 사회적 관계에 부정적인 결과를 초래할 수 있다. 각 특성은 다음과 같다.

(1) 내성

스마트폰을 사용하는 시간이 점점 늘어나며 점차 더 많은 시간을 사용해도 만족감을 느끼지 못하는 상태를 말한다. 내성은 다음과 같은 행동으로 나타난다.

- 스마트폰 사용 시간을 줄이려 하지만 실패하는 경우가 많다.
- 스마트폰 사용이 습관화되어 멈춰야겠다고 생각하면서도 계속 사용한다.
- 과거보다 더 자극적인 내용을 찾거나 특별한 목적이 없어도 습관적으로 스마트폰 을 사용하는 경향이 있다.

(2) 금단

스마트폰 사용을 중단하거나 사용할 수 없을 때 나타나는 불안감과 초조함을 말한다. 이는 금단현상으로 나타나며 다음과 같은 행동이 특징적이다.

- 스마트폰을 사용할 수 없을 때 안절부절 못하거나 초조해지며 견디기 힘들어 한다.
- 스마트폰이 없으면 일이나 학업에 집중하기 어려운 상태가 된다.

(3) 일상생활 장애

스마트폰을 과도하게 사용하면서 가정, 학교, 직장 등 일상생활에서 문제가 발생하는 상태를 말한다. 이는 다음과 같은 방식으로 나타난다.

■ 지나친 스마트폰 사용으로 인해 학교 성적이나 업무 능률이 떨어진다.
■ 가족, 친구 또는 주변 사람들로부터 지적을 받을 정도로 스마트폰을 자주 사용한다.

(4) 가상세계 지향성

스마트폰을 통해 가상세계에서의 상호작용이 현실 세계에서의 대면 관계보다 더 편안하거나 즐거운 상태를 말한다. 이러한 특성은 다음과 같이 나타난다.

■ 스마트폰을 사용하지 못하면 온 세상을 잃은 것 같은 느낌을 받는다.
■ 가족이나 친구들과 함께 시간을 보내기보다는 스마트폰을 사용하는 것이 더 즐겁다고 느낀다.

3) 스마트폰중독의 유형

스마트폰중독 유형은 정보검색중독 모바일메신저 중독, SNS중독, 앱중독, 모바일 게임중독, 모바일 성인용 콘텐츠중독으로 분류하고 있다. 내용은 다음과 같다.

| 표 12-9 | 스마트폰중독의 유형

유형	내용
정보검색중독	자신에게 정말 필요한 것보다는 정보수집 자체에 집착하여 강박적으로 웹사이트나 자료를 검색하는 경우
모바일 메신저중독	모바일 메신저를 통한 인간관계에 몰두해 실제 인간관계를 등한시하는 경우
SNS중독	개인홈페이지, 인터넷동호회 등을 운영하거나 소셜네트워크서비스를 사용하는데 과도하게 시간을 할애하는 경우
앱중독 (앱피로 증후군)	스마트폰에서 모바일앱을 끊임없이 내려받기에 빠진 경우
모바일게임중독	스마트기기를 통한 게임을 과다하게 하는 경우
모바일성인용콘텐츠중독	섹스나 포르노 등의 내용물을 담고 있는 모바일콘텐츠를 강박적으로 계속 드나드는 경우 (음란채팅, 음란물 공유, 야동, 야설 등)

출처: 국립청소년인터넷드림마을

4) 스마트폰중독의 현황

2022년 과학기술정보통신부 스마트폰 과의존 실태조사 보고서에 따르면 우리나라 스마트폰 사용자(만3~69세) 중 23.6%는 스마트폰 과의존 위험군이라 한다.

과의존위험군은 전년대비 2016년 1.6%p, 2017년 0.8%p, 2018년 0.5%p, 2019년 0.9%p, 2020년 3.3%p, 2021년 0.9%p로 지속적으로 상승하였다가 2022년 0.6%p로 하락하였다.

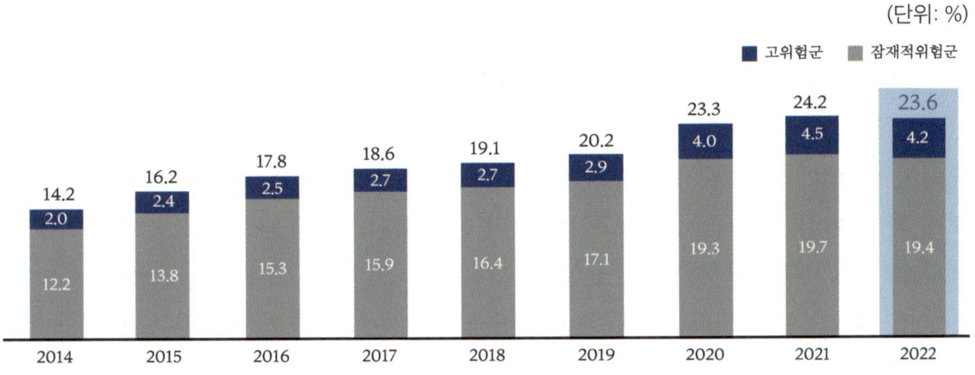

출처: 과학기술정보통신부(2022)

| 그림 12-1 | 스마트폰 과의존 실태조사

전체적으로 과의존 위험군은 하락했지만 청소년은 매년 상승세를 지속하였다. 대상별 과의존위험군 비율은 청소년(40.1%), 유아동(26.7%), 성인(22.8%), 60대(15.3%)순으로 조사결과 나타났다.

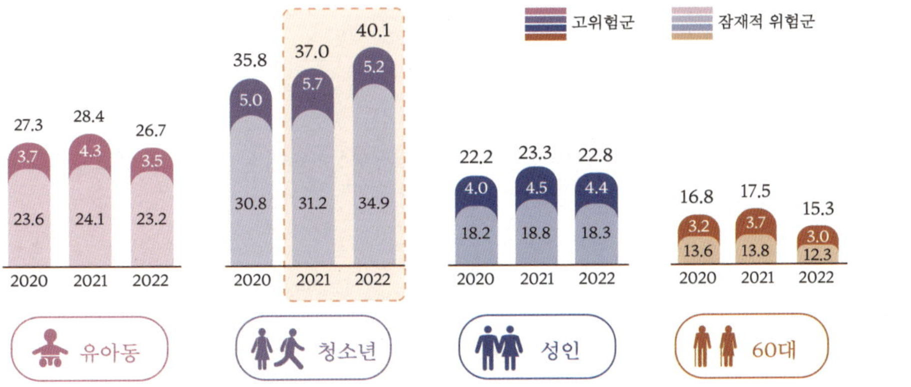

출처: 과학기술정보통신부(2022)

| 그림 12-2 | 연도별·대상별 스마트폰 과의존 위험군 현황

그 외 과의존위험군 결과에 따르면 유아동(만 3~9세), 남아, 6~9세, 맞벌이 가정의 과의존위험군이 상대적으로 취약하고 성별이 남아인 경우 29.3%가 과의존위험 군으로 여아(24.0%)보다 상대적 취약한 것으로 나타났다. 3~5세(25.6%)보다 6~9세(27.8%)가 과의존 위험이 더 높았으며 부모의 맞벌이 여부에 따라 맞벌이 가정의 유아동 중 30.3%가 과의존위험군으로 외벌이(23.4%)보다 과의존 위험이 높은 것으로 나타났다.

5) 스마트폰중독의 원인과 대책

스마트폰을 과도하게 사용하여 여러 가지 심리적, 신체적, 사회적 문제가 발생하는 상태를 중독이라고 한다. 이러한 상황이 심해지면 일상생활에서 집중이 필요한 순간이 오히려 집중이 어려워지기도 하며 스마트폰이 없는 환경에서는 불안이나 두려움을 느끼게 된다. 이러한 문제는 분명 개인의 삶의 질을 떨어뜨리게 되고 심각한 충동조절 장애나 불면증과 같은 증상으로 발전할 수 있다.

이렇게 중독이 발생하는 이유는 다양하겠지만 가장 큰 요인은 아마 우리가 스마트폰을 통해 즉각적인 만족감을 얻을 수 있기 때문이다. 왜냐하면 언제든지 정보 접근이 가능하고 소통이 가능하며 즉각적인 피드백은 뇌에서도 도파민을 분비하게 만들어 긍정적인 감정과 만족감을 유도하기도 한다. 또 다른 원인으로는 사회적 압력이 나타날 수 있다. 현대사회에서는 무엇보다 소통이 중요하기에 스마트폰을 통해 SNS 활동이 이루어지지 않으면 소통의 어려움을 겪게 된다.

그래서 스마트폰의 중독을 통한 앞으로의 대처 방안으로는 스마트폰중독 예방교육 강화, 스마트폰중독 유형별 상담과 치료 연계 강화, 스마트폰중독에 대한 민·관 공동대응 및 협력체계 강화 등이 있다.

(1) 스마트폰중독의 원인

스마트폰의중독에 대한 원인으로는 본 고에서는 용이성 및 접근성 그리고 사용자 중심으로 나누어 설명하고자 한다.

① 용이성

스마트폰은 PC에 비해 훨씬 간편하게 사용할 수 있는 장점이 있다. 터치 한 번으로 원하는 앱이나 정보를 얻을 수 있으며, 휴대가 가능해 언제 어디서든 사용할 수 있다. 이로 인해 사람들은 스마트폰을 항상 손에 들고 있으며 심지어 잠들기 전까지도 스마트폰을 사용하는 경우가 많다. 이러한 편리함은 습관적인 사용을 부추기고, 스마트폰중독으로 이어질 수 있다.

② 접근성

스마트폰은 항상 휴대할 수 있는 기기이기 때문에 중독될 가능성이 높다. 언제 어디서나 사용할 수 있는 접근성은 편리함을 제공하지만 이로 인해 심리적 애착을 형성하게 된다. 사용자는 스마트폰이 없으면 불안감과 초조함을 느끼며 심리적으로 스마트폰에 의존하게 된다.

③ 사용자 중심

스마트폰은 개인 맞춤형 기기로 사용자의 욕구를 충족하는 매체다. 스마트폰의 다양한 앱과 서비스는 사용자의 정서적 유대감을 강화하며 미디어와 상호작용을 통해 감정적 안정감을 제공한다. 그러나 이러한 애착이 과도하게 형성될 경우 스마트폰중독으로 발전할 수 있다.

(2) 스마트폰중독의 대책

스마트폰중독에 대한 대책 방안을 다음 세 가지로 나누어 살펴본다. 먼저 스마트폰중독에 대한 예방적 교육 강화와 다음으로 스마트폰중독의 유형별 상담과 치료적인 연계 강화가 필요하다. 그리고 스마트폰중독에 대한 민·관 공동대응 및 협력체계 또한 강화할 필요가 있다.

① 스마트폰중독 예방교육 강화

스마트폰중독을 예방하기 위해 생애주기별 예방교육이 중요하다. 전문 강사를 통해 중독 예방교육을 실시하고, 언론과 기업, 시민단체가 협력하여 범국민 캠페인을 전개해야 한다. 또한, 학교와 가정에서 자율적으로 스마트폰 사용을 규제할 수 있도록 지원하는 것이 필요하다. 특히 어린이와 청소년은 스마트폰 사용 시간을 제한하는 규제가 필요하다.

② 스마트폰중독 유형별 상담과 치료 연계 강화

지역별 상담기관을 통해 중독 유형에 맞는 개별 상담을 제공하며 한부모 가정, 저소득층 등 취약계층에 우선적인 지원을 제공해야 한다. 필요시 일반 가정에도 상담 서비스를 확대해 나가야 한다.

③ 스마트폰중독에 대한 민·관 공동대응 및 협력체계 강화

스마트폰중독에 대한 밀착형 대응 강화를 위한 중독대응센터 구축이 확대되어야 한다.

이와 같은 스마트폰중독의 원인과 대책을 종합적으로 고려하여 개인의 건강한 스마트폰 사용 습관 형성과 사회적 대응이 필요하다.

쟁점 나누기(Debate)

✣ 청소년기의 스마트폰 사용을 제한해야 하는지, 또는 자유롭게 두어야 하는지에 대한 논쟁입니다. 한편에서는 사용 제한이 신체적·정신적 건강을 보호한다고 주장하고, 다른 한편에서는 지나친 통제가 아이들의 자율성을 침해할 수 있다고 주장할 수 있습니다.

어린이와 청소년의 스마트 사용은 제한이 필요하다
VS 스마트 사용 제한은 필요하지 않다

스마트 사용은 제한이 필요하다	스마트 사용 제한은 필요하지 않다

13장

자살문제

오늘날 우리는 대중매체 등을 통해서 자살에 관한 소식을 매일 접하면서 살아가고 있다. 한국사회에서 자살은 주변에서 흔이 일어나고 있는 사건으로서 일상속의 한 부분으로 자리 잡았다. 자살은 이제 단순한 개인적인 문제를 넘어서 국가적인 차원의 사회문제가 된지 오래되었다. 한국보건사회연구원에 따르면 우리나라 자살률은 2011년 가장 높은 수치를 나타낸 이후 전반적으로 감소 추세를 보이고 있으며, 최근 발표된 2022년 자살률도 전년도 대비 감소하였다고 밝혔다. 우리나라는 2020년 경제협력개발기구(OECD)회원국 중 가장 높은 자살률을 나타낸 이후 자살예방 기본계획 수립, 자살예방 및 생명존중 문화 조성에 관한 법 제정, 자살예방 예산과 인프라 확대 등 다양한 국가 정책을 추진하고, 민간의 적극적인 자살예방사업 수행을 통해 자살률을 낮추기 위해 노력해 왔다. 그럼에도 불구하고 통계청이 발표한 '한국의 안전보고서 2023'에 따르면 2022년 국내 자살률은 10만 명당 25.2명으로 OECD 회원국 가운데 가장 높은 수준인 것으로 나타남으로써 자살문제가 심각한 수준임을 알 수 있다. 이에 자살문제에 대한 원인이 무엇이며 실효성 있는 대책이 무엇인지에 대해 살펴보고자 한다.

1. 자살에 대한 이해

자살이라는 말은 어원적으로 라틴어의 sui(자기 자신을)와 caedo(죽이다)의 합성어로 사전적 정의는 자신에 위해를 가하여 스스로 생명을 끊고자 하는 인간의 행동이다. 세계보건기구(WHO)에서는 자살행동으로 인하여 죽음을 초래하는 경우로써 죽음의 의도와 동기를 인식하면서 자신에게 손상을 입히는 행동으로 자살을 정의하고 있다. 이와 같이 자살은 "자신의 목숨을 스스로 끊는 행위"를 말한다. 직·간접적인 자기 파괴 행동이기도 하며 동서고금을 막론하고 일어나는 보편적 현상이기도 하다. 자살문제는 개인의 생명 상실과 가족의 비극일 뿐만 아니라 사회 전체의 문제로 발전되고 있고 보건문제에서의 비중도 계속 해서 증가하고 있기 때문에 전 세계적으로 큰 이슈이며 우리나라는 특히 자살률이 세계적으로 높은 수준에 있기 때문에 그 문제가 심각하다고 볼 수 있다.

『2022 자살예방백서』에 따르면 우리나라의 자살률은 2019년 기준 인구 10만 명당 24.6명으로서 OECD회원국 중에서 가장 높다. OECD 회원국 평균 자살률은 11.0명으로 평균보다 2.2배나 높은 것을 확인할 수 있다. 특히나 우리나라 청소년들의 사망원인 중 자살률이 상당히 높은 수준이다. 지난해 통계청 및 여성가족부에서 발표한'2022 청소년 통계'에 따르면, 9~24세의 사망원인으로 인구 10만 명당 암이(2.4명), 안전사고 (3.7명), 스스로 극단적인 선택인 고의적 자해(자살, 11.1명)이다. 2011년부터 무려 10년이 넘게 청소년 사망원인의 1위가 '고의적 자해'(자살)로 나타났으며 사망원인의 절반을 넘기는 수치이다. 청소년의 극단적인 선택이 1위를 계속 지키고 있는 부분은 한국사회에서 청소년의 자살이 상당히 심각한 문제임을 보여주며 암울한 미래를 엿보는 것이다. 앞으로 국가를 이끌어갈 청소년들이 꽃도 피워보지 못하고 있는 것은 국가 경쟁력 및 발전을 위협하며 경제적 손실이 초래되는 만큼 적극 나서서 대처해야 한다.

비단 청소년 자살만이 문제가 아니다. 2022년 기준 우리나라의 65세 이상 고령인구는 전체 인구의 17.5%로 계속 증가하여 2025년에는 20.6%를 기록하며 초고령사회로 진입한 뒤 2035년 30.1%, 2050년에는 43%를 넘어설 것으로 통계청(2022)은 전망하고 있다. 이와 같은 고령인구 증가는 사회구조 변화와 함께 신체기능저하, 건강문제, 은퇴, 배우자 죽음 등 사회적 유대관계에서 이탈되고 외로움을 느끼는 노인들이 자살로 이어져 큰 문제를 보이고 있다. OECD 회원국의 평균 노인 자살률은 인구 10만 명당 17.2명이며 한국은 46.6명으로 회원국 중 1위를 기록하였으며 80세 이상 노인자살률이 OECD 평균보다 5.7배(보건복지부, 2024)나 높은 수치를 보이고 있어 우리나라 자살문제에 있어서 청소년과 노인 자살문제가 깊고 중대하다고 볼 수 있겠다.

2. 자살문제의 현황

1) 한국 자살 실태

대한민국은 OECD 회원국 중에서 자살률이 가장 높은 국가로 이는 심각한 사회 문제로 대두되고 있다(통계청, 2023). 자살은 10대부터 30대까지의 주요 사망 원인으로 자리 잡고 있다. 2022년 기준 우리나라에서 12,906명이 자살했으며 자살률은 인구 10만 명당 25.2명으로 보고되었다.

자살률 추이를 살펴보면 1983년부터 2022년까지 여러 사회적 이슈와 경제 위기에 따라 자살률은 변동했다. 특히 1998년 외환위기 이후 자살률이 급격히 증가했으며, 2003년 카드대란과 2009년 글로벌 금융위기 이후에도 자살률이 급증하여 2011년에는 인구 10만 명당 자살률이 31.7명으로 최고치를 기록했다. 그 후 2011년 자살예방 및 생명존중문화 조성을 위한 법률이 제정되면서 자살률은 감소하는 경향을 보였으나 2018년부터 다시 증가세를 보이다가 2020년부터는 감소하기 시작했다.

성별로는 남성의 자살률이 여성보다 일관되게 높았다. 1997년까지는 성별 차이가 비교적 작았으나 1998년 이후에는 남성과 여성의 자살률 차이가 커졌고 2022년에는 남성이 여성보다 인구 10만 명당 20.2명 더 높은 자살률을 보였다. 연령별로 보면 15세 미만의 자살률은 큰 변동이 없으나 15~64세의 자살률은 꾸준히 증가해 왔다. 65세 이상 노인의 자살률은 감소하고 있지만 여전히 높은 수준이며 특히 80대 이상의 자살률은 2022년 기준 60.6명으로 매우 높았다.

2) 청소년 자살

2000년부터 2019년까지 세계적으로 10~14세 및 15~19세 청소년 자살률은 감소 추세를 보였고 2000년에는 10~14세(인구 10만 명당) 2.3명, 15~19세에서 9.9명으로 기도록되었으나, 2019년에는 각각 1.6명과 5.9명으로 감소하였다. 반면 우리나라 청소년 자살률은 증가 추세를 보이고 있다. 우리나라는 2000년 10~14세 0.8명, 15~19세 6.4명으로 시작하여 2019년 각각 1.9명과 9.9명으로 상승하였다.

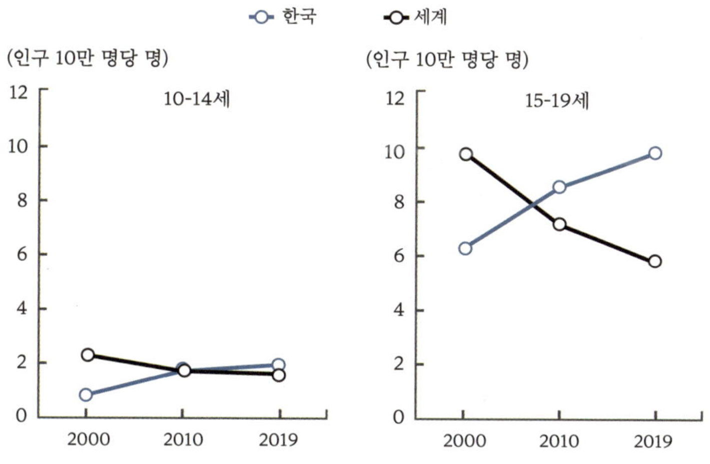

출처: 통계청 한국의 사회동향(2023)

| 그림 13-1 | 한국과 세계 청소년의 자살률, 2000-2019

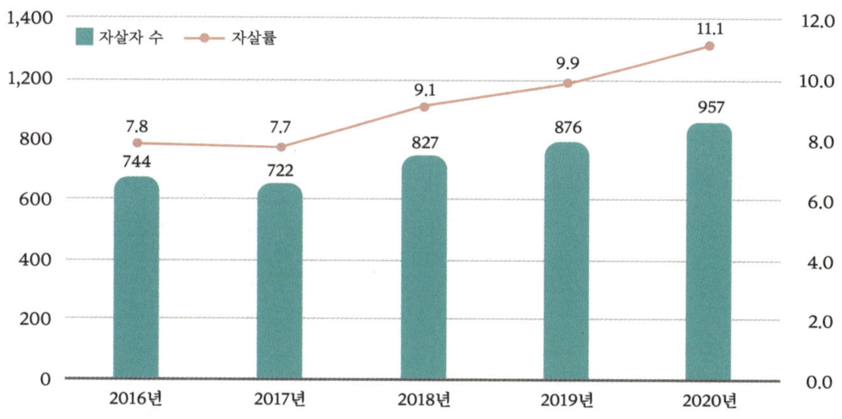

출처: 통계청 한국의 사회동향(2023)

| 그림 13-2 | 2016~2020년 청소년 자살추이현황

2017년부터 2022년까지 남자와 여자 청소년의 자살률은 전반적으로 증가하는 추세를 보였다. 특히 10~14세 여자 청소년의 자살률은 2017년의 1.2명에서 2022년에는 3.2명으로 거의 세 배에 가까운 상승을 보였다. 15~19세 여자 청소년 자살률도 2017년의 5.4명에서 2022년에는 10.2명으로 두 배에 가까운 상승을 보였다.

한편 2005년부터 2022년까지 청소년건강행태조사를 분석한 결과 전반적으로 중학생들의 자살시도율이 고등학생들보다 높았다.

3) 노인 자살

2022년 우리나라 최초로 제1차 고독사 실태조사를 시행, 이를 바탕으로 고독사 위험에 처한 사람을 발견하고 지원하기 위해 2023년 제1차 고독사 예방기본기획을 발표하였다. 2022년 고독사 실태조사에 따르면 총 5년간(2017~2021) 조사 기간 중 고독사한 사람은 약 1만 5,066명이며, 2021년 한 해에만 고독사 사망자 수가 3,378명으로 나타났다. 특히 고령자일수록 전체 사망자에서 고독사 사망자 수가 차지하는 비중이 높아졌으며, 전체 고독사에서 50~60대가 가장 큰 비중을 차지하고 있다.

노인의 경우 재정적인 어려움의 요소가 증가할 때마다 여성은 23%, 남성은 39%씩 자살에 대한 생각이 증가한다. 노인들은 자살 응급 전화나 심리적 서비스를 거부하거나 기피하고, 신중하게 자살계획을 세운다. 그 결과 젊은 사람에 비해 노인자살확률이 높은 것이다.

세계보건기구(WHO)에 의하면 전 세계적으로 매년 80만 명 이상이 자살할 정도로 사회적 문제가 크다고 지적하였다. 경제협력개발기구(OECD) 회원국의 평균 노인 자살률은 인구 10만 명당 17.2명이며 한국은 46.6명(2019)으로 회원국 중 1위를 기록하였다. 이 수치는 OECD 평균보다 2.7배 높다. 앞서 언급한대로 80세 이상 자살률이 상당이 높은 것으로 보고 되고 있다. 이와 같이 노인 자살이 고령화와 함께 진행되어 가면서 사회문제와 주위에 영향을 미치고 있다. 자살에 따른 주위 환경에 미치는 영향은 일반적으로 자살 유족의 충격은 장기간의 투병 후에 사망한 이의 가족보다 오랫동안 지속되는 경향이 있다.

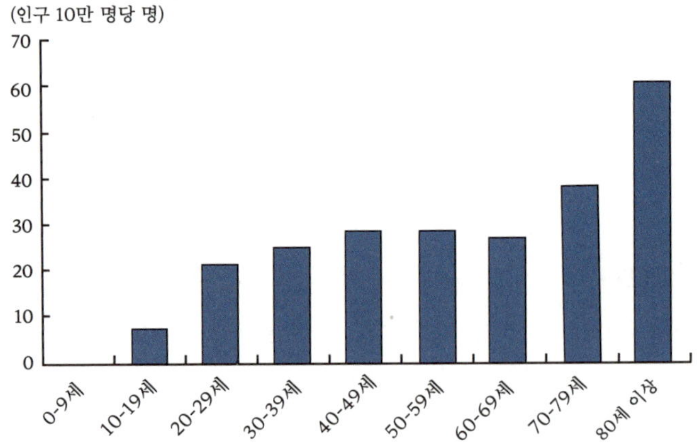

출처: 통계청 사망원인통계(2022)

| 그림 13-2 | 2022년 연령대별 자살률

3. 자살문제의 원인과 대책

1) 청소년 자살의 원인

보건복지부에 따르면 2021년 경찰청 변사자 통계의 동기별 자살현황을 살펴보면, 정신적, 정신과적 문제가 39.8%로 가장 많았다. 경제생활문제가 24.2% 육체적 질병 문제가 17.7% 가정문제가 6.7% 나타났다. 또한 직장 또는 업무상의 문제가 3.8% 남녀 문제가 2.1% 사별 문제가 0.9%로 자살동기 분포를 보였다. 연령별로는 10~20대는 정신적, 정신과적 문제로 인한 자살이 50% 이상으로 가장 많았고, 30~50대는 정신적, 정신과적 문제와 경제생활 문제가 각각 30% 이상으로 많았으며, 50대의 경우 육체적 질병 문제도 40대 이하에 비해서 상대적으로 높은편이다. 60대 이상은 육체적 질병문제, 정신적, 정신과적 문제, 경제생활문제 순으로 높게 나타났다. 자살문제에 있어서 정신적 또는 정신과적 문제는 주로 우울증, 불안 장애, 조울증(양극성 장애), 정신분열증(조현병), 그리고 중독과 같은 심리적 및 정신질환을 포함한다.

따라서 여러 연령층에 나타나는 복잡하고 다양한 자살 원인이 있을 수 있으나 현재 심각한 사회문제로 받아들여지는 청소년과 노인의 자살에 대해 좀 더 여러 가지 원인을 살펴보고자 한다.

한국 청소년 자살의 원인은 여러 요인이 얽혀 나타나며 이를 개인적, 가족적, 심리적, 학교적 요인으로 나눌 수 있다. 각 요인은 청소년의 심리와 행동에 깊은 영향을 미치며 자살 위험을 높이는 요소로 작용한다.

(1) 개인적 요인

- 자아 존중감과 자아 정체성: 청소년기는 자아 정체성을 형성하는 시기로 자존감이 낮거나 자신에 대한 부정적인 평가가 이어지면 자살 생각을 할 가능성이 높아진다.
- 신체 이미지와 자기 인식: 외모에 대한 사회적 기대와 비교로 인해 신체 이미지에 대한 불만족이 커지면 자살 충동이 유발될 수 있다.
- 사회적 고립감: 친구나 또래와의 관계에서 소외감을 느끼면 심리적 고립감이 심해지며 자살 위험이 높아진다.

(2) 가족적 요인

- 부모의 높은 기대와 압박: 부모의 과도한 기대는 청소년에게 큰 스트레스를 유발하며, 실패에 대한 두려움으로 자살 생각을 하게 될 가능성이 커진다.
- 가정 내 갈등과 폭력: 부모 간의 갈등, 가정 내 폭력, 이혼 등은 청소년에게 심리적 상처를 남기며, 이는 자살의 주요 요인으로 작용한다.
- 정서적 지지 부족: 부모의 정서적 지지가 부족하면 청소년은 외로움과 무력감을 느끼며 자살 위험이 높아진다.

(3) 심리적 요인

- 우울증과 불안: 우울증이나 불안 장애는 청소년의 자살 위험을 크게 높이는 중요한 심리적 요인이다. 이들은 자살 충동을 자주 느끼고 충동적인 행동으로 이어질 수 있다.
- 자아 정체성 혼란: 자아 정체성 확립 과정에서 겪는 혼란이나 자신에 대한 불확실함은 심리적 불안을 초래하며 자살 생각을 부추길 수 있다.

과거 트라우마: 과거의 폭력, 학대, 왕따 등의 트라우마는 청소년기에 재발하며 자살 충동을 일으킬 수 있다.

(4) 학교적 요인

- 학업 스트레스: 경쟁적인 교육 환경은 청소년에게 큰 부담을 주며 성적 압박은 심리적 스트레스를 가중하여 자살 위험을 높이는 요인이 된다.
- 학교 폭력: 따돌림, 괴롭힘, 폭력 등은 청소년에게 심각한 심리적 고통을 주며 자살 충동을 불러일으킬 수 있다.
- 교사와의 관계: 교사와의 갈등이나 부정적인 피드백은 청소년에게 정서적 상처를 남기며 지지가 결여되면 자살 위험이 높아질 수 있다.
- 진로에 대한 불확실성: 미래에 대한 불안감과 진로 선택에 대한 압박은 청소년에게 심리적 부담을 주며 자살 위험성을 높이는 요인으로 작용한다.

2) 노인 자살의 원인

노인 자살의 원인에는 다음과 같이 크게 네 가지로 나누어 설명하고 있다. 먼저 신체적요인과 심리적 요인, 사회적 요인, 경제적 요인 등으로 나타난다.

(1) 신체적 요인

노화로 인해 신체 기능이 약화되며, 피부계, 근골격계, 심혈관계, 호흡기계, 소화기계, 비뇨기계, 감각계, 내분비계, 신경계의 기능 저하가 발생한다. 또한 만성 질환으로 인해 자유로운 활동에 제한을 받으며 이는 자살 생각에 영향을 미친다. 신체적인 약화는 노인들이 자살을 고려하게 되는 중요한 요인이 될 수 있다.

(2) 심리적 요인

우울증은 자살 생각과 밀접한 관계가 있으며 자살을 고려하거나 시도하는 사람의 약 80%에서 우울 상태가 나타난다. 노년기에는 신체적 노화뿐만 아니라 뇌 기능의 저하로 인해 감각, 인지, 정신 기능에서 변화가 발생한다. 또한 배우자의 상실과 같은 요인들이 고독감과 자아존중감의 저하를 유발해 자살 생각에 영향을 미친다.

(3) 사회적 요인

사회적 고립은 노년기의 자살 위험을 크게 늘린다. 노인들이 가족, 친구, 친지 등과 대인관계를 유지하기 어려워지거나 여가활동 및 봉사활동에서 소외될 때 고독감을 느끼며 자살 생각에 빠질 수 있다. 이러한 사회적 활동의 부족은 자살의 위험 요소로 작용할 수 있다.

(4) 경제적 요인

경제적 빈곤은 노인 자살의 중요한 요인 중 하나다. 노년기는 은퇴나 퇴직으로 인해 소득이 줄어드는 시기이며 자녀로부터 생활비를 지원받거나 노후자금이 부족할 경우 경제적 어려움을 겪는다. 경제적으로 절망적인 상황에 놓인 빈곤층 노인들은 자살을 생각할 가능성이 더 높다.

3) 자살문제에 대한 대책

자살 문제를 해결하기 위해서는 국가적 정책, 지역사회 지원, 학교와 가정의 역할 강화 등의 다각적 접근 방안이 필요하다. 아래는 이러한 대책들을 중심으로 정리한 내용이다.

(1) 자살 예방 활동 강화

2004년 이후 한국은 자살예방 대책을 강화하기 위해 국가와 지방자치단체가 주도적으로 나서고 있다. 2011년 자살예방법이 제정된 이후 5년마다 자살 예방 기본계획을 수립하여 자살 문제에 대응하고 있다. 한국생명존중희망재단은 자살 예방 정책 수립, 자료 개발, 자살자 및 유족 지원을 담당하며, 각 지역에는 자살예방센터가 설치되어 상담, 교육, 훈련 등 다양한 서비스를 제공한다. 2023년 보건복지부는 2027년까지 자살률을 30% 감소하는 목표를 세우고, 생명존중안심마을을 조성하며 자살시도자 및 유족에 대한 개입률을 높이는 방침을 추진하고 있다.

(2) 정신 건강 지원 강화

정기적인 심리 상담과 정신 건강 교육은 자살 예방에 중요한 역할을 한다. 학교와 지역사회에서 청소년과 성인을 대상으로 정기적인 심리 상담을 제공하여 우울증과 불안 같은 정신 건강 문제를 조기에 발견하고 관리하는 시스템을 구축해야 한다. 또한 온라인 및 모바일 상담 서비스를 확대하여 누구나 쉽게 정신 건강 문제에 대한 상담을 받을 수 있는 환경을 조성하는 것이 필요하다.

(3) 학교 환경 개선

학교에서는 학업 스트레스와 학교 폭력이 자살의 중요한 요인으로 작용할 수 있다. 이를 방지하기 위해 학업 성취에 대한 평가 방식을 다양화하고 학교 폭력 예방 프로그램을 강화해야 한다. 또한 진로 상담을 통해 학생들이 자신의 적성과 흥미에 맞는 진로를 찾을 수 있도록 지원하고 불확실한 미래에 대한 심리적 부담을 줄이는 교육이 필요하다.

(4) 가정의 역할 강화

가정에서의 부모 교육 프로그램과 가족 상담 서비스도 자살 예방에 중요한 역할을 한다. 부모들에게 청소년기의 심리적 변화에 대한 교육을 제공하여 자녀들과의 소통을 원활하게 하고 가정 내 갈등이나 문제가 있을 때 가족 상담을 통해 이를 해결할 수 있도록 지원해야 한다. 부모의 정서적 지지와 이해는 자녀들의 자살 위험을 줄이는 데 큰 역할을 한다.

(5) 지역사회와 정부의 지원 강화

지역사회에서는 안전망 구축이 필요하다. 청소년들이 어려움을 겪을 때 언제든지 도움을 받을 수 있는 지원 체계를 구축하고 청소년 관련 기관 간의 협력을 통해 효과적인 대응을 할 수 있도록 해야 한다. 또한 정부 차원에서 청소년 보호 정책을 강화하고, 자살 예방을 위한 법적·제도적 장치를 마련해야 한다. 자살 문제와 관련된 미디어 보도 또한 신중히 다뤄야 하며 자살 예방 공익 광고와 캠페인을 통해 자살의 심각성과 예방 방법을 알리는 것이 중요하다.

(6) 청소년 자살 예방 교육과 캠페인

자살 예방 교육을 통해 청소년들에게 자살의 위험성을 알리고 자살 생각을 가진 친구를 도울 수 있는 방법을 교육하는 것이 필요하다. 자살 예방을 위한 공익 캠페인을 통해 청소년들이 도움을 요청하는 것이 중요하며 이를 자연스럽게 할 수 있는 사회적 분위기를 조성해야 한다.

이처럼 자살 문제를 해결하기 위해서는 정신 건강 지원, 학교와 가정의 역할, 정부와 지역사회의 협력 등이 모두 필요한 다각적 접근이 요구된다. 이러한 노력이 지속될 때, 자살률 감소와 함께 안전한 사회를 만들어 갈 수 있을 것이다.

(7) 정신적, 정신과적 문제 해결

우리나라 자살 동기 중 정신적, 정신과적 문제가 상당히 많은 비중을 차지하고 있는 만큼, 이를 해결하기 위한 체계적인 대책이 필요하다.

정신적, 정신과적 문제로 인한 자살 문제를 해결하기 위해서는 우선 정신 건강 서비스의 접근성을 강화하고 상담과 치료를 쉽게 받을 수 있는 온라인 및 지역사회 기반의 서비스를 확대해야 한다. 또한 정신 건강에 대한 사회적 인식을 개선하고 우울증이나 불안장애에 대한 편견을 없애기 위한 교육이 필요하다. 정기적인 정신 건강 검사를 통해 고위험군을 조기에 발견하고 집중관리해야 하며 정신과 진료비 부담을 줄여 누구나 필요한 치료를 받을 수 있도록 의료지원을 강화할 필요가 있다. 자살 예방을 위한 사회적 안전망을 구축하고 자살 예방 캠페인을 통해 자살 위험성과 대처 방법에 대한 사회적 인식을 높이는 것도 중요하다.

쟁점 나누기(Debate)

✣ 전통적인 한국 사회에서 가족은 노인을 돌보는 주된 책임을 져야 하며, 가족과의 유대와 지원이 노인의 삶의 질을 높일 수 있다고 봅니다. 그러나 가족 구조가 변하고 핵가족화가 진행되면서 가족만으로는 돌봄의 한계가 있습니다. 따라서 국가가 더 적극적으로 노인을 위한 시스템을 확대해야 합니다. 이것으로 볼 때 노인 자살 방지를 위해 가족의 돌봄이 더 중요한 것일까? 국가의 돌봄 시스템이 중요한 것일까?

가족의 돌봄이 더 중요하다 VS 국가의 돌봄 시스템이 더 중요하다

가족의 돌봄이 더 중요하다	국가의 돌봄 시스템이 더 중요하다

14장

범죄문제

범죄는 인류 역사와 함께 존재해 온 복잡하고 다면적인 문제로 사회 전반에 걸쳐 깊은 영향을 미친다. 범죄는 단순히 개인적인 일탈행위로 끝나는 것이 아니라 가정, 지역사회, 그리고 국가 차원에서 막대한 사회적, 경제적, 심리적 비용을 초래한다. 오늘날 현대사회는 과거보다 더욱 고도화되고 복잡한 형태의 범죄에 직면해 있으며 이는 범죄의 원인, 발생 메커니즘, 그리고 그에 따른 대응 방안을 체계적으로 이해할 필요성을 높이고 있다.

범죄 문제를 이해하기 위해서는 그 근본적인 원인부터 탐구해야 한다. 사회 경제적 불평등, 가족 내 갈등, 교육의 부재, 그리고 정신적 건강 문제 등 다양한 요인이 복합적으로 작용하며 이는 개인이 범죄에 빠지게 되는 계기를 제공한다. 더 나아가 기술의 발전과 함께 사이버 범죄와 같은 새로운 유형의 범죄가 증가하면서 법적, 제도적 대응 역시 시대에 맞춰 변화하고 있다.

이 장에서는 범죄에 대한 이해와 특성 및 범죄를 바라보는 관점을 이해하고 범죄에 관한 해결책을 모색하고자 한다.

1. 범죄에 대한 이해

1) 범죄의 정의

범죄는 인간의 본성에서 비롯된 행동일 수도 있지만 주로 환경과 조건이 개인에게 영향을 미쳐 발생하는 복합적인 현상이다. 범죄 행위는 시대적, 문화적, 상황적 요인에 따라 변동성이 크기 때문에 범죄를 명확하게 정의하는 것은 쉽지 않다.

- **국가별 법률 차이**: 각 국가의 법적 기준에 따라 범죄의 정의가 다르게 적용된다. 예를 들어 한국에서 낙태는 범죄로 규정되지만 많은 서구 국가에서는 낙태가 합법적이다. 마찬가지로 음주행위, 포르노 제작, 성매매와 같은 행위도 국가 및 지역에 따라 다르게 정의된다.
- **행위의 동기와 목적**: 동일한 행위라도 동기나 목적에 따라 범죄로 판단되거나 적법한 행위로 간주된다. 예를 들어 군인이 전쟁 중에 적군을 살해하는 행위는 일반적으로 살인으로 규정되지 않으며, 정당방위로 인한 살인도 마찬가지로 범죄로 간주되지 않는다.
- **행위자의 자격**: 행위자의 자격이나 직업에 따라 같은 행위가 범죄로 정의되지 않을 수 있다. 예를 들어 의사가 수술을 위해 환자의 신체를 절개하는 행위는 상해가 아닌 적법한 행위로 간주된다.
- **과학기술 발전에 따른 새로운 범죄**: 기술의 발전과 함께 과거에는 존재하지 않았던 새로운 형태의 범죄들이 등장하고 있다. 해킹, 컴퓨터 범죄, 음주운전 등이 그 예로 범죄의 정의는 항상 변화한다.

일반적으로 범죄를 정의하는 데 있어서는 크게 두 가지의 정의가 많이 이용된다. 하나는 형식적 의미의 범죄다. 이것은 법적 개념에 의한 정의라고 할 수 있는데 이러한 법학적 정의에 따르면 범죄는 형사법령에서 금지된 행위라는 형식적 의미를 강조한다. 다른 하나는 실질적 의미의 범죄로서 이것은 형사법령에서 언급되든 아니든 관계없이 일반적으로 기대되는 행위와 모범적 행위에서 벗어나는 행위를 범죄로 정의한다. 이 사회학적 정의에 따르면 범죄는 일탈행위라는 보다는 넓은 개념으로 파악되게 된다. 우리가 일반적으로 범죄(crime)라고 하면 법학적인 정의인 형식적 의미의 범죄를 지칭한다.

범죄와 관련된 형사법상 용어

법에서 범죄라고 규정한 행위를 하는 것(범죄조각사유, 죄형법주의)를 말하며 범죄와 관련된 형사법상의 용어들은 다음과 같다.

- ○ 기소(공소): 검사가 특정한 형사사건에 대하여 법원에 심판을 요구하는 절차
- ○ 기소독점주의: 기소권이 검사에게 독점되어 있음
- ○ 기소편의주의: 기소 여부를 검사가 결정함(반, 기소법정주의)
- ○ 기소유예: 검사가 형사사건에 대하여 범죄의 혐의를 인정하나 범인의 성격·연령·환경, 범죄의 경중·정상, 범행 후의 정황 따위를 참작하여 공소를 제기하지 않는 일
- ○ 집행유예: 3년 이하의 징역 또는 금고의 형이 선고된 범죄자에게 정상을 참작하여 일정한 기간 형의 집행을 유예하는 일. 그 기간을 사고 없이 넘기면 형의 선고 효력이 없어짐
- ○ 구속, 불구속: 범죄의 혐의 유무를 명백히 하여 공소의 제기와 유지 여부를 결정하기 위하여 사법기관에서 조사함
- ○ 송치: 경찰이 수사한 사건에 대해 범죄 혐의가 있다고 판단할 때 검사가 기소할 수 있도록 검찰에 사건을 넘기는 일
- ○ 선고유예: 유죄는 인정되지만 형의 선고를 유예하는 것을 의미하며, 2년 동안 특정 조건을 준수할 시 형 자체를 면소해주는 판결
- ○ 영장: 특정한 법적 행위를 수행할 수 있는 권한을 부여하고자 법원 혹은 판사가 발부하는 공식 문서
- ○ 체포영장: 피의자가 수사기관의 출석요구에 불응하거나 불응할 우려가 있을 때 판사가 발부하는 영장
- ○ 구속영장: 피의자 및 피고인을 구속하여 수사 및 공판을 진행하기 위하여 형사소송법 및 형사소송규칙 등에 따라 검사가 청구하고 판사가 발부하여 피고인 및 피의자의 인 신을 구속 장소에 구인 및 구금을 하는 영장을 의미
- ○ 영장실질심사: 검사가 청구한 피의자의 구속영장에 대해 판사가 영장 발부 전 피의자를 불러 직접 심문한 후에 발부 여부를 결정하는 제도(구속 전 피의자 심문이라도 함)

2) 범죄문제의 특징

범죄문제는 사회문제로서의 특성을 잘 갖추고 있음을 보여준다. 먼저 범죄는 사회적 문제로 발생하며 그 원인은 주로 사회 내의 관계와 구조에 의해 형성된다. 이는 범죄가 개인이나 자연적 문제가 아닌 사회적 상호작용과 삶의 질에 영향을 미치는 문제임을 의미한다. 그리고 범죄는 사회문제로 평가된다. 사람들은 범죄를 도덕적으로 평가하며, 이는 범죄가 사회의 질서를 위협하고 사회 통합을 저해하는 문제로 인식되기 때문이다. 사회적 위협은 사람들의 평가 이전에도 존재할 수 있지만 범죄는 사회적 합의에 의해 문제로 정의된다.

또한 범죄는 모든 사람들의 관심사다. 범죄는 학자, 정치인, 경찰, 언론인뿐만 아니라 일반 대중도 주요한 사회문제로 인식하며 이는 사회 전반에 걸친 광범위한 관심을 반영한다. 범죄는 직접적인 피해를 입지 않은 사람에게도 영향을 미친다. 범죄 피해자가 아닌 사람들도 정신적, 물질적 피해를 겪을 수 있으며, 사회 전체가 그 영향을 피할 수 없다. 이로 인해 사람들은 범죄 문제에 대한 방관자가 될 수 없다. 그렇기 때문에 범죄 해결을 위한 다양한 조치가 오랜 기간 이어져 왔다. 처벌, 교정, 예방 교육 등 범죄 문제를 해결하고 줄이기 위한 다양한 사회적 노력이 지속되고 있으며, 이는 범죄가 사회문제로서의 중요한 특성을 갖고 있음을 보여준다.

3) 범죄의 유형

범죄의 유형에는 다음과 같이 크게 다섯 가지로 나누어 설명한다. 여기에는 강력범죄, 폭력범죄, 절도범죄, 교통범죄, 지능범죄 등이 해당한다.

(1) 강력범죄

강력범죄에는 살인, 강도, 폭행, 방화, 강간, 상해 등이 해당된다. 범죄의 역사와 인류의 역사는 궤를 같이하고 있기에 인류의 문명이 계속 유지되는 한 강력범죄는 사라지지 않고 계속 발생하게 될 것이다.

살인이란 인간의 생명을 의도적으로 박탈하는 행위로 어느 시대, 어느 사회에서도 막론하고 존재해 왔고 인간관계에서 가져야 할 정직성이 상실된 상태에서 나타나는 범죄다. 강도는 가장 강력한 형태의 범죄로 타인의 재물을 강취하거나 재산상 이득을 취하거나 또는 제3자로 하여금 취득하게 하는 범죄로 절도범죄와 재산범죄인 동시에 폭력범죄가 결합되어 있다. 강력범죄의 특성을 살펴보면 건강염려증, 우울증, 히스테리, 편집증, 강박증, 정신증, 경조증, 내향성 외향성 모두가 다른 범죄에 비해 높으며 충동성, 언어적 가학성, 감정가변성, 불안성, 제한된 정서성, 적개심, 분리불안이 다른 범죄에 비해 높은 수준이다.

(2) 폭력범죄

폭력범죄란 인간의 신체 및 재물에 피해를 가하는 공격적인 행위의 범죄다. 폭력은 원시사회나 문명사회를 막론하고 그 공동체를 유지하기 위하여 어떠한 형태로든 존재하여 왔으며 인간은 자신의 분노를 발산하기 위해서 혹은 자신이 바라는 욕구를 성취하기 위해서 폭력을 행사한다. 폭력범죄를 저지르는 사람들은 상대가 자기를 모욕했거나 싸움을 먼저 걸어왔기 때문에 이성을 잃고 폭력을 행동하게 되는데 그들의 의도는 감정을 자극한 상대를 해치거나 그 상황으로부터 벗어나는 것이다. 이렇듯 그 원인 우발적, 감정적, 충동적인 경우가 많다. 이러한 행동에는 개인의 공격적인 성향과 유전적 소질, 성격특질 등과 관련이 있다. 폭력범죄의 특성을 살펴보면 폭력범죄는 안정성에서 가장 낮게 나타났으며 부적응 척도의 행동화 경향에서 가장 높게 나타났다.

(3) 절도범죄

절도범죄는 고대사회에서부터 존재해 온 가장 전형적인 범죄행위라고 할 수 있다. 이는 인간의 원초적 본능에 속하는 욕심에서 비롯된 범죄이며 타인의 재물을 절취하는 범죄로 재물만 대상으로 하는 순수한 재산 범죄다. 절도범죄는 타인의 재물을 훔친다는 점에서 자본주의의 사유 재산제도에 대한 침해행위가 될 뿐만 아니라 합의에 의한 사회조직의 구성원리를 깨뜨린다는 점에서 매우 심각하게 고려되어야 할 범죄행위다. 절도범죄의 특징은 폭력성에 바탕을 두고 있지 않기 때문에 절도범죄자는 강력범죄, 폭력범죄와는 달리 감정적 공격성을 표출하여 타인을 헤치는 것이 아니라 재물을 취득하려는 것이 일차적인 목적이다. 강력범죄, 폭력범죄와는 다른 도구적 성격을 띠고 있으며 전문적으로 절도범죄를 저지르는 사람은 범죄 성향이 강력범죄, 폭력범죄보다 더 높다. 절도범죄는 재범률이 가장 높고 범죄횟수가 늘어날수록 범죄 수법이 지능적으로 발전하고 수법이 다양해진다.

(4) 교통범죄

교통범죄란 수로, 육로, 또는 공로를 포괄하는 교통수단 일체의 이용과 관련한 불법행위들로 교통상의 형벌법규를 위반한 행위로 정의할 수 있으며 도로교통위반죄와 교통사고 처리특례법 위반죄로 교통범죄를 분류하고 있다.

(5) 지능범죄

지능범죄는 사기, 횡령, 배임 따위와 같은 높은 지적 능력을 이용하여 피해자가 소유하고 있는 권리나 재물 등을 기꺼이 상대방에게 교부하도록 하는 범죄행위로 타인의 재물을 절취하는 절도범죄와는 같은 재산범죄지만 성격이 조금은 다르다.

사기는 피해자의 자발적인 협력 없이는 불가능한 비폭력적인 범죄이기에 범죄가 밝혀지기 전까지는 시간이 필요하다는 점에서 폭력적인 범죄와는 다른 특성을 가진다.

사기의 폐해는 그 대상이 무지하거나 어리석어서 발생하는 범죄가 아니라 개인의 신뢰감을 역 이용한 타인에 대한 기망이란 것에 있다. 지능범죄는 범행의 반복으로 인한 지능화 경향이 나타나며 높은 재범률을 보인다. 횡령은 남의 재물을 보관하거나 타인의 사무를 처리하는 사람이 그 재물을 불법으로 취득하여 자기 것으로 만들거나 그 반환을 거부함으로써 성립하는 죄로 다른 사람에 대한 신임관계를 배신한다는 점에서 배임죄와 본질이 같지만 횡령죄의 객체가 재물임에 비하여 배임죄의 객체는 재물 이외의 재산상의 이익이라는 점에서 차이가 있다. 지능범죄는 주로 중장년층에서 많이 발생하며, 절도범죄에 비해서 피해금액이 크고 불신사회를 조장한다고 보아 더 중한 범죄로 평가된다. 주로 화이트칼라 노동자들이 범죄를 범하기 쉬운 계급위치에 처해 있기에 지능범죄유형에서 전문화하는 경향으로 나타나기 쉽다. 이는 범죄경력 전문화의 이론에서 범죄자들은 범죄를 행하는데 있어서 사회구조의 영향을 매우 크게 받으며 또한 그들이 속한 사회계급에서도 큰 영향을 받게 되기에 나타나는 현상이다. 지능범죄의 특성을 살펴보면, 건강염려증, 우울증, 히스테리, 편집증, 강박증, 정신증, 경조증, 반사회성, 내향성, 외향성이 다른 범죄유형에 비해서 비교적 낮다. 지능범죄는 스스로가 흉악범죄가 아니라 경제 불황의 피해자로 자신을 합리화하고 자신의 행위를 전통적인 노상 범죄자들 보다 정당화하려는 행위가 높기에 다른 범죄유형보다 자존감을 높이기가 수월하다.

2. 범죄의 현황

1) 범죄의 발생건수

2022년 전체 범죄의 발생건수는 157만 5,007건으로, 인구 10만 명당 3,061.9건의 범죄가 발생하였다. 전체 범죄의 발생비는 2021년 대비 3.2% 증가한 수치로, 지난 10년 대비 21.6% 감소하였다. 지난 10년간 연도별 전체 범죄 발생비 추이를 살펴보면, 2021년까지는 감소하는 추세를 보이다가, 2022년에는 전년 대비 증가하였다.

법적인 범죄유형을 살펴보면, 크게 형법범과 특별법범으로 대별된다. 먼저 형법범은 재산범죄, 폭력범죄, 강력범죄, 과실범죄, 기타 형법범으로 나눌 수 있다. 재산범은 절도, 사기, 횡령, 장물, 손괴 등을 포함한다. 강력범은 살인, 방화, 강간, 상해, 폭행, 절도, 강도, 협박, 공갈, 약취유인 등이 포함된다. 과실범은 과실치사상 범죄, 업과치사상 범죄를 포함한다. 한편, 특별법은 도로교통법, 마약류 관리에 관한 법률, 식품위생법, 윤락행위 등 방지법, 음반 및 비디오물에 관한 법률, 특정범죄 가중처벌 등에 관한 법률, 폭력행위 등 처벌에 관한 법률 등의 위반범죄로 구분된다.

2022년 형법범죄의 발생건수는 100만 3,883건으로, 인구 10만 명당 1,951.6건의 범죄가 발생하였다. 형법범죄 발생비는 2021년 대비 9.8% 증가하였으며, 지난 10년 동안 5.5% 감소하였다. 지난 10년간 발생비 추이를 살펴보면, 대체로 큰 변동은 없이 증감을 반복하다가 2022년에는 전년 대비 증가하였다. 2022년 특별법범죄의 발생건수는 57만 1,124건으로, 인구 10만 명당 1,110.3건의 범죄가 발생하였다. 특별법범죄 발생비는 2021년 대비 6.6% 감소하였으며, 지난 10년 동안 39.6% 감소하였다. 지난 10년간 연도별 특별법범죄 발생비 추이를 살펴보면, 2016년까지 증가하는 추세를 보이다가 2017년부터 지속적으로 감소하였다. 최근 10년간 형법범죄의 발생비가 특별법범죄의 발생비보다 더 높게 나타났다.

| 표 14-1 | 연도별 형법범죄와 특별법범죄 발생건수 및 발생비(2013~2022년) (단위: 건, 발생비, %)

연도	형법범죄			특별법범죄		
	발생건수	발생비	증감률	발생건수	발생비	증감률
2013	1,056,704	2,066.2	-	939,685	1,837.4	-
2014	1,016,209	1,979.8	-4.2	917,626	1,787.8	-2.7
2015	1,047,761	2,033.3	-1.6	972,970	1,888.2	2.8
2016	1,005,689	1,945.4	-5.8	1,002,601	1,939.4	5.6
2017	958,865	1,851.9	-10.4	866,011	1,672.5	-9.0
2018	988,398	1,907.1	-7.7	749,792	1,446.7	-21.3
2019	1,041,395	2,008.5	-2.8	726,289	1,400.8	-23.8
2020	1,044,438	2,015.2	-2.5	670,141	1,293.0	-29.6
2021	917,787	1,777.3	-14.0	613,918	1,188.9	-35.3
2022	1,003,883	1,951.6	-5.5	571,124	1,110.3	-39.6

출처: 대검찰청 범죄분석(2023)

2) 주요 강력범죄 현황

주요 강력범죄 현황에는 살인범죄, 강도와 방화범죄, 폭행 및 상해범죄 등으로 나타난다.

(1) 살인범죄

2022년 살인범죄의 발생건수는 738건, 인구 10만 명당 1.4건의 범죄가 발생하였다. 살인범죄의 발생비는 2021년 대비 7.1%(0.1건) 증가하였으며, 지난 10년 동안 23.5%(0.5건) 감소하였다. 지난 10년간 연도별 살인범죄의 발생비 추이를 살펴보면, 2013년부터 대체로 감소하는 추세를 보이다가 2022년에는 전년대비 증가하였다. 살인범죄에는 실제 피해자가 사망한 사건 이외에도 미수, 예비, 음모, 방조 등과 같은 유형을 모두 포함하고 있다. 이러한 점을 고려하여 살인범죄를 기수범죄와 미수 등의 범죄로 나누어 살펴보면, 2022년에는 전체 738건 중 살인 기수범죄가 293건(39.7%)이며, 나머지 445건(60.3%)은 살인 미수 등의 범죄인 것으로 나타났다. 살인 기수범죄의 발생비는 2021년까지 증감을 반복하다가 2022년에는 전년 대비 증가하였다. 살인 미수 등 범죄의 발생비는 2013년부터 대체로 감소하는 추세를 보이다가 2022년에는 전년대비 증가하였다. 지난 10년 동안 살인 미수 등 범죄의 발생비는 살인 기수범죄의 발생비보다 크게 나타났다.

| 표 14-2 | 살인범죄의 발생건수 및 발생비 (2013~2022년) (단위: 건, 발생비, %)

연도	살인(전체)			살인(기수)		살인(미수 등)	
	발생건수	발생비	증감률	발생건수	발생비	발생건수	발생비
2013	959	1.9	-	348	0.7	611	1.2
2014	938	1.8	-2.5	366	0.7	572	1.1
2015	958	1.9	-0.9	359	0.7	599	1.2
2016	948	1.8	-2.2	344	0.7	604	1.2
2017	858	1.7	-11.6	287	0.6	571	1.1
2018	849	1.6	-12.6	326	0.6	523	1.0
2019	847	1.6	-12.9	323	0.6	524	1.0
2020	805	1.6	-17.2	339	0.7	466	0.9
2021	692	1.3	-28.5	284	0.5	408	0.8
2022	738	1.4	-23.5	293	0.6	445	0.9

출처: 대검찰청 범죄백서(2023)

(2) 강도와 방화범죄

2022년 강도범죄의 발생건수는 532건, 인구 10만 명당 1.0건의 범죄가 발생하였다. 강도범죄의 발생비는 2021년 대비 4.5%(0.04건) 증가하였으며, 지난 10년 동안 73.6%(2.9건) 감소하였다. 지난 10년간 연도별 강도범죄의 발생비 추이를 살펴보면, 2013년부터 지속적으로 감소하다가 2022년에는 소폭 증가하였다. 지난 10년 동안 강도 범죄의 발생비는 형법범죄 주요 유형 중에서 가장 큰 감소폭을 보였다. 2022년 방화범죄의 발생건수는 1,224건, 인구 10만 명당 2.4건의 범죄가 발생하였다. 방화범죄의 발생비는 2021년 대비 19.9%(0.4건) 증가하였으며, 지난 10년 동안 29.7%(1.0건) 감소하였다. 지난 10년간 연도별 방화범죄의 발생비 추이를 살펴보면, 전반적으로 감소하는 추세를 보이다가 2022년에는 전년 대비 증가하였다.

| 표 14-3 | 강도와 방화범죄의 발생건수 및 발생비(2013~2022년) (단위: 건, 발생비, %)

연도	강도			방화		
	발생건수	발생비	증감률	발생건수	발생비	증감률
2013	2,001	3.9	-	1,730	3.4	-
2014	1,618	3.2	-19.4	1,707	3.3	-1.7
2015	1,472	2.9	-27.0	1,646	3.2	-5.6
2016	1,181	2.3	-41.6	1,477	2.9	-15.5
2017	990	1.9	-51.1	1,358	2.6	-22.5
2018	841	1.6	-58.5	1,478	2.9	-15.7
2019	845	1.6	-58.3	1,345	2.6	-23.3
2020	692	1.3	-65.9	1,210	2.3	-31.0
2021	511	1.0	-74.7	1,025	2.0	-41.3
2022	532	1.0	-73.6	1,224	2.4	-29.7

출처: 대검찰청 범죄분석(2023)

(3) 폭행/상해범죄

2022년 폭행/상해범죄의 발생건수는 159,741건, 인구 10만 명당 310.5건의 범죄가 발생하였다. 폭행/상해범죄의 발생비는 2021년 대비 5.8% 증가하였으며, 지난 10년 동안 27.7% 감소하였다. 지난 10년간 연도별 폭행/상해범죄의 발생비 추이를 살펴보면 대체적으로 감소하는 추세를 보이다가 2022년에는 전년 대비 증가하였다

| 표 14-4 | 폭행/상해범죄의 발생건수 및 발생비(2013~2022년) (단위: 건, 발생비, %)

연도	발생건수	발생비	증감률
2013	219,805	429.8	-
2014	214,605	418.1	-2.7
2015	226,543	439.6	2.3
2016	228,710	442.4	2.9
2017	215,717	416.6	-3.1
2018	208,935	403.1	-6.2
2019	203,074	391.7	-8.9
2020	180,604	348.5	-18.9
2021	151,586	293.6	-31.7
2022	159,741	310.5	-27.7

출처: 대검찰청 범죄분석(2023)

(4) 전체 연령별 범죄발생비 추이

전체범죄를 대상으로 범죄자의 연령별 발생비를 살펴보면, 2022년에는 51~60세 범죄자의 발생비가 인구 10만 명당 3,374.1건으로 가장 높았고, 그 다음은 19~30세(3,359.5건), 41~50세(3,329.6건), 31~40세(3,325.5건), 61세 이상(1,828.3건), 18세 이하(788.0건)의 순이었다. 전체범죄의 연령별 발생비 추이를 살펴보면, 지난 10년 동안 소년범죄자(18세 이하), 19~30세, 31~40세, 41~50세, 51~60세 범죄자의 발생비는 감소한 반면에, 61세 이상 범죄자의 발생비는 증가하였다. 지난 10년간 41~50세의 발생비가 42.5% 감소하여 가장 많이 감소하였으며, 61세 이상 범죄자의 발생비는 3.2% 증가하였다.

| 표 14-5 | 전체범죄 범죄자 연령별 발생비 (단위: 발생비, %)

연도	18세 이하	19-30세	31-40세	41-50세	51-60세	61세 이상
2013	875.1	4,041.5	4,848.2	5,786.6	5,075.5	1,771.5
2014	786.0	3,826.6	4,761.2	5,631.3	5,235.0	1,939.1
2015	737.4	4,043.1	4,816.7	5,560.1	5,315.3	2,073.3
2016	810.6	4,242.9	5,126.8	5,637.6	5,473.5	2,215.4
2017	799.5	3,949.2	4,588.8	5,023.8	5,059.5	2,173.5

2018	750.3	3,639.9	4,193.2	4,607.0	4,813.3	2,183.9
2019	780.5	3,681.2	4,138.8	4,588.1	4,818.9	2,340.2
2020	785.9	3,553.9	3,788.8	4,089.1	4,413.4	2,218.9
2021	677.2	3,129.6	3,212.2	3,351.6	3,563.2	1,911.3
2022	788.0	3,359.5	3,325.5	3,329.6	3,374.1	1,828.3

출처: 대검찰청 범죄백서(2023)

3. 범죄문제를 바라보는 관점

1) 생물학적 범죄 관점

초기 범죄 이론은 생리학적·생물학적 근거에 중점을 두고 범죄 성향을 설명하려 했다. 1870년대 이탈리아 범죄학자 롬브로소(C. Lombroso)는 범죄자의 두개골 모양을 통해 범죄 성향을 판별하려 했고, 더그데일(R. Dugdale)은 범죄인 가계도를 연구하여 유전적 영향을 강조했다. 1940년대 셸던(W. A. Sheldon)은 범죄와 신체 유형 간의 관계를 밝혔으며, 샌드버그(A. A. Sandberg)는 Y염색체가 많은 남성(XXY염색체)이 범죄 성향을 더 많이 보인다고 주장했다. 롬브로소는 범죄자가 진화가 덜 되었거나 퇴화한 사람들이라고 주장하며, 이들의 신체적 특징으로 큰 귀, 비대칭 얼굴, 긴 팔, 튀어나온 광대뼈 등을 들었다. 그는 타고난 범죄자 외에도 '정신이상'이나 '격정'에 의한 범죄 유형을 추가로 제시했다.

2) 심리학적 범죄 이론

(1) 정신분석학적 이론

프로이트(S. Freud)는 범죄가 어린 시절 정서적 발달 과정에서 생긴 심리적 장애로 인해 발생한다고 보았다. 정신세계에서 이드, 자아, 초자아 사이의 갈등이 적절히 조정되지 못할 때 범죄 성향이 나타난다고 주장했다. 후속 이론들은 부모와의 관계에서 애정 결핍이나 무관심이 범죄 성향을 강화한다고 보았으며, 이미 형성된 죄의식에서 벗어나기 위해 범죄를 저지르는 경우도 있다고 설명했다.

(2) 성격이론

다른 심리학적 이론에서는 범죄의 원인을 타고난 성격에서 찾는다. 범죄자들은 충동성, 공격성, 반항성 등을 가지고 있으며 정신병리적 성격을 지니고 있다고 본다. 이들은 친사회적 태도를 사회화하지 못하고 잘못에 대해 죄의식을 느끼지 않는 자기중심적 성격을 보인다.

3) 사회학적 범죄 이론

(1) 사회긴장이론(아노미이론)

머튼(R. K. Merton)은 아노미를 '문화적 목표'와 '제도적 수단' 간의 갈등으로 정의했다. 이 갈등이 사회적 불만을 유발하며 특히 하층민이 범죄로 내몰리게 되는 상황을 설명했다. 자본주의 사회에서 부를 쌓으려는 욕구가 있지만 이를 달성할 수 없는 상황에서 개인은 심리적 갈등에 빠지게 된다. 머튼은 개인의 적응 방식을 다섯 가지로 분류했다: 동조형, 혁신형, 순종형, 퇴행형, 반역형.

(2) 비행하위문화론

코헨(A. K. Cohen)은 하층민들이 중산층 문화에 적응하지 못하면서 반항적 하위문화를 형성한다고 보았다. 하층 청소년들이 학교에서 부적응과 좌절을 경험하면서, 중산층 목표에 도전하고 중산층 문화에 반하는 범죄적 하위문화를 형성한다고 설명했다.

(3) 차별적 접촉이론

서덜랜드(Edwin H. Sutherland)는 범죄가 타인과의 접촉을 통해 학습된다고 주장했다. 범죄 행동은 사회적 학습의 결과이며 범죄 행위 자체보다는 그 과정에서 형성된 관념이 더 중요하다고 보았다. 그는 범죄가 개인적 결함이 아니라 범죄적 문화와의 접촉을 통해 학습된 결과라고 설명했다.

(4) 사회유대이론

허쉬(Hirschi)는 사람들이 범죄를 저지르지 않는 이유는 사회유대에 묶여 있기 때문이라고 주장했다. 사회유대는 애착, 관여, 참여, 신념의 네 가지로 나뉘며 이 유대가 강할

수록 비행이나 범죄에 빠질 가능성이 낮아진다고 보았다.

(5) 낙인이론

고프먼(E. Goffman)의 낙인이론은 사회에서 부정적 속성에 대한 오명(stigma)을 부여받은 사람들이 자신을 범죄자로 인식하고 행동하게 된다는 이론이다. 예를 들어, 전과자로 낙인찍힌 사람은 자신의 역할을 수용하고 범죄로 다시 빠져들기 쉽다는 것이다. 이는 범죄를 없애기보다는 오히려 범죄를 조장하는 결과를 낳는다.

4. 범죄문제의 대책

1) 전자 감독 시스템을 통한 재범 방지

우리나라에서는 성범죄자 등 고위험 범죄자의 재범을 막기 위해 전자 감독 시스템, 특히 전자 발찌 착용을 의무화하는 방안을 사용하고 있다. 전자 발찌는 범죄자의 실시간 위치를 추적하며 일정한 경로에서 벗어나거나 위험 지역에 접근할 경우 경고를 주는 시스템이다. 이는 범죄자의 자유를 일부 제한하면서도 범죄를 사전에 방지하는 데 효과적인 방법으로 평가된다. 전자 감독 제도는 특히 성범죄와 같은 고위험 범죄에서 재범률을 낮추는 데 기여하고 있다. 경찰청 통계에 따르면 전자 발찌 착용 이후 성범죄자의 재범률은 상당히 감소했다. 그러나 전자 발찌는 범죄 예방 측면에서 큰 성과를 거두었으나 일부 범죄자들이 전자 발찌를 훼손하거나 위치 추적을 회피하는 경우도 발생하고 있다. 이에 따라 기술적 업그레이드와 함께 처벌 강화 및 보완책 마련이 필요하다는 지적도 제기되고 있다. 또한 범죄자의 실시간 위치를 보다 정교하게 추적하고 경찰과의 긴밀한 협력 체계를 구축함으로써 전자 발찌의 효과를 극대화하는 것이 중요하다.

2) 환경설계를 통한 범죄 예방(CPTED)

범죄 예방을 위한 환경설계(Crime Prevention Through Environmental Design, CPTED)는 도시 환경을 범죄 억제에 유리하게 설계함으로써 범죄 가능성을 줄이는 방안이다. CPTED는 특히 도심 내 어두운 골목이나 사람이 많이 모이는 지역에서 조명 설치, CCTV 증설, 건물 디자인 등의 방식을 통해 범죄를 예방하는 데 중점을 둔다. 서울시와 같은 대도시에서는 CPTED가 활발하게 적용되고 있으며, 이는 범죄 발생률을 줄이는 데 큰 효과를 보이고 있다. CPTED는 범죄 발생 가능성을 사전에 차단하는 효과가 있어 일반적인 범죄는 물론 특히 성범죄나 절도범죄에 대한 예방 효과가 크다. 특정 지역에 물리적 경계를 세우고 접근성을 제한하는 방식으로 범죄자의 이동을 어렵게 하여 범죄 행위를 억제할 수 있다. 또한 이러한 환경 설계는 범죄 예방뿐만 아니라 지역 주민들의 심리적 안전감을 높이는 데도 기여하고 있다.

CPTED의 효과를 극대화하기 위해 지역별, 범죄 유형별 맞춤형 설계가 필요하다. 예를 들어, 성범죄와 같은 특정 범죄를 억제하기 위해 조명과 CCTV만으로는 부족할 수 있으므로 지역 내 주민들의 자발적인 순찰이나 감시 체계를 보완하는 프로그램이 필요하다. 또한 범죄 다발 지역에 대한 지속적인 데이터 분석을 통해 위험 지역을 선별하고, 지역 주민들의 참여를 통한 보안 강화가 이루어져야 한다.

3) 범죄 피해자 지원 및 재사회화 프로그램

범죄 피해자를 위한 지원도 우리나라 범죄 대책의 중요한 축을 이룬다. 범죄 피해자들은 범죄로 인해 신체적, 정신적, 경제적으로 큰 고통을 겪는데 이를 지원하기 위해 심리 상담, 의료 지원, 법적 조언 등의 다양한 프로그램이 운영되고 있다. 특히 보건복지부와 경찰청은 범죄 피해자에게 무료 상담과 심리 치료를 제공하고 있으며 법적 조언을 통해 피해자가 범죄에 대처할 수 있도록 돕고 있다.

한편, 범죄자에 대한 재사회화 프로그램도 중요하다. 범죄자가 다시 사회로 복귀할 수 있도록 직업 교육, 심리 치료, 사회 복귀 지원 등의 프로그램이 시행되고 있으며 이러한 재사회화 노력은 재범을 막는 데 중요한 역할을 한다. 재사회화 프로그램은 범죄자가 사회에서 다시 긍정적인 역할을 할 수 있도록 지원하며, 특히 교정 시설 내 직업 교육은 출소 후 자립을 도와주는 핵심적인 대책이다.

범죄 피해자와 범죄자 모두에 대한 장기적 지원 프로그램이 강화되어야 할 것이다. 피해자 지원은 일시적인 심리 상담에 그치지 않고 피해자의 장기적 회복과 재정적 지원까지 포함해야 한다. 범죄자 재사회화 프로그램의 경우 단순 직업 교육에 그치지 말고 심리적 치유와 사회 적응 훈련을 강화하여 출소 후 안정적인 사회 복귀가 이루어지도록 해야 한다. 특히, 재범 가능성이 높은 범죄자들에 대한 지속적인 추적 및 관리 체계가 강력하게 요구된다.

4) 지역사회 기반의 범죄 예방 활동

범죄를 예방하기 위해 지역사회 기반의 방범 활동이 강화되고 있다. 지역 주민들이 자발적으로 참여하는 방범 활동은 범죄 발생을 억제하는 데 중요한 역할을 한다. 자경단 활동이나 안전지킴이 프로그램은 지역 내 범죄 예방의 핵심으로 주민들이 서로 경각심을 가지고 공동체를 지키는 데 기여하고 있다. 또한 지역사회 경찰이 주민들과 긴밀한 관계를 유지하며 범죄 예방에 적극적으로 나서고 있는 것도 효과적인 대책으로 평가된다. 지역사회 중심의 범죄 예방 활동은 특히 청소년 범죄와 같은 지역사회 내 문제를 해결하는 데 큰 도움이 되고 있다. 청소년들이 학교와 지역사회에서 적절한 지원을 받으며 성장할 수 있도록 돕는 다양한 프로그램이 운영되고 있으며 이는 장기적으로 범죄율을 낮추는 데 중요한 역할을 한다. 그렇지만 보완해야 할 점들이 있다. 지역사회 중심의 방범 활동은 일회성 참여가 아닌 지속적이고 체계적인 협력이 필요하다. 이를 위해 지역사회 주민과 경찰 간의 정기적인 협력 회의, 교육 프로그램이 도입되어야 한다. 주민들의 자발적인 참여를 이끌어내기 위해 인센티브 제공과 같은 보완책도 고려할 수 있겠다. 특히, 고위험군 청소년들이 범죄에 빠지지 않도록 지역사회에서 자율적으로 관리할 수 있는 멘토링 프로그램을 도입하는 것도 하나의 대책이 될 수 있다.

따라서, 우리나라에서 시행되고 있는 범죄 대책들은 전자 감독 시스템, CPTED, 범죄 피해자 지원, 재사회화 프로그램, 지역사회 기반 방범 활동 등 다양한 방면에서 접근하고 있다. 이러한 대책들은 범죄를 사전에 예방하고 범죄 발생 후에도 재범을 막기 위한 포괄적인 시스템을 형성하고 있다. 앞으로도 이러한 대책들이 지속적으로 발전해 나가고, 사회 전반에 걸쳐 더 효과적인 범죄 예방과 대응 체계가 강화될 필요가 있다. 범죄 문제를 해결하기 위해서는 사회 전반의 협력과 지속적인 개선이 필수적이다.

쟁점 나누기(Debate)

✣ 최근 청소년 범죄의 심각성이 증가하면서, 만 14세 이하의 소년범에게도 성인과 같은 처벌을 적용해야 한다는 주장이 있습니다. 이는 강력 범죄를 억제하고 피해자와 사회의 안전을 보장하는 방안의 목적을 두고 있습니다. 이것으로 볼 때 소년법 폐지를 해야 하는 것이 맞는 것일까?

소년법 폐지 담론은 필요하다 VS 소년법 폐지 담론은 필요하지 않다

소년법 폐지 담론은 필요하다	소년법 폐지 담론은 필요하지 않다

참고문헌

감사원(2021). 감사 보고서: 인구구조변화 대응실태 Ⅰ(지역).

강희성·김현경·박길남·박주현·윤명길·이장희·정명희·부민경(2021). 사회문제론. 양서원.

건강보험심사평가원(2023). 불임과 난임 시술 진료현황 분석.

고정자(2007). 현대사회와 가족. 동아대학교출판부.

과학기술정보통신부(2023). 스마트폰 과의존 실태조사.

구인회(2004). 한국의 빈곤, 왜 감소하지 않는가?: 1990년대 이후 빈곤 추이의 분석. 한국사회복지학, 56(4).

권태환·김두섭(2002). 인구의 이해. 서울대학교출판문화원.

김기원(2017). 사회문제론. 정민사.

김병·김용준·박무일·염동문·이은정·이인순·임성혜(2014). 사회문제론. 양서원.

김보기·박미란·권봉·김덕선·김향미·정수일(2016). 사회문제론. 양서원.

김연정(2021). 도박중독 교육 프로그램의 효과성에 관한 연구. 경북대학교 석사학위논문.

김영화·권신영·최영진(2013). 현대사회와 사회복지. 양서원.

김영화·신원식·임성옥·손지아(2015). 현장에서 본 사회문제. 양서원.

________________________(2016). 현장에서 본 사회문제. 양서원.

김원일. 안전도시 구축을 위한 부산시 범죄발생 변화유형 분석. 동의대학교 석사학위논문.

김윤재·김병학·이금주·오영숙(2015). 사회문제론. 공동체.

김윤재·정영교·장효순·엄미화(2019). 사회문제론. 정민사.

김희년·박정란·이선우·이성기·이영호·이정우·장수한·황세인(2017). 사회문제론. 공동체.

남일재·양정하·김종건·윤성호·조은정·윤은경·임혁·배의식·김영미·김태준(2017). 사회문제론. 공동체.

내일신문·뉴스핌(2022). 노인학대 사례.

노병일(2013). 사회문제론. 창지사.

______(2022). 사회문제론. 양서원.

______(2024). 사회문제론. 양서원.

대검찰청(2022). 청소년범죄 통계 현황.
마스다 히로야(2015). 김정환 옮김. 지방 소멸. 와이즈베리.
박용순·문순영·임원선·임종호(2009). 사회문제론. 학지사.
_______________(2015). 사회문제론. 학지사.
박용순·문순영·임원선·임종호(2020). 사회문제론. 학지사.
박은경(2020). 도박중독 온톨로지 개발. 이화여자대학교 박사학위논문.
박정호·여진주(2008). 사회문제론: 이론과 실제. 신정.
박철현(2018). 사회문제론. 박영사.
___(2018). 사회문제론: 이론, 실태, 지구적 시각. 박영사.
___(2021). 사회문제론. 박영사.
법무부(2019). 외국인구 동향.
___(2023). 국제결혼·결혼 이민자 현황.
보건복지가족부(2009). 아동학대 사례.
보건복지부(2018). 통계연보.
_____(2020). 노인실태조사.
_____(2022). 가계금융 복지조사.
_____(2022). 아동학대 연차보고서.
_____(2023). 국내입양 특례법 개정.
서울지방경찰청(2005). 학교폭력 사례.
세계일보(2023). 청소년 게임중독 사례.
앤서니 기든스·필립서튼(2018). 현대사회학. 을유문화사.
여성가족부(2022). 여성·아동권익증진사업 운영지침.
_____(2023). 가정폭력 실태조사.
_____(2023). 성매매매피해 아동청소년 지원센터 2022 연차보고서.
원석조(2007). 사회문제론. 양서원.
___(2022). 사회문제론. 양서원.
___(2023). 사회문제론. 양서원.
유승훈(2018). 도박과 알코올 중독의 영향 요인. 대구가톨릭대학교 박사학위논문.
유엔마약범죄사무소(UNODC)
이상호(2024). 지방소멸 2024: 광역대도시로 확산하는 소멸위험. 한국고용정보원.
이상호·이나경(2023). 지방소멸위험 지역의 최근 현황과 특징. 한국고용정보원.
이승은(2020). 환경문제 개선을 위한 넛지 디자인 프로그램 개발 연구. 경희대학교 석사학위논문.
이시연·박은미(2004). 아동학대 인터넷상담 사례에 대한 내용분석 연구. 한국사회복지학, 56(4).
이용균(2018). 인구와 사회. 전남대학교출판문화원.
이장현·김영이 역(1985). 사회문제의 연구. 경문사.

이현기(2005). 아동학대 유형별 위험요소에 관한 연구. 사회복지정책, 23.
장대익·차영재·이민섭·장재경(2020). 우리나라 초저출생의 심리적 원인: 인구밀도로 인한 사회적 경쟁 및 수도권 집중을 중심으로. 감사원.
장미경(1999). 페미니즘의 이론과 정치. 정음사.
장휘숙(2008). 가족심리학. 박영사.
전영수(2018). 한국이 소멸한다. 비즈니스북스.
정옥분·정순화·홍계옥(2010). 결혼과 가족의 이해. 시그마프레스.
정태석·유팔무·지주형·신경아·엄한진·정영철·신광영·조효래·김정훈·박준식·공제욱·노중기·장세훈·강이수·김해식·김호기·강정구·최태룡·구도완(2013). 사회학 비판적 사회읽기. 한울.
정현숙(2019). 가족관계. 신정.
제임스 량(2019). 최성옥 옮김. 혁신을 이끄는 인구 혁명. 한국경제신문.
조영태(2016). 정해진 미래. 북스톤.
조정문·장상희(2011). 가족사회학. 아카넷.
조흥식·김혜련·신혜섭·김혜란(2000). 여성복지학. 학지사.
중앙치매센터·뉴시스(2024). 치매 노인학대 사례.
지은구·장현숙·김민주·이원주(2016). 최신사회문제론. 학지사.
__________________ (2019). 최신사회문제론. 학지사.
진미령(2023). 추상이미지를 통한 지구환경 문제의 사실적 표현 -연구자의 작품을 중심으로-. 동의대학교 박사학위논문.
초의수·정원철·최선경·한지나·아영아·박선숙·박해긍(2024). 사회문제와 사회복지. 양서원.
최민경(2020). 환경문제 인식을 위한 섬유조형 표현연구 -더페이즈망을 활용한 본인 작품 중심으로-. 부산대학교 석사학위논문.
최일섭·최성재(2002). 사회문제와 사회복지. 나남출판사.
통계청(2019). 생활실태조사.
______ (2022). 지역소득.
______ (2023). 경제활동인구조사.
______ (2023). 아동청소년 인권 실태조사.
______ (2023). 인구동향조사.
______ (2023). 인구총조사.
______ (2023). 장래인구추계.
______ (2023). 지역별고용조사.
______ (2023). 청소년 매체이용 및 유해환경 실태조사.
______ (2023). 폭력 및 학대실태조사.
푸른나무재단(2024). 학교폭력 사례.
한국보건사회연구원(2023). 한국의 자살사망 현황과 시사점.

한국은행(2024). 지역간 인구이동과 지역경제. 2024년 지역통계발전포럼.

한국인구학회(2016). 인구대사전. 통계청.

한국자살예방협회(2023). 자살예방의 모든 것. 학지사.

해리 덴트(2015). 권성희 옮김. 2018 인구 절벽이 온다. 청림출판.

행정안전부(2023). 주민등록인구현황.

현대경제연구원(2024). 지구환경문제 논의 동향 및 우리의 대응방안.

育娲人口(2023). 中国生育成本报告(중국양육비용보고) 2023版.

Becker, H. S. (1963). Outsiders: Studies in the sociology of deviance. New York, NY: Free Press.

Best, J. (1995). Images of issues: Typifying contemporary social problems (2nd ed.). New York, NY: Aldine de Gruyter.

Bronfenbrenner, U. (1994). Ecological Models of Human Development. International Encyclopedia of Education, 3.

Brook-Gunn, J. & G. J. Duncun(1997). The effect of poverty on children. The Future of Children, 7(2).

Cloward, R. A. & L. E. Ohlin(1960). Delinquency and opportunity: A theory of delinquent gangs. New York, NY: Free Press.

Cooley, C. H. (1918). Social process. New York, NY: Scribner.

Cowgil, D. & I. D. Holmes(1972). Aging and Modernization. NY: Appleton-Century-Crofts.

Eitzen, D. S., Zinn, M. B. & K. E. Smith(2009). Social problems (11th ed.). Boston, MA: Allyn and Bacon.

Ellis, B. J., A. J. Figueredo, B. H. Brumbach & G. L. Schlomer(2009). Fundamental Dimensions of Environmental Risk. HumanNature, 20(2).

Fuller, R. C. & R. R. Myers(1941). The natural history of a social problem. American Sociological Review, 6(3).

Gelles, R. & C. Cornell(1990). Intimate vio-lence in families (2nd ed). Newbury Park, CA: Sage.

Kaufman, J. & E. Zigler(1987). Do abused child become abusive parents? American Journal of Orthopsychiatry, 57(2).

Lemert, E. M. (1951). Social pathology: A systematic approach to the theory of sociopathic behavior. New York, NY: McGraw-Hill.

Lewis, O. (1966). La vida: A Puerto Rican family in the culture of poverty. New York, NY: Random House.

Liu, Y. & N. Westelius(2016). The Impact of Demographics on Productivity and Inflation in Japan. IMF.

Lombroso, C. (1876). L'uomo delinquente. Milano: Hoepli.

Merton, R. K. & R. R. Nisbet(1971). Contemporary social problems. New York, NY: Harcourt Brace Jovanovich.

Merton, R. K. (1968). Social theory and social structure (Enlarged ed.). New York, NY: Free Press.

Modigliani, F. (1966). The Life Cycle Hypothesis of Saving, the Demand for Wealth and the Supply of Capital. Social Research, 33(2).

Mooney, L. A., Knox, D. & C. Schacht(2007). Understanding social problems (5th ed.). Belmont, CA: Thomson Wadsworth.

Mott, F., Kowaleski-Jones, L. & E. Menaghan(1997). parental absence and child behavior: Does a child's gender make a difference?. Journal of Marriage and the family, 59.

OECD(2020). 노인소득 빈곤율.

Ogburn, W. F. (1922). Social change with respect to culture and original nature. New York, NY: B. W. Huebsch.

Parrillo, V. N. (2002). Contemporary social problems (5th ed.). Boston, MA: Allyn and Bacon.

Population Reference Bureau(2004). Transitions in World Population by Population Reference Bureau staff. Population Bulletin, 59.

Quinney, R. (1970). The social reality of crime. Boston, MA: Little, Brown.

Rubington, E. & M. S. Weinberg(1981). The study of social problems: Seven perspectives (3rd ed.). New York, NY: Oxford University Press.

Silverman, A., Reinherz, H. Z. & R. M. Giaconia(1996). The long-term sequelae of child and adolescent abuse: A longitudinal community study. Child Abuse Negl, 20(8).

Spitzer, S. (1975). Toward a Marxian theory of deviance. Social Problems, 22(5).

Sutherland, E. H. & D. R. Cressey(1974). Criminology (9th ed.). Philadelphia, PA: Lippincott.

Taylor, I., Walton, P. & J. Young(1973). The new criminology: For a social theory of deviance. London: Routledge & Kegan Paul.

Thomas, W. I. & F. Znaniecki(1918-1920). The Polish peasant in Europe and America (Vols. 1-5). Chicago, IL: University of Chicago Press.

UN(2022). World Population Prospects 2022.

Waller, W. (1938). The family: A dynamic interpretation. New York, NY: Cordon Company.

Wilkinson, R. (2005). The impact of inequality: How to make sick societies healthier. 김홍수영 역. 평등해야 건강하다. 서울: 후마니타스.

국가법령센터(2023). https://www.law.go.kr

국립청소년인터넷드림마을. https://www.nyit.or.kr/user/index.asp

대검찰청. https://www.spo.go.kr/site/spo/main.do

머니투데이(2022.03.20.). '새벽배송' 당연한 일상인줄 알았는데...같은 대한민국 맞나요?. https://news.mt.co.kr/mtview.php?no=2022031918175316996

보건복지부. https://www.mohw.go.kr

워터저널. https://www.waterjournal.co.kr

입소스(2023). https://www.ipsos.com/ko-kr

통계청. https://kostat.go.kr/ansk

한국형사·법무정책연구원(KICJ). UNODC, 2022 세계마약보고서. https://www.kicj.re.kr/main

행정안전부. 인구감소지역 지정. https://www.mois.go.kr/frt/sub/a06/b06/populationDecline/screen.do